TRIBUTAÇÃO DO PECADO NO BRASIL

PAMELA VARASCHIN PRATES

Prefácio
André Folloni

Apresentação
Natália Brasil Dib

TRIBUTAÇÃO DO PECADO NO BRASIL

Belo Horizonte

2024

© 2024 Editora Fórum Ltda.

É proibida a reprodução total ou parcial desta obra, por qualquer meio eletrônico, inclusive por processos xerográficos, sem autorização expressa do Editor.

Conselho Editorial

Adilson Abreu Dallari
Alécia Paolucci Nogueira Bicalho
Alexandre Coutinho Pagliarini
André Ramos Tavares
Carlos Ayres Britto
Carlos Mário da Silva Velloso
Cármen Lúcia Antunes Rocha
Cesar Augusto Guimarães Pereira
Clovis Beznos
Cristiana Fortini
Dinorá Adelaide Musetti Grotti
Diogo de Figueiredo Moreira Neto (*in memoriam*)
Egon Bockmann Moreira
Emerson Gabardo
Fabrício Motta
Fernando Rossi
Flávio Henrique Unes Pereira

Floriano de Azevedo Marques Neto
Gustavo Justino de Oliveira
Inês Virgínia Prado Soares
Jorge Ulisses Jacoby Fernandes
Juarez Freitas
Luciano Ferraz
Lúcio Delfino
Marcia Carla Pereira Ribeiro
Márcio Cammarosano
Marcos Ehrhardt Jr.
Maria Sylvia Zanella Di Pietro
Ney José de Freitas
Oswaldo Othon de Pontes Saraiva Filho
Paulo Modesto
Romeu Felipe Bacellar Filho
Sérgio Guerra
Walber de Moura Agra

FÓRUM
CONHECIMENTO JURÍDICO

Luís Cláudio Rodrigues Ferreira
Presidente e Editor

Coordenação editorial: Leonardo Eustáquio Siqueira Araújo / Aline Sobreira de Oliveira
Revisão: Verônica Aline Santos Marques
Capa e projeto gráfico: Walter Santos
Diagramação: Formato Editoração

Rua Paulo Ribeiro Bastos, 211 – Jardim Atlântico – CEP 31710-430
Belo Horizonte – Minas Gerais – Tel.: (31) 99412.0131
www.editoraforum.com.br – editoraforum@editoraforum.com.br

Técnica. Empenho. Zelo. Esses foram alguns dos cuidados aplicados na edição desta obra. No entanto, podem ocorrer erros de impressão, digitação ou mesmo restar alguma dúvida conceitual. Caso se constate algo assim, solicitamos a gentileza de nos comunicar através do *e-mail* editorial@editoraforum.com.br para que possamos esclarecer, no que couber. A sua contribuição é muito importante para mantermos a excelência editorial. A Editora Fórum agradece a sua contribuição.

Dados Internacionais de Catalogação na Publicação (CIP) de acordo com ISBD

P912t	Prates, Pamela Varaschin
	Tributação do pecado no Brasil / Pamela Varaschin Prates. Belo Horizonte: Fórum, 2024.
	177 p. 14,5x21,5cm
	ISBN 978-65-5518-639-0
	1. Tributação. 2. Tributação do pecado. 3. Extrafiscalidade. 4. Tributação extrafiscal. 5. Economia comportamental. 6. Seletividade. 7. Tributação sobre o consumo. I. Título.
	CDD: 341.39
	CDU: 34:336(81)

Ficha catalográfica elaborada por Lissandra Ruas Lima – CRB/6 – 2851

Informação bibliográfica deste livro, conforme a NBR 6023:2018 da Associação Brasileira de Normas Técnicas (ABNT):

PRATES, Pamela Varaschin. *Tributação do pecado no Brasil*. Belo Horizonte: Fórum, 2024. 177 p. ISBN 978-65-5518-639-0

AGRADECIMENTOS

Esse livro é resultado de pesquisa realizado no mestrado, no Programa de Pós-graduação em Direito da PUCPR, acrescido das alterações advindas da aprovação da reforma tributária (EC nº 132/2023). Ainda que forma bastante breve, preciso destacar algumas pessoas que tiveram um papel especialmente ativo no resultado dessa pesquisa.

Primeiro, ao Professor Dr. André Folloni, meu orientador durante o mestrado, agradeço por todos os ensinamentos e por ter me dado liberdade para trilhar o meu caminho nesta pesquisa. Agradeço ao Professor por sempre estar disponível ao diálogo e por me ensinar a desenvolver raciocínio crítico para produção de pesquisa científica. Agradeço, também, pela oportunidade de participar no Grupo de Pesquisas sobre Tributação, Complexidade e Desenvolvimento (TAXPUC). As reuniões no TAXPUC contribuíram de forma inestimável para o meu crescimento como pesquisadora e me mostraram como um Grupo de Pesquisas, de fato, deve ser: aberto, inclusivo, com debates aprofundados voltados à produção de conhecimento científico.

Ao Professor Dr. Hugo de Brito Machado Segundo, que fez parte da banca examinadora da dissertação de mestrado, agradeço pelos seus questionamentos e suas gentis considerações que imensamente contribuíram para o resultado deste livro. O seu artigo, sobre ciência do Direito Tributário, Economia Comportamental e extrafiscalidade foi, justamente, a inspiração para esta pesquisa.

Ao Professor Dr. Oksandro Gonçalves agradeço pelas lições sobre a análise econômica do direito, pela possibilidade de participar do Grupo de Estudos em Análise Econômica do Direito (GRAED) e, principalmente, pela zelosa análise da minha dissertação como membro da banca examinadora.

Ao Professor Dr. Dennis J. Almanza Torres agradeço pelas valiosas contribuições sobre os estudos de economia comportamental e pelos debates sempre ricos sobre o tema, na disciplina cursada no Programa de Pós-graduação em Direito da Universidade Federal do Paraná.

Aos colegas do PPGD da PUCPR e do TAXPUC agradeço, imensamente, por todas as conversas que tivemos ao longo dos anos e por todo o apoio e parceria em pesquisas e em eventos. Todos vocês contribuíram para este livro.

Às minhas amigas que acompanharam de perto essa pesquisa, Karina Kimura e Deise Santos Nascimento, agradeço a cuidadosa revisão deste livro e as inúmeras conversas e debates sobre o tema desta pesquisa.

Aos meus amigos e colegas da advocacia, Fábio Tokars e Natália Dib, agradeço por todas as conversas e ensinamentos. Vocês são uma inspiração como pesquisadores, como advogados e como pessoas para mim. Sou muito grata por compartilhar o meu dia a dia com vocês.

Aos meus pais, minha irmã e minhas avós, agradeço o apoio incondicional durante esse processo. Sem a ajuda de vocês, esse livro, com certeza, não teria sido possível.

Ao meu marido, meu companheiro de vida, Rui Pereira, agradeço por sempre me incentivar, pela compreensão da minha ausência em tantos momentos para finalizar esta pesquisa e por ter estado junto comigo durante todo esse processo.

SUMÁRIO

PREFÁCIO
André Folloni 9

APRESENTAÇÃO
Natália Brasil Dib 11

INTRODUÇÃO 15

CAPÍTULO 1
TRIBUTAÇÃO DO PECADO: EM BUSCA DE UMA DEFINIÇÃO.......... 19
1.1   Estado e tributação: entre fiscalidade e extrafiscalidade 20
1.2   Tributação extrafiscal e a tributação do pecado 28
1.3   Tributação do pecado e diferentes terminologias 34
1.4   Fundamentos teóricos da tributação do pecado ao longo do tempo 36
1.4.1   Da Idade Média ao final da II Guerra Mundial 36
1.4.2   A contribuição de Pigou 39
1.4.3   As regras de Ramsey 43
1.4.4   Externalidades e eficiência 46
1.4.5   Richard Musgrave e os bens de mérito e demérito 52

CAPÍTULO 2
TRIBUTAÇÃO DO PECADO NO BRASIL 61
2.1   Breves apontamentos sobre a tributação extrafiscal do consumo no Brasil ao longo do tempo 61
2.2   Os fundamentos teóricos da tributação do pecado no Brasil...... 68
2.2.1   A seletividade tributária e a essencialidade dos bens 68
2.2.2   A correção de externalidades, a reforma tributária e a indução de comportamentos 79

CAPÍTULO 3
ECONOMIA COMPORTAMENTAL E O DIREITO 87
3.1   Origens da economia comportamental e a racionalidade 87

3.2   Principais teorias e fundamentos da economia
       comportamental... 93
3.3   Economia comportamental e sua aplicação no Direito............... 105

CAPÍTULO 4
A TRIBUTAÇÃO DO PECADO, ECONOMIA COMPORTAMENTAL E
A MODIFICAÇÃO DO COMPORTAMENTO... 113
4.1   Racionalidade da tributação do pecado e a economia
       comportamental... 113
4.2   Tributação do pecado, aspectos comportamentais e a
       modificação do comportamento.. 117
4.3   Fatores não financeiros e a modificação do comportamento...... 130
4.4   Tributação do pecado, aspectos cognitivos e o Estado............... 141

CONCLUSÃO.. 147

REFERÊNCIAS... 155

PREFÁCIO

O uso extrafiscal dos tributos é um dos temas mais interessantes do Direito Tributário. De um lado, seu uso é extenso ao redor do mundo por governos das mais diferentes vertentes políticas, que procuram incentivar ou coibir comportamentos, respectivamente, pela desoneração ou pela intensificação da incidência tributária. Algumas vezes, esse uso é eficaz e contribui para a promoção de melhores condições socioeconômicas e, não raro, de direitos fundamentais. De outro lado, porém, a utilização desse instrumental provoca complexidade, por vezes excessivas, e, em qualquer caso, desigualdade, uma vez que se vale de critério de comparação, entre aqueles que sofrerão a carga econômica da tributação, diverso da capacidade contributiva, configurando, assim, medida que, sob o ponto de vista da igualdade tributária, deveria ser excepcional. Em atenção a esses dois problemas, além de outros, propõe-se, no momento presente, outra vez, reforma da tributação sobre o consumo anunciada como medida de redução de complexidade e de eliminação – ou, ao menos, forte redução – das possibilidades de concessão de incentivos fiscais nos tributos incidentes sobre o consumo.

Nesse contexto deve ser examinada a "tributação do pecado" (*sin taxation*), denominação que abrange a incidência especialmente onerosa sobre comportamentos nocivos – por exemplo, o consumo de produtos responsáveis por especiais malefícios à saúde, como cigarros e bebidas alcoólicas. No âmbito desse tipo de tributação, a alteração de comportamento enfrenta desafios relacionados ao vício, que induz à prática de comportamentos autodestrutivos e, nesse sentido, irracionais. Como é possível alterar condutas apelando à racionalidade, na pressuposição de que as pessoas preferirão alternativas menos custosas em termos econômicos, quando se lida com substâncias que, mesmo mais onerosas e nocivas, seguem sendo consumidas? Como lidar com o fato de que, onerando comportamentos que serão adotados de qualquer forma, por força do vício, submete-se o contribuinte à falta de recursos para outras necessidades, gerando efeitos possivelmente ainda piores do que a ausência de oneração?

Foi diante desse tipo de preocupação que a autora deste livro, Pamela Varaschin Prates, decidiu por aprofundar seus estudos no

Programa de Pós-Graduação em Direito da Pontifícia Universidade Católica do Paraná, ingressando no Curso de Mestrado, sob minha orientação. Durante o curso, teve atuação destacada, tanto na pesquisa, obtendo, já no mestrado, publicações importantes em revistas de impacto e Qualis elevados e apresentando trabalhos em eventos relevantes, quanto nas demais atividades acadêmicas, contribuindo com o Grupo de Pesquisas Tributação, Complexidade e Desenvolvimento e na organização do Simpósio de Direito Tributário da PUCPR e outros eventos, inclusive com participantes internacionais. Aproveitando essas oportunidades, ampliou sua rede de contatos e desenvolveu, também, sua atuação na advocacia, ingressando em escritório de alta qualidade em Curitiba, e na docência, no Curso de Especialização em Direito Tributário da PUCPR, do qual fora aluna.

Com essa trajetória destacada, era de se esperar que a defesa da dissertação, que deu origem a este livro, fosse exitosa. Diante da banca formada por mim, enquanto orientador, e pelos Professores Doutores Hugo de Brito Machado Segundo, da Universidade Federal do Ceará e do Centro Universitário Christus – Unichristus, ambas em Fortaleza, e Oksandro Gonçalves, da Pontifícia Universidade Católica do Paraná, a autora expôs seus argumentos com clareza e precisão e respondeu com segurança aos questionamentos a que foi submetida, obtendo, ao final, a nota máxima.

Pessoalmente, tive grande satisfação em acompanhar a trajetória da Pamela no PPGD da PUCPR, e em orientar a pesquisa, tanto em razão da qualidade do trabalho, quanto pela importância e pelo interesse do tema. Cumprem, assim, suas funções, tanto a tradicional e relevante Editora Fórum, a quem parabenizo pela acolhida deste trabalho, quanto o Programa de Pós-Graduação em Direito da PUCPR, que, outra vez, mostra-se capaz de formar Mestres em Direito de destaque e de oferecer, à comunidade jurídica, pesquisa tributária ao mesmo tempo inovadora e de alta qualidade.

André Folloni
Professor Titular de Direito Tributário e Decano da Escola
de Direito da Pontifícia Universidade Católica do Paraná.

APRESENTAÇÃO

É relativamente recente a preocupação dos tributaristas sobre a função extrafiscal do tributo sob o viés da relação entre Direito e Economia. A origem da disciplina de Direito Tributário no Brasil, de forma autônoma, pretendeu uma segregação deste ramo de outros ramos da Ciência, tornando a discussão sobre Direito e Economia subjacente ao objeto de estudo dos tributaristas. O Direito Tributário enquanto Ciência firmou-se na ideia de autonomia das regras tributárias e restringia a extrafiscalidade à análise de sua identificação a partir da teoria da norma e dos comportamentos prescritivos que deveriam ser descritos pelo jurista.

O movimento de Direito e Economia no Brasil também é recente. A ideia de estudar a economia comportamental, tão popular nas universidades americanas, foi desenvolvida nas últimas duas décadas no curso de Direito das universidades brasileiras.

Portanto, a cada passo, um desafio. Desafio que Pamela Prates encarou de frente, sem medo, e com muita competência.

Tenho a satisfação de conviver com a Pamela Prates desde 2018, quando ainda exercia o cargo de monitoria na Pós Graduação *Lato Sensu* da PUCPR, ingressando logo em seguida no grupo de pesquisas vinculado ao programa de pós-graduação stricto sensu. Grupo do qual eu fazia parte e coordenava em conjunto com o nosso orientador, professor André Folloni. Depois disso, passamos a trabalhar juntas no desafio diário da advocacia corporativa e tive o privilégio de acompanhar o desenvolvimento desta pesquisa. Tudo isso me legitima a afirmar que Pamela é uma pesquisadora de excelência, porque mais do que as respostas certas, foca nas perguntas certas, o que é um atributo fundamental a qualquer pessoa que se aventure na pesquisa científica séria e comprometida.

E essas características refletem a pesquisa que ora se apresenta neste livro, que adiciona (e muito!) ao debate sobre a tributação do pecado.

A autora, a partir dos estudos da Economia, analisa questão microeconômica fundamental à análise da função extrafiscal do tributo: a indução de comportamentos por meio da norma jurídica.

Em tema que, para muitos, parece óbvio, lança questionamentos fundamentais sobre os efeitos da elevada tributação sobre o cigarro e sobre as bebidas alcoólicas, considerando que as elevadas alíquotas são costumeiramente justificadas pelo necessário desestímulo ao consumo. Demonstra, ao longo dos capítulos do livro, que a conclusão não é óbvia, que o objetivo não é simples e que para analisar o tema, é preciso fazer as perguntas certas.

No primeiro capítulo compreende o essencial: como a economia explica a efetiva indução do comportamento individual. E o faz a partir das teorias marginalistas que, tradicionalmente, abordam a relação entre as vantagens e desvantagens do consumo, a partir dos ensaios teóricos que abordam o comportamento do consumidor no mercado. Explica a origem dessas teorias, que se baseiam na concepção de que a escolha humana tem por premissa a constante ponderação entre vantagens e desvantagens, com a finalidade de maximização do bem-estar individual. Racionalidade esta que, como expõe a autora, vem sendo desafiada pelos teóricos mais recentes, que demonstram que as razões do comportamento humano não podem se restringir à maximização do bem-estar individual, tornando a análise necessariamente complexa e não reducionista.

No segundo capítulo a autora apresenta, com bastante clareza e propriedade, a história da tributação sobre o consumo no Brasil, trazendo a necessária abordagem das origens da tributação do pecado. Analisa, como deve ser, a tributação à luz da seletividade, de acordo com a essencialidade do produto, trazendo clareza quanto aos argumentos doutrinários de melhor interpretação das regras constitucionais. Mas não se contenta apenas com a definição a partir da Constituição. Partindo do estudo de Economia apresentado no primeiro capítulo, analisa o segundo argumento da tributação sobre itens de consumo – a indução do comportamento, a partir da tradição do economista Arthur Pigou.

Além disso, a autora ainda traz relevante esclarecimento sobre o tema. A seletividade, como resultado da essencialidade do produto, não se confunde com a finalidade de indução do comportamento. A primeira decorre de regra constitucional, e está relacionada à importância do produto no consumo humano, a partir dos padrões socialmente definidos. A segunda, por sua vez, decorre de política fiscal, associada, neste caso, à política de saúde, cujo objetivo é utilizar o tributo para inibir o comportamento.

E é nesse ponto que apresenta o cerne da análise proposta: será mesmo a tributação do pecado o fator inibidor do consumo desses produtos?

APRESENTAÇÃO | 13

A partir dessa questão, chega à necessária constatação de que a análise da tributação sobre esses itens impõe a avaliação dos aspectos comportamentais envolvidos, já que a finalidade é a indução do comportamento. E, justificando a premissa sob a qual fundamenta toda a pesquisa, no terceiro capítulo destrincha os estudos de economia comportamental necessários para a tomada da decisão de consumo.

Como resultado, no quarto capítulo analisa se é possível pressupor a racionalidade na escolha do consumidor, a partir dos parâmetros da economia comportamental e da tributação do pecado no Brasil. Analisa, também, se as pesquisas existentes permitem afirmar que a tributação do pecado, de fato, cumpre seu propósito de reduzir o comportamento de consumo desses produtos. E, por derradeiro, analisa o impacto das questões financeiras na escolha.

Conclui, então, de forma muito competente, que as pesquisas demonstram que fatores sociais são muito mais significativos na indução do comportamento do que o acréscimo de valor em razão da elevada tributação (como associar doenças ao produto, proibir propagandas que incentivam o consumo, políticas de redução do consumo em locais públicos); que financeiramente, só é relevante a tributação se for possível que o consumidor efetivamente a perceba, o que não é o caso brasileiro; e que o aumento do preço tende a provocar externalidades negativas, como o contrabando de bebidas e cigarros. Em outras palavras, se a finalidade for a indução do comportamento, os efeitos desejados, da maneira como a tributação sobre esses produtos foi instituída, não estão observados.

Não é raro que a tributação seja eleita como solução reducionista na escolha de políticas públicas que têm por finalidade induzir o comportamento do consumidor. E, nesse caso, é essencial rememorar o óbvio: tributar não é algo banal. É preciso se desprender dos argumentos não técnicos e compreender quais os limites e impactos dessa decisão de política fiscal. O texto ora apresentado tem, com muita competência e clareza, a capacidade de trazer elementos de fundamental análise à questão. Recomendo fortemente a leitura!

Natália Brasil Dib
Mestre e Doutora em Direito pela PUCPR. Professora de
Direito e Processo Tributário. Advogada em Curitiba.

INTRODUÇÃO

A tributação de produtos com potencial de vício, como o cigarro e a bebida alcoólica, é, em várias partes do mundo, conhecida como "tributação do pecado" (no inglês, *sin taxation*).[1] Historicamente, o consumo do cigarro e de bebidas alcoólicas é considerado um pecado por corromper o indivíduo, com base na moralidade cristã.[2] O Estado, ao tributar de forma mais elevada tais produtos, almeja desestimular os consumos, promovendo, assim, a alteração do comportamento do consumidor.[3]

A tributação do pecado se insere dentro da função extrafiscal do tributo, ou tributação extrafiscal, em que o Estado busca, de forma intencional, induzir comportamentos específicos dos contribuintes para atingir determinado fim estatal. Na tributação extrafiscal a função

---

[1] FOLLONI, André; FLORIANI NETO, Antonio Bazilio; OLIVEIRA, William Batista de. Tributação do vício (sin taxation): fiscalidade e desigualdade sob a aparência de extrafiscalidade. *Revista do Programa de Pós-Graduação em Direito da UFC*, v. 40, n. 1, p. 215, jan./jun. 2020. Disponível em: http://periodicos.ufc.br/nomos/article/view/41130/197472. Acesso em: 16 jan. 2022.

[2] VASQUES, Sérgio. *Os impostos do pecado*: o álcool, o tabaco, o jogo e o fisco. Coimbra: Almedina, 1999, p. 17.

[3] FOLLONI, André; FLORIANI NETO, Antonio Bazilio; OLIVEIRA, William Batista de. Tributação do vício (sin taxation): fiscalidade e desigualdade sob a aparência de extrafiscalidade. *Revista do Programa de Pós-Graduação em Direito da UFC*, v. 40, n. 1, p. 215, jan./jun. 2020. Disponível em: http://periodicos.ufc.br/nomos/article/view/41130/197472. Acesso em: 16 jan. 2022. CLÍMACO, Maria Isabel Namorado. Novas Perspectivas da Política Fiscal Anti-Tabágica e Anti-Alcoólica. *Boletim de Ciências Económicas*, Universidade de Coimbra, v. 43, p. 97, 2000. Disponível em: https://digitalis.uc.pt/pt-pt/artigo/novas_perspectivas_da_pol%C3%ADtica_fiscal_anti_tab%C3%A1gica_e_anti_alco%C3%B3lica. Acesso em: 20 jun. 2021.

indutora não é uma mera consequência da imposição tributária, mas uma intenção premeditada do legislador para intervir na economia.[4]

Contudo, os estudos sobre tributação extrafiscal, de um modo geral, têm focado a sua análise somente nos seus requisitos formais de validade. Hugo de Brito Machado Segundo destaca que os estudos mais recentes, inclusive, "em nenhum momento aventam sequer a possibilidade de, mesmo supostamente prestando-se à consecução de uma finalidade, o incentivo em nada contribuir para ela, ou mesmo conduzir ao efeito contrário".[5] Nesse viés, Hugo de Brito Machado Segundo defende ser necessário estudar o comportamento humano em face de incentivos, para que se possa elaborar uma visão mais adequada sobre como os incentivos devem ser utilizados.[6]

Sobre o tema, Pedro Lamy alerta sobre o risco de superestimar os efeitos da tributação no comportamento das pessoas. O autor afirma não serem raros os casos em que o comportamento do contribuinte não é alterado com a introdução de uma tributação extrafiscal. Por isso, para o autor, não se pode partir do pressuposto de que o uso de instrumentos fiscais altera a realidade de modo eficaz em toda situação.[7] Igualmente, André Folloni, Antonio Bazilio Floriani Neto e Michelle Nobre Maiolli ressaltam que a utilização de tributos para influenciar condutas, além de poder causar efeitos diferentes daqueles desejados pelo legislador, pode acarretar efeitos contrários, ante a "complexidade das interações socioeconômicas e das causalidades não lineares envolvidas no processo".[8]

Para Humberto Ávila é necessária uma "virada institucional" na doutrina de direito tributário, de modo a abranger aspectos institucionais

---

[4] LEÃO, Martha Toribio. *Controle de extrafiscalidade*. São Paulo: Quartier Latin, 2015, p. 45.

[5] MACHADO SEGUNDO, Hugo de Brito. Ciência do direito tributário, economia comportamental e extrafiscalidade. *Revista Brasileira de Políticas Públicas*, Brasília, v. 8, n. 2, p. 643, 2018. Disponível em: https://www.publicacoes.uniceub.br/RBPP/article/view/5252. Acesso em: 10 dez. 2021.

[6] MACHADO SEGUNDO, Hugo de Brito. Ciência do direito tributário, economia comportamental e extrafiscalidade. *Revista Brasileira de Políticas Públicas*, Brasília, v. 8, n. 2, p. 654, 2018. Disponível em: https://www.publicacoes.uniceub.br/RBPP/article/view/5252. Acesso em: 10 dez. 2021.

[7] ADAMY, Pedro. Instrumentalização do direito tributário. *In*: ÁVILA, Humberto (Org.). *Fundamentos do direito tributário*. São Paulo: 2012, p. 311.

[8] FOLLONI, André; FLORIANI NETO, Antonio Bazilio; MAIOLLI, Michelle Nobre. Proporcionalidade e a igualdade como limitação à tributação extrafiscal. *Revista Direito Público*, Porto Alegre, v. 14, n. 80, p. 46, mar./abr. 2018. Disponível em: https://www.portaldeperiodicos.idp.edu.br/direitopublico/article/view/2686. Acesso em: 25 fev. 2021.

INTRODUÇÃO | 17

e comportamentais.[9] André Folloni também faz crítica à dogmática da doutrina tributária tradicional e defende ser preciso uma complexidade do discurso para incorporar ao estudo os efeitos que a incidência ou a aplicação da norma podem ocasionar no ambiente.[10]

Com base nessa visão teórica, o objetivo deste trabalho é analisar se a tributação do pecado, em especial a do cigarro e das bebidas alcoólicas, é um instrumento hábil à consecução da finalidade pretendida, qual seja, a alteração do comportamento de consumir produtos com potencial de vício. Para tanto, optou-se pelo estudo interdisciplinar do tema, com base na economia comportamental. A economia comportamental é um campo que busca estudar o que envolve o comportamento e a racionalidade dos agentes no processo de tomada de decisões.[11]

Em especial quando se está diante de produtos com o potencial de vício, como é o caso da tributação do pecado, o efeito desestimulador da tributação pode ser ainda menor do que se espera. Diante disso, faz-se necessário um estudo que abarque os fatores comportamentais e o processo de tomada de decisões dos consumidores na tributação do pecado, sob pena de serem instituídos e/ou agravados tributos que não têm potencial de alcançar o efeito comportamental almejado.

O método de abordagem desta pesquisa é o hipotético-dedutivo, eis que se parte de uma hipótese: de que a tributação do pecado, por si só, não seria hábil a modificar o hábito de consumir cigarro ou bebidas alcoólicas e que os estudos de economia comportamental poderiam contribuir ao fornecer uma nova perspectiva sobre os seus limites e/ou possibilidades. A hipótese é, de forma argumentativa, testada, de forma a verificar, ao final, se será, ou não, corroborada. O procedimento de pesquisa utilizado é o monográfico e a técnica de pesquisa é a de documentação indireta, com a revisão de obras nacionais e estrangeiras relacionadas ao tema, artigos publicados em periódicos, além da análise de legislações brasileiras e dados publicados pertinentes à pesquisa.

Esse livro está estruturado em quatro capítulos. No primeiro, verifica-se no que consiste a tributação do pecado e quais seriam as

---

[9] ÁVILA, Humberto. A doutrina e o direito tributário. *In*: ÁVILA, Humberto (Org.). *Fundamentos do direito tributário*. São Paulo: 2012, p. 242.

[10] FOLLONI, André. Direitos fundamentais, dignidade e sustentabilidade no constitucionalismo contemporâneo: e o direito tributário com isso? *In*: ÁVILA, Humberto (Org.). *Fundamentos do direito tributário*. São Paulo: 2012, p. 31-32.

[11] THALER, Richard. Behavioral economics: past, present and future. *American Economic Review*, v. 106, n. 7, p. 1577, July 2016.

finalidades que fundamentaram a sua incidência ao longo do tempo. No segundo capítulo, o estudo do tema se dirige à tributação do pecado no Brasil: questiona-se a existência de uma tributação do pecado no país e, se existente, qual ou quais seriam as finalidades que justificaram, e ainda justificam, a sua presença (abordando-se, inclusive, a reforma tributária). No terceiro capítulo a pesquisa analisa os principais estudos de economia comportamental e sua possível aplicação no Direito. No último capítulo, analisa-se em que medida os estudos de economia comportamental podem contribuir ao tema, de modo a estabelecer possíveis limites e eventuais possibilidades.

CAPÍTULO 1

TRIBUTAÇÃO DO PECADO: EM BUSCA DE UMA DEFINIÇÃO

A tributação sobre pecado é uma forma de tributação existente em diversas partes do mundo e se traduz em um aumento da carga tributária de produtos com potencial de vício, como o cigarro e as bebidas alcoólicas.[12] Com o aumento da tributação, o Estado pretende que os indivíduos deixem de consumir esses produtos.

Com base nessa definição conceitual, este capítulo tem como intuito qualificar juridicamente a tributação do pecado. Para tanto, primeiramente é preciso ser feito um estudo da relação entre o Estado e a tributação, bem como das funções fiscais e extrafiscais da tributação para verificar qual seria o enquadramento da tributação do pecado. Após, parte-se para a análise histórica dos principais fundamentos que foram sendo utilizados ao longo do tempo para justificar essa forma de tributação. Nesse ponto, teorias econômicas e de finanças públicas são utilizadas.

---

[12] FOLLONI, André; FLORIANI NETO, Antonio Bazilio; OLIVEIRA, William Batista de. Tributação do vício (sin taxation): fiscalidade e desigualdade sob a aparência de extrafiscalidade. *Revista do Programa de Pós-Graduação em Direito da UFC*, v. 40, n. 1, p. 215, jan./jun. 2020. Disponível em: http://periodicos.ufc.br/nomos/article/view/41130/197472. Acesso em: 16 jan. 2022. VASQUES, Sérgio. *Os impostos do pecado*: o álcool, o tabaco, o jogo e o fisco. Coimbra: Almedina, 1999, p. 17. VALADÃO, Marcos Aurélio Pereira. *Regulatory tobacco tax framework*: a feasible solution to a global health problem. Belo Horizonte: Fórum, 2010, p. 254.

1.1 Estado e tributação: entre fiscalidade e extrafiscalidade

O Estado precisa de recursos para existir e para manter a sua estrutura, razão pela qual desde os tempos antigos já existiam tributos, como os dízimos praticados no século XIII a.c. sobre frutas, carnes e outros bens.[13] O Estado contemporâneo se caracteriza como um "Estado de Imposto" devido à sua principal fonte de financiamento ser oriunda de impostos.[14]

A nossa Constituição Federal reservou ao Estado outras funções, para além de arrecadar tributos. A Constituinte de 1988 demanda uma atuação do Estado para modificar a realidade e "garantir o desenvolvimento nacional", "construir uma sociedade livre, justa e solidária", bem como "erradicar a pobreza", "reduzir as desigualdades sociais e regionais" e "promover o bem de todos".[15] Para atingir tais objetivos, é preciso que o Estado atue sobre a atividade econômica. Com base nesse viés, afirma-se que a nossa Constituição Federal tem uma ordem econômica programática ou dirigente, eis que estabelece fins e objetivos do Estado para modificar a ordem econômica existente.[16]

Eros Roberto Grau compreende que atividade econômica é um gênero que abrange duas espécies: o serviço público e a atividade econômica em sentido estrito.[17] Como gênero, a expressão "atividade econômica" abrange todas as atividades econômicas, incluindo-se

---

[13] TORRES, Ricardo Lobo. *Tratado de Direito Constitucional Tributário*. v. 1. Rio de Janeiro: Renovar, 2009, p. 548. SCHOUERI, Luís Eduardo. *Direito Tributário*. 8. ed. São Paulo: Saraiva, 2018, p. 17.

[14] SCHOUERI, Luís Eduardo. *Normas tributárias indutoras e intervenção econômica*. Rio de Janeiro: Forense, 2005, p. 1.

[15] Objetivos da República Federativa do Brasil constantes nos incisos do artigo 3º da Constituição Federal. BRASIL. [Constituição (1988)]. *Constituição da República Federativa do Brasil de 1988*. Brasília, DF: Presidência da República. Disponível em: http://www.planalto. gov.br/ccivil_03/constituicao/constituicao.htm. Acesso em: 24 fev. 2021.

[16] BERCOVICI, Gilberto. *Constituição econômica e desenvolvimento*: uma leitura a partir da Constituição de 1988. São Paulo: Malheiros, 2005, p. 33. BERCOVICI, Gilberto. A problemática da constituição dirigente: algumas considerações sobre o caso brasileiro. *Revista de Informação Legislativa*, Brasília, ano 36, n. 142, p. 35, abr./jun. 1999. Disponível em: https://edisciplinas. usp.br/pluginfile.php/5642042/mod_resource/content/1/Aula%203%20-%20Bercovici%20-%20Problem%C3%A1tica%20da%20Constitui%C3%A7%C3%A3o%20Dirigente.pdf. Acesso em: 24 fev. 2021.

[17] GRAU, Eros Roberto. *A ordem econômica na Constituição de 1988*. 19. ed. São Paulo: Malheiros, 2018, p. 99-100.

aquelas desenvolvidas pelo Estado.[18] Sobre o serviço público e a atividade econômica em sentido estrito, embora a sua linha de divisão seja tênue, Grau elucida que a atividade econômica em sentido estrito seria aquela de titularidade ou domínio do setor privado. Assim, o autor relata que "o serviço público está para o setor público assim como a atividade econômica em sentido estrito está para o setor privado".[19]

As formas de atuação do Estado nas atividades econômicas em sentido estrito, são, pois, chamadas de intervenção do Estado. Isso porque a palavra "intervenção" denota uma atuação na área de outrem, neste caso seria do privado. Sobre o tema, Grau destaca que a própria Constituição Federal, em seu artigo 149, ao determinar a competência da União de instituir contribuições de "intervenção no domínio econômico"[20] estaria, justamente, se referindo a essa atividade econômica em sentido estrito.[21]

Pois bem, sobre a intervenção estatal no domínio econômico, Grau adota uma classificação em que a diferencia em três modalidades: intervenção por absorção ou participação, intervenção por direção e intervenção por indução.[22] Na primeira modalidade, o Estado intervém no domínio econômico como efetivo agente ou sujeito econômico. Para tanto, o Estado pode assumir integralmente os meios de produção e/ou troca de um setor, em que atuará em regime de monopólio (intervenção por absorção), ou o Estado pode assumir apenas parcialmente os meios

---

[18] GRAU, Eros Roberto. *A ordem econômica na Constituição de 1988*. 19. ed. São Paulo: Malheiros, 2018, p. 104.

[19] GRAU, Eros Roberto. *A ordem econômica na Constituição de 1988*. 19. ed. São Paulo: Malheiros, 2018, p. 141.

[20] *In verbis*: "Art. 149. Compete exclusivamente à União instituir contribuições sociais, de *intervenção no domínio econômico* e de interesse das categorias profissionais ou econômicas, como instrumento de sua atuação nas respectivas áreas, observado o disposto nos arts. 146, III, e 150, I e III, e sem prejuízo do previsto no art. 195, §6º, relativamente às contribuições a que alude o dispositivo" (BRASIL. [Constituição (1988)]. *Constituição da República Federativa do Brasil de 1988*. Brasília, DF: Presidência da República. Disponível em: http://www.planalto.gov.br/ccivil_03/constituicao/constituicao.htm. Acesso em: 24 fev. 2021) (grifou-se, sem grifo no original).

[21] GRAU, Eros Roberto. *A ordem econômica na Constituição de 1988*. 19. ed. São Paulo: Malheiros, 2018, p. 140-141.

[22] De forma similar é a classificação de Celso Antonio Bandeira de Mello que divide a interferência do Estado na ordem econômica de três formas: (i) a primeira seria quando o próprio Estado atua "empresarialmente" – compatível com a modalidade de intervenção por absorção ou participação de Grau; (ii) a segunda, seria através do "poder de polícia" do Estado – compatível com a intervenção por direção de Grau e; (iii) a terceira seria por "incentivos à iniciativa privada" – compatível com a intervenção por indução da classificação de Grau. MELLO, Celso Antônio Bandeira de. *Curso de direito administrativo*. São Paulo: Malheiros, 2007, p. 765.

de produção e/ou troca de um setor, em que atuará em competição com empresas privadas (intervenção por participação).[23] Aqui, enquadra-se o entendimento de Washington Peluso Albino de Souza de "atuação do Estado Empresário".[24] Igualmente, João Bosco Leopoldino da Fonseca relata que essa seria uma atuação direta do Estado, em que este atua como empresário.[25]

Na segunda modalidade de intervenção do Estado, ou seja, por direção, são elaboradas normas e mecanismos compulsórios para os sujeitos da atividade econômica. O Estado estabelece comandos imperativos que obrigatoriamente têm de ser seguidos pelos agentes.[26] Como exemplo dessa forma de intervenção, Grau cita as normas que instrumentam o controle de preços.[27]

Já na terceira e última modalidade de intervenção, o Estado, pela via da indução, utiliza-se de um convite, com base em estímulos ou incentivos constantes na lei, para adesão a um determinado comportamento pelos agentes econômicos.[28] Nas palavras de Washington Peluso Albino de Souza, nessa modalidade de intervenção estatal, o convite se caracteriza por "incitações, dos estímulos, dos incentivos, de toda ordem, oferecidos pela lei, a quem participe de determinada atividade de interesse geral e patrocinada, ou não, pelo Estado".[29] De todo o modo, cabe ao destinatário da norma a escolha de aderir ou não a determinado comportamento desejado pelo Estado.

As normas de intervenção estatal por indução podem ser positivas ou negativas. A indução é positiva quando o Estado busca, por meio de concessão de incentivos, tornar mais atraente a realização de determinada atividade.[30] E a indução é negativa quando o Estado busca

---

[23] GRAU, Eros Roberto. *A ordem econômica na Constituição de 1988*. 19. ed. São Paulo: Malheiros, 2018, p. 141.

[24] SOUZA, Washington Peluso Albino de. *Primeiras linhas de direito econômico*. São Paulo: LTr, 1999, p. 333.

[25] FONSECA, João Bosco Leopoldino da. *Direito econômico*. Rio de Janeiro: Forense, 2000, p. 45.

[26] GRAU, Eros Roberto. *A ordem econômica na Constituição de 1988*. 19. ed. São Paulo: Malheiros, 2018, p. 141-142.

[27] GRAU, Eros Roberto. *A ordem econômica na Constituição de 1988*. 19. ed. São Paulo: Malheiros, 2018, p. 142.

[28] GRAU, Eros Roberto. *A ordem econômica na Constituição de 1988*. 19. ed. São Paulo: Malheiros, 2018, p. 143.

[29] SOUZA, Washington Peluso Albino de. *Direito econômico*. São Paulo: Saraiva, 1980, p. 122.

[30] É o que Eros Roberto Grau chama de "universo do Direito premial" fazendo alusão aos ensinamentos de Noberto Bobbio. Como exemplo desta modalidade, o autor cita a redução ou a isenção de tributos, preferência à obtenção de crédito e subsídios em geral (GRAU, Eros Roberto. *A ordem econômica na Constituição de 1988*. 19. ed. São Paulo: Malheiros, 2018,

CAPÍTULO 1
TRIBUTAÇÃO DO PECADO: EM BUSCA DE UMA DEFINIÇÃO | 23

desestimular os agentes de realizar certa atividade econômica para que outra atividade, de maior interesse público, seja realizada. Para tanto, o Estado pode onerar determinada atividade, de forma a induzir o comportamento do agente a realizar outra atividade.[31]

Entre os instrumentos disponíveis ao Estado para intervir no domínio econômico há as normas tributárias. Com relação a estas, Klaus Tipke apresenta divisão das normas tributárias em três grupos: normas de finalidade fiscal, normas de finalidade simplificadora e normas de finalidade social.[32] As normas de finalidade fiscal são aquelas cuja função principal é arrecadar receitas para o Estado.[33] No segundo grupo, as normas de finalidade simplificadora buscam simplificar, facilitar, a aplicação do Direito Tributário.[34] E, no terceiro grupo, as normas de finalidade social são as que não têm como finalidade principal obter receitas para o Estado, mas, sim, direcionar determinado comportamento do contribuinte para que seja atingido um fim social.[35]

De forma similar, no estudo das finanças públicas, Richard Musgrave e Peggy Musgrave relatam as funções distributiva, alocativa

---

p. 143). No mesmo sentido, é o entendimento de Floriano de Azevedo Marques Neto que cita a concessão de benefícios fiscais, subvenções e financiamentos públicos como exemplos do que ele chama de "fomento estatal", que nada mais é do que uma forma de intervenção do Estado pela via da indução (MARQUES NETO, Floriano de Azevedo. Noções gerais sobre o fomento estatal. *In*: DI PIETRO, Maria Sylvia Zanella (Coord.). *Tratado de Direito Administrativo*: funções administrativas do Estado. v. 4. São Paulo: Revista dos Tribunais, 2015, p. 417).

[31] GRAU, Eros Roberto. *A ordem econômica na Constituição de 1988*. 19. ed. São Paulo: Malheiros, 2018, p. 143.

[32] Igualmente é a divisão apresentada por Luis Eduardo Schoueri. SCHOUERI, Luís Eduardo. *Normas tributárias indutoras e intervenção econômica*. Rio de Janeiro: Forense, 2005, p. 4-40. TIPKE, Klaus; LANG, Joaquim. *Direito tributário (Steurrecht)*. v. 1. Tradução da 18. Ed. alemã, totalmente refeita, de Luiz Dória Furquim. Porto Alegre: Sergio Antonio Fabris Editor, 2008, p. 175.

[33] TIPKE, Klaus; LANG, Joaquim. *Direito tributário (Steurrecht)*. v. 1. Tradução da 18. Ed. alemã, totalmente refeita, de Luiz Dória Furquim. Porto Alegre: Sergio Antonio Fabris Editor, 2008, p. 175. NABAIS, José Casalta. *O dever fundamental de pagar tributos*: contributo para a compreensão constitucional do estado fiscal. Coimbra: Almedina, 2015, p. 225. ÁVILA, Humberto. *Teoria da igualdade tributária*. São Paulo: Malheiros, 2015, p. 165. FOLLONI, André. Isonomia na tributação extrafiscal. *Revista Direito GV*, São Paulo, v. 10, p. 204-205, 2014. Disponível em: https://bibliotecadigital.fgv.br/ojs/index.php/revdireitogv/article/view/43565. Acesso em: 25 fev. 2021.

[34] TIPKE, Klaus; LANG, Joaquim. *Direito tributário (Steurrecht)*. v. 1. Tradução da 18. Ed. alemã, totalmente refeita, de Luiz Dória Furquim. Porto Alegre: Sergio Antonio Fabris Editor, 2008, p. 178.

[35] TIPKE, Klaus; LANG, Joaquim. *Direito tributário (Steurrecht)*. v. 1. Tradução da 18. Ed. alemã, totalmente refeita, de Luiz Dória Furquim. Porto Alegre: Sergio Antonio Fabris Editor, 2008, p. 176.

e estabilizadora, como efeitos advindos da tributação.[36] Para eles, a função distributiva se configura quando, por meio da tributação, busca-se redistribuir a renda, no Estado Social o seu objetivo é o de diminuir as desigualdades sociais. A segunda, isto é, a função alocativa ou indutora, surge quando se percebe que a tributação tem efeito na economia e a altera. Como reflexo dessa função, tem-se que a própria tributação pode modificar o comportamento dos agentes, eis que a incidência de uma tributação passaria a ser um dos elementos a ser considerado. Por fim, a função estabilizadora se caracteriza pela perspectiva de que a política fiscal deve buscar a estabilidade dos preços para a obtenção de um equilíbrio e, consequentemente, de um crescimento econômico.[37]

As normas de finalidade social elaboradas por Tipke e o reflexo da função alocativa proposto por Musgrave, enquadram-se no que a doutrina convencionou em chamar de "extrafiscalidade" ou tributação extrafiscal.[38] Walter Barbosa Corrêa conceitua a extrafiscalidade como um fenômeno em que se busca, por meio da legislação, modificar o comportamento das pessoas e que, fundamentalmente, não objetiva arrecadar recursos ao ente público. O autor também relata que há três elementos que despontam o fim visado pela extrafiscalidade: "a) estimular o comportamento das pessoas; b) provocar conscientemente esse estímulo; c) não visar, fundamentalmente, à arrecadação de bens". O

---

[36] MUSGRAVE, Richard; MUSGRAVE, Peggy B. *Finanças públicas*: teoria e prática. Rio de Janeiro: Campus, 1980, p. 6.

[37] MUSGRAVE, Richard; MUSGRAVE, Peggy B. *Finanças públicas*: teoria e prática. Rio de Janeiro: Campus, 1980, p. 11.

[38] NABAIS, José Casalta. *O dever fundamental de pagar tributos*: contributo para a compreensão constitucional do estado fiscal. Coimbra: Almedina, 2015, p. 249-251. ALABERN, Juan Enrique Varona. *Extrafiscalidad y dogmática tributaria*. Madrid: Marcial Pons, 2009, p. 15-22. NOGUEIRA, Ruy Barbosa. *Curso de Direito Tributário*. 14. ed. São Paulo: Saraiva, 1995, p. 181-186. BALEEIRO, Aliomar. *Uma introdução à ciência de finanças*. Rio de Janeiro: Forense, 2004, p. 189. BALEEIRO, Aliomar. *Limitações constitucionais ao poder de tributar*. 7. ed. Rio de Janeiro: Forense, 1998, p. 576. TORRES, Ricardo Lobo. *Curso de Direito Financeiro e Tributário*. 20. ed. Rio de Janeiro: Renovar, 2018, p. 5. SOUZA, Rubens Gomes de. As modernas tendências do direito tributário. Conferência pronunciada em 1962 em São Paulo. *Revista de Direito Administrativo*, v. 74, p. 5-6, 1973. Disponível em: http://bibliotecadigital.fgv.br/ojs/index.php/rda/article/view/25522. Acesso em: 25 fev. 2021. BECKER, Alfredo Augusto. *Teoria geral do direito tributário*. São Paulo: Noeses, 2018, p. 621-640. BORGES, José Souto Maior. *Introdução ao Direito Financeiro*. São Paulo: Max Limonad, 1998, p. 60. CORRÊA, Walter Barbosa. *Contribuição Estudo da Extrafiscalidade*. São Paulo: [s. n.], 1964. Destaca-se que os termos "extrafiscalidade" e "tributação extrafiscal" são utilizados, nessa pesquisa, como termos afins, já que ambas as expressões são comumente utilizadas pela doutrina e jurisprudência como sinônimos. Nesse sentido, ver: LEÃO, Martha Toribio. *Controle de extrafiscalidade*. São Paulo: Quartier Latin, 2015, p. 21.

CAPÍTULO 1
TRIBUTAÇÃO DO PECADO: EM BUSCA DE UMA DEFINIÇÃO | 25

primeiro elemento conferiria a "tônica primordial da extrafiscalidade", sem ele não haveria extrafiscalidade.[39]

Para modificar um comportamento, segundo Walter Barbosa Corrêa, com base nos estudos de Schmolders e Pigou, a extrafiscalidade atua no chamado "efeito notícia" da imposição de uma vantagem, ou desvantagem, econômica. O "efeito notícia" relaciona-se à percepção do contribuinte sobre a vantagem econômica e, sendo esse estímulo suficiente, haverá reações que modificarão o seu comportamento.[40] Por isso, Barbosa Corrêa afirma ser de suma importância para o Estado o "perfeito conhecimento dos efeitos da notícia" para que a imposição consiga alcançar o resultado pretendido.

Desse modo, denota-se que, na extrafiscalidade, ou tributação extrafiscal, o ente tributante almeja provocar, de forma intencional, a ação ou a omissão de uma pessoa ou grupo de pessoas para atender um interesse público.[41] Nesse sentido, Geraldo Ataliba conceitua a extrafiscalidade como "emprego deliberado do instrumento tributário para finalidades não financeiras, mas regulatórias de comportamentos sociais, em matérias econômica, social e política".[42] Diferente da tributação extrafiscal, portanto, é a tributação fiscal cujo interesse principal do Estado é angariar receitas aos cofres públicos.[43]

Sobre a tributação extrafiscal, cabe destacar que não é um fenômeno novo ou exclusiva da Constituição Federal de 1988. No cenário brasileiro, Schoueri afirma que há exemplos de tributação extrafiscal desde os primórdios da República.[44] No entanto, a tributação extrafiscal cria uma diferenciação entre os contribuintes: aqueles que a norma pretende atingir, com o fito de modificar determinado comportamento para realizar o fim estatal, e aqueles que já realizam tal

---

[39] CORRÊA, Walter Barbosa. *Contribuição Estudo da Extrafiscalidade*. São Paulo: [s. n.], 1964, p. 48 e 54.

[40] CORRÊA, Walter Barbosa. *Contribuição Estudo da Extrafiscalidade*. São Paulo: [s. n.], 1964, p. 49.

[41] CORRÊA, Walter Barbosa. *Contribuição Estudo da Extrafiscalidade*. São Paulo: [s. n.], 1964, p. 51.

[42] ATALIBA, Geraldo. *Sistema Constitucional Tributário*. São Paulo: Revista dos Tribunais: 1966, p. 151.

[43] FOLLONI, André. Isonomia na tributação extrafiscal. *Revista Direito GV*, São Paulo, v. 10, n. 1, p. 204-205, jan./jun. 2014. Disponível em: https://bibliotecadigital.fgv.br/ojs/index.php/revdireitogv/article/view/43565. Acesso em: 25 fev. 2021. MACHADO, Hugo de Brito. *Curso de direito tributário*. 38. ed. São Paulo: Malheiros, 2017, p. 69.

[44] SCHOUERI, Luís Eduardo. *Normas tributárias indutoras e intervenção econômica*. Rio de Janeiro: Forense, 2005, p. 122-125.

comportamento e, portanto, não serão atingidos.[45] Portanto, há risco de violação à igualdade. Com relação à igualdade, a Constituição Federal estabelece, no inciso II do artigo 150, a vedação aos entes federativos de "instituir tratamento desigual entre contribuintes que se encontrem em situação equivalente".[46] Contudo, a Constituição não apresenta conceituação do que seria uma "situação equivalente", mas, o §1º do artigo 145 determina que "sempre que possível, os impostos terão caráter pessoal e serão graduados segundo a capacidade econômica do contribuinte".[47]

Em leitura conjuntada do artigo 150, II, e do §1º do artigo 145, compreende-se que, na tributação fiscal, o critério da igualdade é a capacidade contributiva.[48] Esta deve ser entendida como a capacidade de se arcar com o ônus tributário, a qual somente se inicia após ser garantido o mínimo existencial.[49] A capacidade contributiva também encontra limite no princípio da proteção do efeito de confisco, que encontra previsão constitucional no inciso IV do artigo 150.[50]

Assim, quando a finalidade eleita pela tributação for fiscal, os sujeitos da relação obrigacional tributária devem ser comparados com base na sua capacidade contributiva. O método de comparação, portanto, reside nas características pessoais dos contribuintes (capacidade contributiva) e a finalidade da tributação é a distribuição de forma igualitária da carga tributária.[51]

Contudo, a capacidade contributiva dos contribuintes não serve como uma medida de comparação na tributação extrafiscal. Mas isso

---

[45] FOLLONI, André. Isonomia na tributação extrafiscal. *Revista Direito GV*, São Paulo, v. 10, n. 1, p. 208, jan./jun. 2014. Disponível em: https://bibliotecadigital.fgv.br/ojs/index.php/revdireitogv/article/view/43565. Acesso em: 25 fev. 2021.

[46] BRASIL. [Constituição (1988)]. *Constituição da República Federativa do Brasil de 1988*. Brasília, DF: Presidência da República. Disponível em: http://www.planalto. gov.br/ccivil_03/constituicao/constituicao.htm. Acesso em: 24 fev. 2021.

[47] BRASIL. [Constituição (1988)]. *Constituição da República Federativa do Brasil de 1988*. Brasília, DF: Presidência da República. Disponível em: http://www.planalto. gov.br/ccivil_03/constituicao/constituicao.htm. Acesso em: 24 fev. 2021.

[48] FOLLONI, André. Isonomia na tributação extrafiscal. *Revista Direito GV*, São Paulo, v. 10, n. 1, p. 207, jan./jun. 2014. Disponível em: https://bibliotecadigital.fgv.br/ojs/index.php/revdireitogv/article/view/43565. Acesso em: 25 fev. 2021.
ÁVILA, Humberto. *Teoria da igualdade tributária*. São Paulo: Malheiros, 2015, p. 165.

[49] TORRES, Ricardo Lobo. A legitimação da capacidade contributiva e dos direitos fundamentais do contribuinte. *In*: SCHOUERI, Luís Eduardo. *Direito tributário: homenagem a Alcides Jorge Costa*. v. 1. São Paulo: Quartier Latin, 2003, p. 435-436.

[50] SCHOUERI, Luís Eduardo. *Direito tributário*. 8. ed. São Paulo: Saraiva, 2018, p. 346. AMARO, Luciano. *Direito tributário brasileiro*. 12. ed. São Paulo: Saraiva, 2006, p. 355.

[51] ÁVILA, Humberto. *Teoria da igualdade tributária*. São Paulo: Malheiros, 2015, p. 165.

não significa que a capacidade contributiva não deva ser observada. De acordo com Schoueri, as normas de carácter extrafiscal não deixam de ser de natureza tributária, por isso devem respeitar as regras e os princípios do direito tributário.[52] De igual modo, Walter Barbosa Corrêa, relata que "nunca será possível, entretanto, ultrapassar, sem a pecha da inconstitucionalidade, o umbral do conceito da capacidade econômica do contribuinte".[53]

De qualquer modo, na tributação extrafiscal há um afastamento do ideal da igualdade particular, de tratar os contribuintes de forma igual de acordo com sua capacidade contributiva. Assim, a tributação extrafiscal deve se submeter a uma outra forma de controle: o controle de proporcionalidade.[54] No mesmo sentido, Folloni relata que a proporcionalidade se aplica como uma metanorma, de modo que para ser considerada válida a diferenciação criada pela tributação extrafiscal, tal diferenciação deve resistir ao "teste de proporcionalidade".[55] O teste de proporcionalidade demanda que a norma seja adequada, necessária e proporcional em sentido estrito[56] – é o que Robert Alexy chama de "três máximas parciais".[57] Para a norma tributária ser considerada

---

[52] Sobre o tema, André Folloni relata que, dentro de uma mesma classe de destinatários da tributação extrafiscal, a capacidade contributiva tem importância e deve ser respeitada, sob pena de desigualdade nos efeitos da tributação extrafiscal. FOLLONI, André. Isonomia na tributação extrafiscal. *Revista Direito GV*, São Paulo, v. 10, n. 1, p. 211-212, jan./jun. 2014. Disponível em: https://bibliotecadigital.fgv.br/ojs/index.php/revdireitogv/article/view/43565. Acesso em: 25 fev. 2021. SCHOUERI, Luís Eduardo. *Normas tributárias indutoras e intervenção econômica*. Rio de Janeiro: Forense, 2005, p. 277-278.

[53] CORRÊA, Walter Barbosa. *Contribuição Estudo da Extrafiscalidade*. São Paulo: [s. n.], 1964, p. 48.

[54] ÁVILA, Humberto. *Teoria da igualdade tributária*. São Paulo: Malheiros, 2015, p. 166-167. NABAIS, José Casalta. *O dever fundamental de pagar tributos*: contributo para a compreensão constitucional do estado fiscal. Coimbra: Almedina, 2015, p. 663. FOLLONI, André; FLORIANI NETO, Antonio Bazilio; MAIOLLI, Michelle Nobre. Proporcionalidade e a igualdade como limitação à tributação extrafiscal. *Revista Direito Público*, Porto Alegre, v. 14, n. 80, p. 51 e 58, mar./abr. 2018. Disponível em: https://www.portaldeperiodicos.idp.edu.br/direitopublico/article/view/2686. Acesso em: 25 fev. 2021. FOLLONI, André. Isonomia na tributação extrafiscal. *Revista Direito GV*, São Paulo, v. 10, n. 1, p. 212, jan./jun. 2014. Disponível em: https://bibliotecadigital.fgv.br/ojs/index.php/revdireitogv/article/view/43565. Acesso em: 25 fev. 2021.

[55] FOLLONI, André. Isonomia na tributação extrafiscal. *Revista Direito GV*, São Paulo, v. 10, n. 1, p. 212, jan./jun. 2014. Disponível em: https://bibliotecadigital.fgv.br/ojs/index.php/revdireitogv/article/view/43565. Acesso em: 25 fev. 2021.

[56] ÁVILA, Humberto. *Teoria da igualdade tributária*. São Paulo: Malheiros, 2015, p. 167. FOLLONI, André. Isonomia na tributação extrafiscal. *Revista Direito GV*, São Paulo, v. 10, n. 1, p. 214, jan./jun. 2014. Disponível em: https://bibliotecadigital.fgv.br/ojs/index.php/revdireitogv/article/view/43565. Acesso em: 25 fev. 2021.

[57] ALEXY, Robert. *Teoria dos direitos fundamentais*. Tradução Virgílio Afonso da Silva. São Paulo: Malheiros, 2017, p. 11.

adequada, é preciso ser verificado se tal norma é adequada para gerar os efeitos para a concretização da sua finalidade extrafiscal.[58] Para ser necessária, a norma deve ser aquela menos restritiva de igualdade ou da liberdade, dentre todas as outras medidas disponíveis e adequadas.[59] E para ser considerada proporcional, em sentido estrito, a norma tem de promover mais efeitos positivos do que negativos, no que tange a restrição de direitos fundamentais.[60]

A tributação extrafiscal é medida que atinge diretamente a igualdade, em especial a igualdade particularizada dos contribuintes. O texto constitucional conferiu relevo especial à igualdade, por isso o ônus argumentativo para fundamentar uma medida que a restringe, como é o caso da tributação extrafiscal, é maior.[61] Assim, Folloni defende que no Estado Democrático de Direito em que vivemos, a tributação extrafiscal não pode ser banalizada.[62]

1.2 Tributação extrafiscal e a tributação do pecado

Walter Barbosa Corrêa destaca que "não é fácil afastar a "zona cinzenta" que separa a extrafiscalidade da tributação".[63] Ruy Barbosa Nogueira relata que a divisão das normas tributárias de acordo com o seu fim acabou se mostrando, na prática, insuficiente, já que há tributos com finalidade arrecadatória que também teriam finalidade social. De fato, todos os tributos desempenham, em certa medida uma função indutora por gerarem estímulos ou desestímulos às condutas dos

---

[58] ÁVILA, Humberto. *Teoria da igualdade tributária*. São Paulo: Malheiros, 2015, p. 167. FOLLONI, André. Isonomia na tributação extrafiscal. *Revista Direito GV*, São Paulo, v. 10, n. 1, p. 214, jan./jun. 2014. Disponível em: https://bibliotecadigital.fgv.br/ojs/index.php/revdireitogv/article/view/43565. Acesso em: 25 fev. 2021.

[59] De acordo com André Folloni, o exame da necessidade demanda que o Poder Público expressamente motive, na sua fundamentação, que analisou outros meios e verificou que esses meios, apesar de serem adequados a atingir o fim pretendido, são mais restritivos à igualdade tributária, por exemplo, e, por isso, a tributação extrafiscal seria legítima. FOLLONI, André. Isonomia na tributação extrafiscal. *Revista Direito GV*, São Paulo, v. 10, n. 1, p. 215, jan./jun. 2014. Disponível em: https://bibliotecadigital.fgv.br/ojs/index.php/revdireitogv/article/view/43565. Acesso em: 25 fev. 2021.

[60] ÁVILA, Humberto. *Teoria da igualdade tributária*. São Paulo: Malheiros, 2015, p. 168.

[61] ÁVILA, Humberto. *Teoria da igualdade tributária*. São Paulo: Malheiros, 2015, p. 160-164.

[62] FOLLONI, André. Isonomia na tributação extrafiscal. *Revista Direito GV*, São Paulo, v. 10, n. 1, p. 216, jan./jun. 2014. Disponível em: https://bibliotecadigital.fgv.br/ojs/index.php/revdireitogv/article/view/43565. Acesso em: 25 fev. 2021.

[63] CORRÊA, Walter Barbosa. *Contribuição estudo da extrafiscalidade*. São Paulo: [s. n.], 1964, p. 60.

contribuintes.[64] Diante disso, para Nogueira o mais adequado seria classificar os tributos de acordo com o seu conteúdo econômico (intervir na economia) ou financeiro (arrecadatório).

Sobre o tema, Casalta Nabais defende que a função econômica, ou social, e a função fiscal, aqui entendida como arrecadatória, dos tributos, não seriam contrapostas ou completamente apartadas, mas "imbricadas numa relação de recíproca dependência".[65] Alfredo Augusto Becker alega que a tendência seria, justamente, a coexistência da função fiscal com a função extrafiscal, de modo que "apenas haverá maior ou menor prevalência neste ou naquele sentido, a fim de melhor estabelecer o equilíbrio econômico-social do orçamento cíclico".[66]

Schoueri, ao estudar o tema, compreende que a extrafiscalidade deve ser vista como um gênero que abrange todas as normas que não são movidas por um fim arrecadatório e que não buscam uma distribuição equitativa dos tributos nem simplificação do sistema tributário.[67] As normas tributárias indutoras, ou extrafiscais, são uma espécie desse gênero. Desse modo, a extrafiscalidade (gênero) pode abarcar toda e qualquer norma e "com isso se desenvencilhando dos ditamos próprios do direito tributário".[68]

A partir disso, Schoueri defende a necessidade de uma análise pragmática para identificar as normas tributárias indutoras, que são uma espécie do gênero extrafiscalidade. Com base nesse enfoque, as normas tributárias indutoras devem ser identificadas pelo seu efeito indutor.[69]

---

[64] Sobre o tema, Pedro Adamy ressalta que "todo e qualquer tributo, por mais insignificante que seja, ou por mais absurdo que seja o seu objetivo, induz o comportamento ou conforma o comportamento do contribuinte" (ADAMY, Pedro. Instrumentalização do direito tributário. *In*: ÁVILA, Humberto (Org.). *Fundamentos do direito tributário*. São Paulo: 2012, p. 306).

[65] Nesse sentido, James Marins e Jeferson Teodorovicz relatam que é quase impossível dissociar a característica fiscal da extrafiscal e que "mesmo aquela atividade essencialmente fiscal, guardará um mínimo de extrafiscalidade, e vice-versa" (MARINS, James; TEODOROVICZ, Jeferson. Rumo à extrafiscalidade ambiental: tributação diante do desafio social e ambiental contemporâneo. *In*: SIMPÓSIO NACIONAL DE DIREITO CONSTITUCIONAL, 9., 2010, Curitiba. *Anais [...]*: Curitiba ABDConst., 2011, p. 179. Disponível em: http://www.abdconst. com.br/revista3/jamesmarins.pdf. Acesso em: 25 fev. 2021. NABAIS, José Casalta. *O dever fundamental de pagar tributos*: contributo para a compreensão constitucional do estado fiscal. Coimbra: Almedina, 2015, p. 234.

[66] BECKER, Alfredo Augusto. *Teoria geral do direito tributário*. São Paulo: Noeses, 2018, p. 640.

[67] SCHOUERI, Luís Eduardo. *Normas tributárias indutoras e intervenção econômica*. Rio de Janeiro: Forense, 2005, p. 32.

[68] SCHOUERI, Luís Eduardo. *Normas tributárias indutoras e intervenção econômica*. Rio de Janeiro: Forense, 2005, p. 34.

[69] SCHOUERI, Luís Eduardo. *Normas tributárias indutoras e intervenção econômica*. Rio de Janeiro: Forense, 2005, p. 40.

De outro lado Vasques, com base nos ensinamentos de Alonso Gonzalez, esclarece que o efeito extrafiscal não deve ser confundido com a intenção, isto é, a finalidade, extrafiscal. Com isso, se um tributo tem como finalidade primordial e específica um fim que não seja arrecadatório, pode-se estar diante da tributação extrafiscal. Mas, se a finalidade primordial é arrecadatória, e mesmo assim gerar efeitos extrafiscais, não será o caso de tributação extrafiscal.[70]

No mesmo sentido de Vasques, Casalta Nabais defende que, para se dividir as normas tributárias entre fiscais e extrafiscais, deve-se identificar qual seria sua função predominante. Desse modo, para o autor, a tributação extrafiscal está presente quando o objetivo dominante da norma é o de atingir resultados econômicos ou sociais, e não meramente arrecadatórios, por meio do uso dos instrumentos tributários.[71] Walter Barbosa Corrêa, Ricardo Lobo Torres, André Folloni, Humberto Ávila, Hugo de Brito Machado, Paulo Caliendo e Martha Toribio Leão também compartilham o posicionamento de identificação da tributação extrafiscal pela sua dimensão finalista.[72]

Martha Toribio Leão defende a importância de se identificar a tributação extrafiscal por meio da verificação da sua finalidade principal, para que se possa realizar o devido controle dessa tributação.[73] Conforme exposto anteriormente, o controle da tributação extrafiscal

---

[70] VASQUES, Sérgio. *Os impostos do pecado*: o álcool, o tabaco, o jogo e o fisco. Coimbra: Almedina, 1999, p. 20. TORRES, Ricardo Lobo. *Curso de Direito Financeiro e Tributário*. 20. ed. Rio de Janeiro: Renovar, 2018, p. 183.

[71] NABAIS, José Casalta. *O dever fundamental de pagar tributos*: contributo para a compreensão constitucional do estado fiscal. Coimbra: Almedina, 2015, p. 629.

[72] CORRÊA, Walter Barbosa. *Contribuição Estudo da Extrafiscalidade*. São Paulo: [s. n.], 1964. TORRES, Ricardo Lobo. *Curso de Direito Financeiro e Tributário*. 20. ed. Rio de Janeiro: Renovar, 2018, p. 183. FOLLONI, André. Isonomia na tributação extrafiscal. *Revista Direito GV*, São Paulo, v. 10, n. 1, p. 205, jan./jun. 2014. Disponível em: https://bibliotecadigital.fgv.br/ojs/index.php/revdireitogv/article/view/43565. Acesso em: 25 fev. 2021. ÁVILA, Humberto. *Sistema constitucional tributário*. 5. ed. São Paulo: Saraiva, 2012, p. 138. MACHADO, Hugo de Brito. *Curso de direito tributário*. 38. ed. São Paulo: Malheiros, 2017, p. 69. CALIENDO, Paulo. Extrafiscalidade econômica: possibilidades e limites constitucionais. *Revista de Direitos Fundamentais e Tributação*, Porto Alegre, v. 1, n. 1, p. 7, 2017. Disponível em: http://www.rdft.com.br/revista/article/view/1. Acesso em: 25 fev. 2021. LEÃO, Matha Toribio. Contributo para o estudo da extrafiscalidade: a importância da finalidade na identificação das normas tributárias extrafiscais. *Revista Direito Tributário Atual*, São Paulo, n. 34, p. 314, 2015. Disponível em: https://revista.ibdt.org.br/index.php/RDTA/article/view/155. Acesso em: 25 fev. 2021.

[73] LEÃO, Matha Toribio. Contributo para o estudo da extrafiscalidade: a importância da finalidade na identificação das normas tributárias extrafiscais. *Revista Direito Tributário Atual*, São Paulo, n. 34, p. 314, 2015. Disponível em: https://revista.ibdt.org.br/index.php/RDTA/article/view/155. Acesso em: 25 fev. 2021.

não consiste no mesmo controle da tributação fiscal. No caso da tributação extrafiscal, como há um afastamento da igualdade particular dos contribuintes, com base na capacidade contributiva, é necessário realizar o seu controle pelo teste de proporcionalidade.[74] No entanto, Leão esclarece que, para realizar o controle por meio do teste de proporcionalidade, será necessário perpassar pela finalidade da tributação extrafiscal. Por isso, a autora entende como fundamental a identificação da finalidade principal da tributação extrafiscal. A análise dos efeitos extrafiscais também é relevante para o controle dos efeitos da tributação; isto é, para verificar se a tributação extrafiscal é apta a gerar os efeitos por ela pretendidos. Contudo, identificar a tributação extrafiscal tão somente com base no critério dos seus efeitos acabaria por identificar toda norma tributária como sendo extrafiscal, na medida em que toda norma gerará um efeito extrafiscal no contribuinte. Isso decorre devido, com a incidência da tributação, a tributação passar a ser um elemento a ser considerado pelo contribuinte para a tomada de sua decisão.[75]

Desse modo, esta pesquisa se filia a corrente teórica finalista, de modo a identificar a tributação extrafiscal como o uso do arsenal tributário com finalidade preponderante de incentivar ou desincentivar o contribuinte a realizar uma determinada conduta.

Dentro dessa delimitação conceitual da tributação extrafiscal, pode-se estabelecer classificações. Juan Enrique Varona Alabern classifica a tributação extrafiscal em "tributos extrafiscais próprios" e "tributos extrafiscais impróprios". Para o autor, são tributos extrafiscais próprios aqueles tributos que têm como fundamento e estrutura alcançar um objetivo extrafiscal. E os impróprios são os tributos concebidos

---

[74] ÁVILA, Humberto. *Teoria da igualdade tributária*. São Paulo: Malheiros, 2015, p. 166-167. NABAIS, José Casalta. *O dever fundamental de pagar* tributos: contributo para a compreensão constitucional do estado fiscal. Coimbra: Almedina, 2015, p. 663. FOLLONI, André; FLORIANI NETO, Antonio Bazilio; MAIOLLI, Michelle Nobre. Proporcionalidade e a igualdade como limitação à tributação extrafiscal. *Revista Direito Público*, Porto Alegre, v. 14, n. 80, p. 51-58, mar./abr. 2018. Disponível em: https://www.portaldeperiodicos.idp.edu.br/direitopublico/article/view/2686. Acesso em: 25 fev. 2021. FOLLONI, André. Isonomia na tributação extrafiscal. *Revista Direito GV*, São Paulo, v. 10, n. 1, p. 212, jan./jun. 2014. Disponível em: https://bibliotecadigital.fgv.br/ojs/index.php/revdireitogv/article/view/43565. Acesso em: 25 fev. 2021.

[75] LEÃO, Matha Toribio. Contributo para o estudo da extrafiscalidade: a importância da finalidade na identificação das normas tributárias extrafiscais. *Revista Direito Tributário Atual*, São Paulo, n. 34, p. 312-314, 2015. Disponível em: https://revista.ibdt.org.br/index.php/RDTA/article/view/155. Acesso em: 25 fev. 2021.

com finalidades fiscais (arrecadatórias), mas que possuem elementos extrafiscais próprios.[76]

Walter Barbosa Corrêa elegeu dois elementos como critérios de classificação da extrafiscalidade: a sua forma de manifestação (explícita ou implícita) e a sua intensidade.[77] Assim, como primeiro critério, deve ser analisada a manifestação que consta na lei sobre a extrafiscalidade. Se esta constar de maneira expressa na legislação, então, a sua forma de manifestação será "explícita". Contudo, quando a extrafiscalidade se localizar em um tributo, a sua manifestação será considerada "implícita".[78] No segundo critério de classificação de Côrrea é analisada a intensidade da extrafiscalidade. Caso se esteja diante da extrafiscalidade "explícita", a intensidade da extrafiscalidade poderá ser total ou parcial; a intensidade será total quando a extrafiscalidade explícita apenas visar a "pressão ao comportamento". De modo que será parcial a intensidade, quando a extrafiscalidade explícita buscar fins econômicos, sociais ou políticos, além da indução do comportamento. Nos casos de extrafiscalidade "implícita", a intensidade da extrafiscalidade poderá variar em três graus: preponderante, média e não preponderante.[79]

Para Schoueri, as normas tributárias indutoras possuem duas técnicas principais: as vantagens e os agravamentos.[80] Da mesma forma, Casalta Nabais divide a extrafiscalidade em dois domínios: a dos impostos extrafiscais, em que há um agravamento extrafiscal de tributos, e a dos benefícios fiscais, que constituem vantagens ao contribuinte.[81] Com as vantagens, busca-se incentivar que o contribuinte realize determinado comportamento. Para tanto, faz-se uso de um prêmio ou de um desconto, de modo a aliviar a "pressão tributária".[82] Trata-se do que

---

[76] ALABERN, Juan Enrique Varona. *Extrafiscalidad y dogmática tributaria*. Madrid: Marcial Pons, 2009, p. 24

[77] CORRÊA, Walter Barbosa. *Contribuição Estudo da Extrafiscalidade*. São Paulo: [s. n.], 1964, p. 68.

[78] CORRÊA, Walter Barbosa. *Contribuição Estudo da Extrafiscalidade*. São Paulo: [s. n.], 1964, p. 69.

[79] CORRÊA, Walter Barbosa. *Contribuição Estudo da Extrafiscalidade*. São Paulo: [s. n.], 1964, p. 70.

[80] SCHOUERI, Luís Eduardo. *Normas tributárias indutoras e intervenção econômica*. Rio de Janeiro: Forense, 2005, p. 203-209.

[81] NABAIS, José Casalta. *O dever fundamental de pagar tributos*: contributo para a compreensão constitucional do estado fiscal. Coimbra: Almedina, 2015, p. 630.

[82] SCHOUERI, Luís Eduardo. *Normas tributárias indutoras e intervenção econômica*. Rio de Janeiro: Forense, 2005, p. 206.

CAPÍTULO 1
TRIBUTAÇÃO DO PECADO: EM BUSCA DE UMA DEFINIÇÃO | 33

Juan Enrique Varona Alabern denomina de "finalidade persuasiva".[83] São exemplos de vantagens as isenções tributárias, a depreciação acelerada de bens do ativo para antecipação de lançamento de despesa para fins de imposto de renda,[84] as reduções de alíquotas e os créditos fiscais.[85] Já os agravamentos, como técnica de indução, estão presentes quando a norma tributária busca tornar mais oneroso, custoso, o comportamento indesejado do contribuinte, de modo a desestimular que aquele comportamento seja realizado. Alabern designa-os como "finalidade dissuasória" da extrafiscalidade.[86] São exemplos dessa técnica: o agravamento tributário de determinados bens de consumo, como o cigarro e o álcool, em que o legislador objetiva desestimular o consumo desses bens.[87] Seja pelos agravamentos ou por vantagens, na tributação extrafiscal o Estado pretende intervir na conduta do contribuinte. Nesse viés, Lobo Torres ressalta a dimensão finalista e intervencionista do tributo.[88]

Esclarecida a noção de tributação extrafiscal, cabe analisar qual seria o enquadramento da tributação do pecado.

Pois bem, na tributação do pecado, o Estado seleciona certos produtos a serem tributados de forma mais elevada, de forma a desestimular os indivíduos a consumi-los.[89] Os exemplos mais correntes são a tributação do álcool e do tabaco.[90] Portanto, o Estado, de forma intencional, busca alterar o comportamento do contribuinte de consumir

---

[83] ALABERN, Juan Enrique Varona. *Extrafiscalidad y dogmática tributaria*. Madrid: Marcial Pons, 2009, p. 30.

[84] SCHOUERI, Luís Eduardo. *Normas tributárias indutoras e intervenção econômica*. Rio de Janeiro: Forense, 2005, p. 207-209.

[85] CALIENDO, Paulo. Extrafiscalidade econômica: possibilidades e limites constitucionais. *Revista de Direitos Fundamentais e Tributação*, Porto Alegre, v. 1, n. 1, p. 6-7, 2017. Disponível em: http://www.rdft.com.br/revista/article/view/1. Acesso em: 25 fev. 2021.

[86] ALABERN, Juan Enrique Varona. *Extrafiscalidad y dogmática tributaria*. Madrid: Marcial Pons, 2009, p. 30.

[87] SCHOUERI, Luís Eduardo. *Normas tributárias indutoras e intervenção econômica*. Rio de Janeiro: Forense, 2005, p. 205-206.

[88] TORRES, Ricardo Lobo. *Curso de Direito Financeiro e Tributário*. 20. ed. Rio de Janeiro: Renovar, 2018, p. 183.

[89] VASQUES, Sérgio. *Os impostos do pecado*: o álcool, o tabaco, o jogo e o fisco. Coimbra: Almedina, 1999, p. 17. CLÍMACO, Maria Isabel Namorado. Novas Perspectivas da Política Fiscal Anti-Tabágica e Anti-Alcoólica. *Boletim de Ciências Económicas*, Universidade de Coimbra, v. 43, p. 97, 2000. Disponível em: https://digitalis.uc.pt/pt-pt/artigo/novas_perspectivas_da_pol%C3%ADtica_fiscal_anti_tab%C3%A1gica_e_anti_alco%C3%B3lica. Acesso em: 20 jun. 2021.

[90] VASQUES, Sérgio. *Os impostos do pecado*: o álcool, o tabaco, o jogo e o fisco. Coimbra: Almedina, 1999, p. 17.

tais produtos. Com base nisso, pode-se afirmar que finalidade principal dessa tributação é a modificação do comportamento. Assim, a tributação do pecado consiste em uma tributação extrafiscal que atua por meio da técnica de indução de agravamento.

1.3 Tributação do pecado e diferentes terminologias

Em países de tradição *civil law*, como é o caso do Brasil, da Itália, de Portugal e da Espanha, a expressão "extrafiscalidade" é amplamente utilizada.[91] Em outros países, como os Estados Unidos da América e a Inglaterra, utiliza-se as palavras *"regulatory tax"* ou *"corrective tax"* para quando a tributação é utilizada para induzir comportamentos.[92] A *regulatory tax* é um gênero que comporta diferentes espécies. Como uma das espécies possíveis, há a *excise tax* que consiste em um agravamento na venda ou compra de determinado produto ou grupo de produtos.[93]

A *excise tax* se subdivide de acordo com o produto ou a categoria de produtos que é objeto de sua incidência. John F. Due apresenta uma distinção entre *regulatory excises, sumptuary excises* e *luxuary excises*. As *regulatory excises* são aquelas que buscam facilitar o controle de certas atividades e, para tanto, utilizam a tributação para prevenir ou diminuir o consumo de determinados bens. Como exemplo de *regulatory excises*, Due cita a tributação da venda da maconha, do ópio, da manteiga

---

[91] Em Portugal "extrafiscalidade", na Espanha *"extrafiscalidad"* e na Itália *"funzione extrafiscale"* VASQUES, Sérgio. *Os impostos do pecado*: o álcool, o tabaco, o jogo e o fisco. Coimbra: Almedina, 1999, p. 65. ALABERN, Juan Enrique Varona. *Extrafiscalidad y dogmática tributaria*. Madrid: Marcial Pons, 2009. LOPÉZ, Carlos María Espadafor. Equità tributaria e funzione extrafiscale del tributo nel contesto dell'armonizzazione fiscale. *Rivista di diritto tributario Internazionale – International Tax Law Review*, Sapienza Università Editrice, n. 1, p. 53-85, 2017.

[92] As expressões são utilizadas, particularmente, no contexto de utilização de tributação para modificar o comportamento, com a finalidade de correção de externalidades negativas. BUCHANAN, James M. External diseconomies, corrective taxes, and market structure. *The American Economic Review*, v. 59, n. 1, p. 174-177, 1969. PLOTT, Charles R. Externalities and corrective taxes. *Economica*, London, v. 33, n. 129, p. 84-87, 1966. SUMMERS, Lawrence H. The case for corrective taxation. *National Tax Journal*, v. 44, n. 3, p. 289, Sep. 1991. Disponível em: https://www.journals.uchicago.edu/toc/ntj/1991/44/3. Acesso em: 18 jun. 2021. GARBARINO, Carlo; ALLEVATO, Giulio. The global architecture of financial regulatory taxes. *Michigan Journal of International Law*, v. 36, n. 4, p. 603-648, 2015. Disponível em: https://repository.law.umich.edu/mjil/vol36/iss4/2/. Acesso em: 20 jun. 2021.

[93] Para John F. Due e Ann F. Friedlaender, a diferença entre uma. *"sales tax"* para a *"excise tax"* reside no fato de que a *sales tax* se aplica, em regra, a todos os produtos de uma forma geral e a *excise tax* seria, somente, para certos produtos ou grupo de produtos. DUE, John; FRIEDLAENDER, Ann F. *Government finance*: economics of the public sector. 6. ed. Georgetown: Richard D. Irwin, 1977, p. 349-350.

adulterada, dos fósforos brancos e de margarinas.[94] As *sumptuary excises* consistem na tributação de bens cujo consumo é julgado pelo Congresso como contrário ao bem-estar de todos, mas não ao ponto de requerer uma proibição. É o caso da tributação de bebidas alcoólicas e do cigarro. Já as *luxury excises* consistem em uma tributação estruturada para produzir a distribuição da carga tributária de acordo com a capacidade contributiva, a ser medida com base em itens luxuosos. São considerados itens luxuosos aqueles que não são essenciais para se ter um mínimo de qualidade de vida. Nessa categoria não se busca desestimular o consumo de produtos luxuosos e são exemplos dessa forma de tributação os veículos, cosméticos, joias, perfumes, entre outros.[95] Cabe salientar que há bens que podem se encaixar em mais de uma categoria, a diferença dependerá da fundamentação e da racionalidade da forma de tributação.

No caso da tributação do pecado, a fundamentação original para a sua incidência é a busca por desestimular o consumo de certos produtos por serem contrários à moral e aos bons consumes. Tradicionalmente, os exemplos mais conhecidos de tributação do pecado são casos de *sumptuary excises*. Mas a tributação do pecado também pode se dar na forma de uma *regulatory excise* ou de uma *luxuary excise*, a depender da fundamentação utilizada para justificar a sua incidência.

Para Sérgio Vasques o uso da moral, na tributação do pecado, pode ocorrer de duas formas diferentes.[96] A primeira delas, chamada por Vasques de "intenção sem argumento", está presente quando se busca moralizar sem o uso da moral. Nesse caso, a moralidade fica oculta, disfarçada por razões de saúde pública ou por fundamentos econômicos – como os chamados custos sociais. No segundo uso da moral, há "o argumento sem intenção", aqui, a tributação do pecado estará presente quando o legislador usar a moral, sem ter a intenção, para legitimar a tributação. Para exemplificar sua perspectiva, Vasques cita a angariação de receitas como a razão e a fundamentação da tributação do pecado. Para o autor, então, o pecado se fundamenta na

---

[94] DUE, John F. Federal excise taxation *Bulletin of the National Tax Association*, v. 33, n. 3, p. 67, Dez, 1947.

[95] DUE, John F. Federal excise taxation *Bulletin of the National Tax Association*, v. 33, n. 3, p. 67-68, Dez. 1947.

[96] VASQUES, Sérgio. *Os impostos do pecado*: o álcool, o tabaco, o jogo e o fisco. Coimbra: Almedina, 1999, p. 24.

intenção aparente dessa tributação e não seria o fim do imposto, mas, sim, o meio que possibilitaria que esse imposto fosse socialmente aceito.[97]

1.4 Fundamentos teóricos da tributação do pecado ao longo do tempo

1.4.1 Da Idade Média ao final da II Guerra Mundial

A utilização do pecado como fundamentação da tributação do cigarro e das bebidas alcoólicas é remota. No caso do cigarro, o tabaco, sua principal matéria prima, era considerado uma planta sagrada para muitas etnias nativas da América[98] e o produto foi exportado das Américas para a Europa, principalmente durante as expedições portuguesas e espanholas. Contudo, a Igreja Católica repudiava o seu consumo e o considerava um pecado mortal.[99] Como resposta às pressões da Igreja, foram estabelecidas proibições sobre o consumo de tabaco. A despeito delas, o consumo do tabaco se popularizou rapidamente e as proibições não conseguiram conter o seu consumo. Diante disso, o Estado optou por tributar o consumo do tabaco, em vez de proibi-lo, devido à sua importância como fonte de receita pública.[100]

Assim, se no início do século XVI, punia-se o tabaco, como um pecado mortal, já no final do século o Estado passou a tolerar o consumo e a exigir tributos. A finalidade principal da tributação, de acordo com Vasques, era a de angariação de receitas. Para o autor, o Estado teria contribuído para a "legitimação do vício" por ter silenciado o discurso original de cunho moral que inicialmente era utilizado para proibir o

---

[97] VASQUES, Sérgio. *Os impostos do pecado*: o álcool, o tabaco, o jogo e o fisco. Coimbra: Almedina, 1999, p. 25.

[98] Sobre a história do tabaco e o seu uso pelos povos nativos, consulte: VARELLA, Alexandre Câmara. *Sustâncias da idolatria*: as medicinas que embriagaram os índios do México e Peru em histórias dos séculos XVI e XVII. 2008. 389 f. Dissertação (Mestrado em História Social) – Departamento de Letras e Ciências Humanas, Universidade de São Paulo, São Paulo, 2008. GOODMAN, Jordan. *Tobacco in history*: the cultures of dependence. Londres: Taylor & Francis e-Library, 2005, p. 2. COURTWRIGHT, David T. *Forces of habit*: drugs and the making of the Modern World. Cambridge: Harvard University Press, 2001, p. 14.

[99] VASQUES, Sérgio. *Os impostos do pecado*: o álcool, o tabaco, o jogo e o fisco. Coimbra: Almedina, 1999, p. 123-124.

[100] Foi o que aconteceu em países europeus como Portugal, França, Itália, Inglaterra e Espanha. VASQUES, Sérgio. *Os impostos do pecado*: o álcool, o tabaco, o jogo e o fisco. Coimbra: Almedina, 1999, p. 127.

CAPÍTULO 1 | 37
TRIBUTAÇÃO DO PECADO: EM BUSCA DE UMA DEFINIÇÃO

consumo de tal produto.[101] Como resultado, a tributação do tabaco elevou significativamente a receita dos países europeus. O grande aumento na arrecadação fez com que o fumo se convertesse em ouro ao Estado.[102] No caso do álcool, houve uma grande diferença na fundamentação da sua tributação, a variar com base no tipo de bebida alcoólica. Na Europa, a cerveja e o vinho eram consumidos de forma cotidiana e considerados alimentos e remédios do povo. Com isso, eram raras as tributações do vinho e da cerveja.[103] A tributação da cerveja, por exemplo, foi utilizada na Inglaterra para financiar emergências ocasionadas por guerras, como a Guerra da Sucessão Espanhola, a Guerra dos Sete Anos e a da Independência Americana.[104] Por sua vez, as bebidas destiladas, para serem fabricadas demandavam unidades de produções específicas, além de destilarias. Com isso, as bebidas destiladas possuíam alto valor de troca e, por essa razão, Vasques afirma que havia um interesse do Fisco em tolerar e encorajar seu consumo. Além do fato de que consumir bebidas com teor alcoólico já era algo conhecido pela sociedade, diferente de fumar, que causava um certo espanto.[105]

No entanto, no final do século XVI, na Inglaterra, o Rei Jaime I introduziu os *Tippling Acts* que consistiam em várias penalidades com o objetivo de diminuir o consumo de bebidas alcoólicas. O Rei afirmava ser preciso acabar com a chamada corrupção do corpo e dos costumes, ocasionada pelo álcool e pelo tabaco.[106] Como consequência dos *Tippling Acts*, houve a popularização do gin, cujos insumos eram pouco tributados, e, por isso, era uma bebida barata. Em 1751, redigiu-se uma lei para sujeitar o gin, bem como outras bebidas destiladas, a tributações e a licenças elevadas. Na Escócia, a alta tributação da bebida alcoólica "clarete" fez com o que o consumo de whisky se popularizasse.[107]

---

[101] VASQUES, Sérgio. *Os impostos do pecado*: o álcool, o tabaco, o jogo e o fisco. Coimbra: Almedina, 1999, p. 133.
[102] VASQUES, Sérgio. *Os impostos do pecado*: o álcool, o tabaco, o jogo e o fisco. Coimbra: Almedina, 1999, p. 134.
[103] VASQUES, Sérgio. *Os impostos do pecado*: o álcool, o tabaco, o jogo e o fisco. Coimbra: Almedina, 1999, p. 136.
[104] DOWELL, Stephen. *A history of taxation and taxes in England*. 2. ed. London: Longmans, Geen, and Co, 1888, p. 106-166.
[105] VASQUES, Sérgio. *Os impostos do pecado*: o álcool, o tabaco, o jogo e o fisco. Coimbra: Almedina, 1999, p. 139.
[106] VASQUES, Sérgio. *Os impostos do pecado*: o álcool, o tabaco, o jogo e o fisco. Coimbra: Almedina, 1999, p. 141.
[107] DOWELL, Stephen. *A history of taxation and taxes in England*. 2. ed. London: Longmans, Geen, and Co, 1888, p. 168.

De uma forma geral, no período entre os séculos XVI a XVIII a principal razão da tributação do álcool e do tabaco foi financeira: aumentar a angariação de recursos do Estado.[108] Segundo Vasques, a sua legitimação decorreu de dois fatores: a universalidade da tributação e a tributação agravada ao luxo.[109] A universalidade dessa forma de tributação derivava do fato de que todos, ricos e pobres, consumiam esses produtos. Assim, a tributação atingia todos os indivíduos. Nessa época, os produtos luxuosos eram entendidos, conforme definição de Adam Smith, como aqueles não considerados necessários. Smith define como necessários, os bens indispensáveis para a subsistência de alguém, bem como aqueles que a regra da decência de uma sociedade exige.[110] O tabaco e as bebidas alcoólicas, explica Smith, são luxos tanto do pobre como do rico.

De forma semelhante à interpretação de Smith, há a visão Antonio de Viti de Marco. Viti de Marco afirmava que seria muito custoso para o Estado tributar todos os produtos de consumo e que seria preciso selecionar um único grupo de produtos. Assim, Viti de Marco selecionou um grupo de bens que não seriam necessários para a existência, que seriam consumidos em larga e que seriam capazes de aumentar a expansão do Estado. Esses produtos seriam o cigarro, o café, o álcool, o chá, o açúcar, a cerveja e os licores.[111]

Com a chegada do século XIX, e especialmente com a Revolução Francesa, a universalidade, ou a generalidade da tributação, não foi suficiente para legitimar a sua incidência.[112] Defendia-se a necessidade de uma progressividade tributária efetiva.[113] Segundo Seligman, a pro-

---

[108] VASQUES, Sérgio. *Os impostos do pecado*: o álcool, o tabaco, o jogo e o fisco. Coimbra: Almedina, 1999, p. 165.

[109] VASQUES, Sérgio. *Os impostos do pecado*: o álcool, o tabaco, o jogo e o fisco. Coimbra: Almedina, 1999, p. 173.

[110] SMITH, Adam. *An inquiry into the nature and causes of the wealth of nations*. London: Oxford University Press, 1976, p. 871-872.

[111] MARCO, Antonio de Viti de. *First principles of public finance*. London: Jonathan Cape, 1936, p. 315.

[112] Charles Adams destaca que, antes da Revolução, houve várias revoltas motivadas justamente pelas novas tributações e pelos aumentos das tributações já existentes. Adams afirma que as injustiças tributárias alegadas culminaram na Revolução Francesa. ADAMS, Charles. *For good and evil*: the impact of taxes on the course of civilization. London: Madison Books, 1993, p. 227-235.

[113] Seligman relata que, com o progresso da Revolução Francesa, houve várias tentativas de se dar concretude ao princípio da progressividade. Uma delas, por exemplo, deu-se em janeiro de 1793, quando o *Minister of the Interior* fez um documento, *"report"*, propondo a substituição da *"contribution mobilière"* para uma tributação progressiva da renda em trinta

gressividade deve ser entendida como a aplicação de um critério de tributação progressivo.[114] Diante disso, Sérgio Vasques relata que, com a busca pela progressividade, a tributação do álcool e do cigarro teria perdido os seus fundamentos de legitimidade.[115]

Contudo, de acordo com Vasques, a passagem para o Estado liberal trouxe uma fundamentação alternativa para a tributação do pecado.[116] O álcool e o tabaco passaram a ser vistos como bens que desvirtuavam os indivíduos do trabalho e dos bons costumes. Para o autor, é, neste período, que, de fato, nota-se uma tributação do pecado, eis que há um desvalor moral ao consumo desses bens – especialmente dirigida à classe operária.[117] Ocorre que com as Guerras Mundiais, esses argumentos morais se exauriram.[118] Nesse sentido, começou-se a ser compreendido que uma privação de todos os prazeres e lazeres da vida resultaria em uma vida insustentável. O que era considerado um luxo dispensável, passa a ser visto como necessário para uma vida adequada. Como consequência, a tributação do pecado, de acordo com Vasques, perdeu novamente o seu fundamento de legitimação.

1.4.2 A contribuição de Pigou

Com os estudos de Arthur Cecil Pigou, surge uma nova fundamentação para tributação do pecado.[119] Para se entender a pertinência das teorias desenvolvidas por Pigou para a tributação do pecado, antes, é preciso entender alguns conceitos formulados pelo autor.

Em seu livro, *The economic of welfare*, Pigou analisa que há situações em que se pode verificar divergências entre o custo social marginal de um produto e o seu custo privado marginal.[120] Para o autor, o produto

---

classes. SELIGMAN, Edwin. Progressive taxation in theory and practice. *American Economic Association Quarterly*, 3rd series, v. 9, n. 4, p. 593-594, Dec. 1908.

[114] SELIGMAN, Edwin. Progressive taxation in theory and practice. *American Economic Association Quarterly*, 3rd series, v. 9, n. 4, p. 564-565, Dec. 1908.

[115] VASQUES, Sérgio. *Os impostos do pecado*: o álcool, o tabaco, o jogo e o fisco. Coimbra: Almedina, 1999, p. 178.

[116] VASQUES, Sérgio. *Os impostos do pecado*: o álcool, o tabaco, o jogo e o fisco. Coimbra: Almedina, 1999, p. 181.

[117] VASQUES, Sérgio. *Os impostos do pecado*: o álcool, o tabaco, o jogo e o fisco. Coimbra: Almedina, 1999, p. 182.

[118] THOM, Michael. *Taxing sin*. Las Vegas: Palgrave Macmillan, 2021, p. 7-8.

[119] VASQUES, Sérgio. *Os impostos do pecado*: o álcool, o tabaco, o jogo e o fisco. Coimbra: Almedina, 1999, p. 200.

[120] PIGOU, Arthur C. *The economics of welfare*. 4. ed. London: Macmillan, 1932, p. 131.

marginal de um fator de produção é a diferença que se apresenta no produto agregado ao ser retirada uma unidade de fator.[121] Ou seja, o produto marginal de uma quantidade certa de recursos é igual a diferença que aquele total de produto de recursos faz ao ser adicionado ou subtraído um incremento. A partir disso, é relatado que o produto marginal pode se constituir de duas formas: o social e o privado. O produto marginal social é o equivalente ao total obtido de um bem físico ou de um serviço após o incremento marginal de recursos com o seu uso ou em um dado local.[122] O autor explica que há certos casos em que há custos que são impostos a pessoas não diretamente envolvidas na relação, mas que sofrem os seus efeitos. Como exemplo, Pigou cita os danos causados às florestas de uma região devido à instalação e ao funcionamento de motores ferroviários. Diante disso, ao ser analisado o valor marginal social obtido de um incremento de recursos, todos os efeitos – positivos e negativos – devem ser computados. Já o produto marginal privado é o resultado obtido de um bem físico ou de um serviço com o incremento marginal de recursos com o seu uso ou em um local, especificamente na pessoa responsável por investir os recursos.[123]

O valor do produto marginal social, de qualquer quantidade de recursos empregada para o seu uso ou em um local, traduz-se na quantia de dinheiro que aquele produto marginal social vale no mercado. O mesmo ocorre com o valor do produto marginal privado; ou seja, o seu valor será o montante de dinheiro que vale no mercado. Desse modo, Pigou afirma que, quando o produto marginal social e o privado forem exatamente iguais e a pessoa responsável pelo investimento decidir vender o produto, o valor do produto marginal social e do privado será igual ao incremento do produto multiplicado pelo preço da unidade em que aquele produto é vendido quando determinada quantidade de recursos é empregada em sua produção.[124]

---

[121] Todavia, o autor ressalta que não seria qualquer unidade particular que se caracterizaria como uma unidade marginal. Assim, Pigou esclarece que a unidade marginal seria qualquer uma unidade de um agregado de unidade, em que se possa imaginar que esse agregado seja dividido. Para ilustrar, Pigou explica o caso de, em uma indústria, em que retirar um homem que está trabalhando uma máquina nova e não fazer mais nada afetaria o resultado agregado mais do que retirar um homem que estava trabalhando em uma máquina obsoleta. PIGOU, Arthur C. *The economics of welfare*. 4. ed. London: Macmillan, 1932, p. 133.

[122] PIGOU, Arthur C. *The economics of welfare*. 4. ed. London: Macmillan, 1932, p. 134.

[123] PIGOU, Arthur C. *The economics of welfare*. 4. ed. London: Macmillan, 1932, p. 134-135.

[124] Na definição, Pigou assume que o preço do produto seria igual ao preço marginal da demanda. PIGOU, Arthur C. *The economics of welfare*. 4. ed. London: Macmillan, 1932, p. 135.

CAPÍTULO 1
TRIBUTAÇÃO DO PECADO: EM BUSCA DE UMA DEFINIÇÃO | 41

Em outra obra, *A study in public finance*, Pigou analisa que o valor do produto marginal social pode divergir do valor do produto marginal privado.[125] O autor, então, expõe duas formas em que essas divergências podem acontecer. Na primeira delas, a divergência ocorre quando o valor do produto marginal social é maior do que o valor marginal privado e isso acontece devido aos recursos empregados produzirem, além daquele bem ou serviço vendido e pago, outros produtos e serviços para os quais não é possível um pagamento. Para ilustrar a sua abordagem, Pigou cita como exemplo certos serviços que são prestados por meio de investimentos na implementação de parques públicos nas cidades, que melhorarão o ar das casas vizinhas, com o plantio de árvores, o que melhorará ainda as condições climáticas daquela região.[126] Na segunda forma de divergências, o valor social marginal do produto é menor do que o valor privado marginal, e para além daquele produto ou serviço que foi vendido e pago, é gerado um desconforto, ou mal-estar, para determinadas pessoas para as quais não seria possível ser feita uma compensação.[127] Como exemplo, Pigou relata o caso de um proprietário que constrói uma fábrica e, com isso, destrói parte das facilidades e estruturas do bairro.[128]

Ambas as formas de divergência entre o valor social do produto e o seu valor privado acarretam o que o Pigou chamou de "desajustes".[129] A partir disso, Pigou relata duas causas para "desajustes". A primeira causa de desajustes apresentada é entre a escolha de produtos nacionais e de produtos importados.[130] De acordo com Pigou, na falta de uma intervenção fiscal, o auto interesse determina o quanto cada produto, que é passível de ser produzido naquele país, deve ser garantido por um processo direto de manufatura no país ou o seu preço de compra nas exportações. Ocorre que, em certas circunstâncias, o auto interesse não será suficiente, por si só, a gerar a melhor configuração. É o caso,

---

[125] PIGOU, Arthur C. *A study in public finance*. 3. ed. London: Macmillan, 1947, p. 94.

[126] PIGOU, Arthur C. *A study in public finance*. 3. ed. London: Macmillan, 1947, p. 94-95.

[127] PIGOU, Arthur C. *A study in public finance*. 3. ed. London: Macmillan, 1947, p. 95. Mesmo exemplo foi citado em sua outra obra: PIGOU, Arthur C. *The economics of welfare*. 4. ed. London: Macmillan, 1932, p. 184.

[128] PIGOU, Arthur C. *A study in public finance*. 3. ed. London: Macmillan, 1947, p. 95. Mesmo exemplo foi citado em sua outra obra: PIGOU, Arthur C. *The economics of welfare*. 4. ed. London: Macmillan, 1932, p. 185-186.

[129] No original: *"maladjustmentes"*. PIGOU, Arthur C. *A study in public finance*. 3. ed. London: Macmillan, 1947, p. 95.

[130] PIGOU, Arthur C. *A study in public finance*. 3. ed. London: Macmillan, 1947, p. 96.

por exemplo, de um país que teria condições de produzir determinado bem, mas que passa a importa-lo, sendo que as condições da produção nacional daquele bem envolveriam menos custos do que a importação. Segundo Pigou, isso ocorreria nos casos em que o ganho dos investimentos, direcionados à construção das indústrias para fabricação de referido produto, for distante e difuso do valor total do lucro previsto pelos investidores e, com isso, tem-se pouca produção nacional e muita exportação e, como resultado, seria produzido pouca quantidade do produto no país e exportado demais.[131]

O segundo caso de desajustes trazido por Pigou é ocasionado pela relação entre desejo e satisfação obtida pela realização desse desejo. Esse desajuste decorre da atitude das pessoas em relação ao futuro. O autor explica que, de forma geral, as pessoas preferem prazeres que possam ser realizadas no presente do que a satisfação de um prazer maior, ou de igual magnitude, no futuro. A contradição, de acordo com Pigou, decorre do fato de que o prazer do presente não é de uma magnitude maior do que a do prazer do futuro. A explicação pela preferência dos prazeres do presente é a de que a nossa "habilidade telescópica", isto é, a habilidade de analisar o futuro, seria defeituosa[132] e, por isso, as pessoas vivem os seus prazeres futuros em uma escala diminuída. Para o autor, isso tem graves implicações de "desarmonia econômica", já que as pessoas distribuíram seus recursos, entre o presente, futuro próximo e um futuro mais distante, em uma base de preferências completamente irracionais.[133] Ademais, Pigou relata que, como consequência disso, o nosso auto interesse distribui mais recursos para a consumos imediatos e menos recursos para o uso em um consumo distante.[134]

Na presença dos "desajustes", a sua correção, de acordo com Pigou, deve ser feita por meio de subsídios ou tributação.[135] Assim, para se corrigir desajustes, há a incidência de tributação sobre recursos empregados em bens que estão sendo consumidos demais, e os

---

[131] PIGOU, Arthur C. *A study in public finance*. 3. ed. London: Macmillan, 1947, p. 96.

[132] No original *"our telescopic faculty is defective"* (PIGOU, Arthur C. *A study in public finance*. 3. ed. London: Macmillan, 1947, p. 97).

[133] No original *"For it implies that people distribute their resources between the present, near future and the remote future on the basis of a wholly irrational preference"* (PIGOU, Arthur C. *A study in public finance*. 3. ed. London: Macmillan, 1947, p. 97).

[134] PIGOU, Arthur C. *A study in public finance*. 3. ed. London: Macmillan, 1947, p. 98-99.

[135] PIGOU, Arthur C. *A study in public finance*. 3. ed. London: Macmillan, 1947, p. 99. Na outra obra do autor: PIGOU, Arthur C. *The economics of welfare*. 4. ed. London: Macmillan, 1932, p. 192.

subsídios sobre bens que estão sendo muito pouco consumidos.[136] Como exemplo do uso da tributação, Pigou aborda especificamente o caso das bebidas alcoólicas. De acordo com o autor, devido ao valor privado ser muito maior do que o valor social da produção e distribuição de bebidas alcoólicas, diversos países teriam adotado uma tributação especial para tais empresas.[137] Outro exemplo é o caso da produção e da venda de produtos intoxicantes que, para que o seu custo social não seja superior ao seu custo privado, deveria ser debatido dos investimentos os custos extras com policiamento e prisões que a venda e o consumo desses produtos, indiretamente, demandariam.

A partir disso, Pigou defende que essas suas constatações seriam passíveis de aplicação geral.[138] Igualmente, o autor aduz que seria possível ser criado um sistema de tributação e de subsídios com um resultado "ótimo". Ademais, Pigou destaca que poderia ser criado vários sistemas diferentes com a tributação e os subsídios que, apesar de não alcançarem um resultado ótimo, aumentariam a satisfação agregada acima do nível que seria possível ser conquistado pelo auto interesse. No entanto, o autor faz uma ressalva ao afirmar que, a não ser que os critérios de incidência da tributação e dos subsídios tenham limites certos e determinados, se terá obtido mais dano do que benefício.[139]

1.4.3 As regras de Ramsey

Ainda na década de 1920, Frank Ramsey, um dos seguidores de Pigou,[140] buscou analisar, em seu artigo *"A contribution to the theory of taxation"*, qual seria a melhor forma de o Estado tributar o consumo. Assim, partindo do fato de que a tributação do consumo causaria distorções na oferta e na demanda dos produtos, Ramsey questiona como a tributação deveria ser feita para que o decremento na utilidade daquele

---

[136] PIGOU, Arthur C. *A study in public finance*. 3. ed. London: Macmillan, 1947, p. 99.

[137] PIGOU, Arthur C. *The economics of welfare*. 4. ed. London: Macmillan, 1932, p. 192.

[138] PIGOU, Arthur C. *The economics of welfare*. 4. ed. London: Macmillan, 1932, p. 193.

[139] No original: *"Again, it must be clearly understood that, unless the rates of taxes and bounties imposed fall within certain determined limits, more harm than good will be done even though there are no administrative costs"* (PIGOU, Arthur C. *A study in public finance*. 3. ed. London: Macmillan, 1947, p. 100).

[140] Em seu artigo, o próprio Ramsey afirma que o problema de sua pesquisa foi sugerido por Pigou, que, além disso, teria o encorajado e ajudado na busca da solução. RAMSEY, Frank P. A contribution to the theory of taxation. *The Economic Journal*, v. 37, n. 145, p. 47, Mar. 1927.

produto fosse mínimo.[141] Destaca-se que Ramsey não se preocupou com as questões distributivas,[142] a sua análise se restringiu à melhor forma de arrecadação de recursos financeiros para o Estado.

Em seu estudo, Ramsey parte do pressuposto de que a função "utilidade" é quadrática. Isso significa que a demanda e a oferta são duas linhas retas verticais. Ele também considera que o consumo dos produtos seria independente; isto é, que cada produto possui a sua própria equação de oferta e de procura. Ao analisar tais equações, Ramsey as considera em termos de elasticidade. A elasticidade de um produto, pode ser explicada pela sua procura ser sensível ao seu preço.[143] Quando a procura de um produto não for sensível ao seu preço, fala-se em inelasticidade da oferta e da procura.

A partir de tais pressupostos, Ramsey constata que a tributação sobre um produto deve ser proporcional à elasticidade da oferta e da procura daquele produto.[144] No caso de ser inelástica a oferta ou a procura de um dado produto, a tributação desse produto não diminuirá a sua utilidade, independentemente da proporcionalidade da tributação.[145] Ramsey também verifica que para produtos rivais, como é o caso do vinho e da cerveja, ou produtos complementares, como o açúcar e o chá, a tributação deve ser feita de forma a não alterar as proporções em que esses produtos já são consumidos.[146] Por fim, Ramsey destaca que os seus resultados podem ser aplicados em situações que o Governo

---

[141] RAMSEY, Frank P. A contribution to the theory of taxation. *The Economic Journal*, v. 37, n. 145, p. 47, Mar. 1927.

[142] Ramsey relata que as questões distributivas são, de fato, negligenciadas em sua análise. RAMSEY, Frank P. A contribution to the theory of taxation. *The Economic Journal*, v. 37, n. 145, p. 47, Mar. 1927.

[143] Samuelson e Nordhaus explicam que a elasticidade mede o quanto a quantidade de determinado bem é alterada por mudanças em seu no preço. Com isso, definem a elasticidade de uma demanda como a porcentagem de mudança na quantidade demandada dividida pela porcentagem de mudança do preço. A elasticidade da oferta é conceituada como a porcentagem de mudança na quantidade de oferta, dividida pela porcentagem de mudança no preço. SAMUELSON, Paul. A.; NORDHAUS, William D. *Economics*. 19. ed. New York: McGraw-Hill, 2010, p. 66-72.

[144] RAMSEY, Frank P. A contribution to the theory of taxation. *The Economic Journal*, v. 37, n. 145, p. 56, Mar. 1927.

[145] RAMSEY, Frank P. A contribution to the theory of taxation. *The Economic Journal*, v. 37, n. 145, p. 56-57, Mar. 1927.

[146] RAMSEY, Frank P. A contribution to the theory of taxation. *The Economic Journal*, v. 37, n. 145, p. 59, Mar. 1927.

deseja arrecadar apenas poucas quantidades de receitas por meio da tributação.[147]

Produtos com potencial de vício, como o cigarro e as bebidas alcoólicas, são tradicionalmente conhecidos pelas análises econômicas como tendo demandas inelásticas.[148] Com isso, as regras de Ramsey forneceram fundamento para maior tributação desses bens.[149]

De acordo com Stiglitz, as constatações de Ramsey continuam, de certa forma, presentes nos dias de hoje.[150] Todavia, para Stiglitz, os resultados encontrados por Ramsey devem ser analisados com cautela, já que Ramsey, da mesma forma que Pigou, parte do pressuposto de que distorções de mercado apenas ocorrerem pela tributação. Contudo, Stiglitz destaca que, em todos os países, há várias e diferentes distorções no mercado e, por isso, tais distorções deveriam ser levadas em consideração no momento da formulação da estrutura da tributação.[151]

Atualmente, boa parte dos economistas defendem como impossível e inviável a construção de um sistema completo com base nas conclusões de Ramsey.[152] Em específico sobre produtos considerados viciantes, Samuleson e Nordhaus relatam que uma das maiores dificuldades em regular o seu consumo está em seu padrão de substituição. Isto é, muitos produtos viciantes são substitutos entre si, é o caso do vinho e da cerveja, por exemplo. Como resultado, elevar-se o preço de

---

[147] É o que Ramsey chama de "*small taxes*". RAMSEY, Frank P. A contribution to the theory of taxation. *The Economic Journal*, v. 37, n. 145, p. 60, Mar. 1927.

[148] SAMUELSON, Paul. A.; NORDHAUS, William D. *Economics*. 19. ed. New York: McGraw-Hill, 2010, p. 94.

[149] SHUGHART II, William. The economics of the nanny state. *In*: SUGHART II, William (Org.). *Taxing choice*: the predatory politics of fiscal discrimination. New Jersey: Independent Institute, 1997, p. 17. VASQUES, Sérgio. *Os impostos do pecado: o álcool, o tabaco, o jogo e o fisco*. Coimbra: Almedina, 1999, p. 203-204.

[150] STIGLITZ, Joseph E. In praise of Frank Ramsey's contribution to the theory of taxation. *The Economic Journal*, Royal Economic Society, v. 125, p. 235, Mar. 2015. Disponível em: https://www.nber.org/papers/w20530. Acesso em: 13 jun. 2021.

[151] STIGLITZ, Joseph E. In praise of Frank Ramsey's contribution to the theory of taxation. *The Economic Journal*, Royal Economic Society, v. 125, p. 249, Mar. 2015. Disponível em: https://www.nber.org/papers/w20530. Acesso em: 13 jun. 2021.

[152] Nesse sentido, Anthony B. Atkinson e Joseph E. Stiglitz relatam que a aplicação das regras de Ramsey pode ser criticada por se assumir um grau limitado de controle, ao mesmo tempo em que conferem ao Governo muita amplitude de intervenção. ATKINSON, Anthony B.; STIGLITZ, Joseph E. *Lectures on public economy*. New Jersey: Princeton University Press, 2015, p. 374-375.

um deles poderia elevar o consumo de outras substâncias igualmente ou mais tóxicas.[153]

1.4.4 Externalidades e eficiência

Em 1958, Francis Bator analisou que as divergências entre o valor dos custos sociais e o valor dos custos privados, conforme definidos por Pigou, enquadrariam-se na noção de "externalidade".[154] De acordo com Bator, a "externalidade" é originada por uma falha de mercado que impede a eficiência naquela situação.[155]

Em seu trabalho, Bator aplica a eficiência de Pareto e as condições do mercado para analisar mudanças de bem-estar. O autor define a eficiência de Pareto como a situação em que se atingiu uma utilidade máxima, sendo impossível melhorar a situação de alguém, sem piorar a situação de outro. Bator compreende a falha de mercado como a falha em um sistema idealizado de mercado voltado para sustentar atividades desejadas ou para limitar atividades indesejadas. Uma atividade é considerada desejável, tendo-se como base a sua capacidade de solução de problemas de bem-estar social.

Assim, apesar de Pigou não ter cunhado o termo "externalidade", são as suas ideias centrais que fundamentam o conceito. Modernamente, a expressão "externalidade" se popularizou e é utilizada até os dias de hoje.[156] No caso de produtos viciantes, é defendido que o seu consumo gera externalidades negativas,[157] em que o seu custo social seria maior do que o seu custo privado, e, por isso, essas externalidades precisariam ser corrigidas pela tributação.

---

[153] SAMUELSON, Paul. A.; NORDHAUS, William D. *Economics*. 19. ed. New York: McGraw-Hill, 2010, p. 95. BASTOS, Frederico Silva; XAVIER DA SILVEIRA, João Vitor Kanufre. Tributação sobre o pecado, moldura regulatória brasileira e desenvolvimento. *Revista Direito Tributário Atual*, n. 42, p. 241-242, 2019. Disponível em: https://revista.ibdt.org.br/index.php/RDTA/article/view/610. Acesso em: 13. jun. 2021.

[154] BATOR, Francis M. The anatomy of Market failure. *The Quarterly Journal of Economics*, v. 72, n. 3, p. 362, Aug. 1958. Disponível em: https://courses.cit.cornell.edu/econ335/out/bator_qje.pdf. Acesso em: 13 jun. 2021.

[155] BATOR, Francis M. The anatomy of Market failure. *The Quarterly Journal of Economics*, v. 72, n. 3, p. 351; 353, Aug. 1958. Disponível em: https://courses.cit.cornell.edu/econ335/out/bator_qje.pdf. Acesso em: 13 jun. 2021.

[156] BOUNDREAUX, Donald J.; MEINERS, Roger. Externality: origins and classification. *Natural Resources Journal*, v. 59, n. 1, 2019. Disponível em: https://digitalrepository.unm.edu/nrj/vol59/iss1/3. Acesso em: 18 jun. 2021.

[157] COOK, Phillip J.; MOORE, Michael J. This tax's for you: the case for higher beer. *National Tax Journal*, v. 47, n. 3, p. 561, Sep. 1994.

Ronald Coase, em seu artigo *"The problem of social cost"*, elaborou crítica aos ensinamentos de Pigou, especificamente sobre as divergências entre os custos sociais e os custos privados e a necessária solução pela via da tributação ou de subsídios.[158] Já no início do seu artigo, Coase defende que as soluções propostas por Pigou para a divergência entre custos sociais e custos privados seriam inapropriadas.[159]

Para o Coase, o Governo se comporta como uma "superempresa", na medida em que consegue influenciar os fatores de produção por meio de suas decisões. Ocorre que o Governo, sua estrutura e sua atuação, são extremamente custosos e tais custos deveriam ser devidamente analisados. Além desse aspecto, o autor defende que uma restrição ou uma regulação feita por um Governo, que é falho e sujeito a pressões políticas, não é, necessariamente, eficiente.[160] Todavia, Coase admite ser possível existirem regulações feitas pelo Governo que melhorem a eficiência. A questão central é a de ser escolhido qual arranjo social seria o melhor para se lidar com efeitos nocivos, já que todas as soluções apresentarão um custo.[161]

De acordo com o Coase, a tradição pigoviana,[162] tende a considerar que efeitos nocivos devem ser corrigidos por meio de tributos ou de subsídios. Assim sendo, para os economistas-pigouvianos, a tributação deveria ser em montante equivalente ao dano causado, variando, então, de acordo com o efeito nocivo.[163] Contudo, Coase explica que fazer isso geraria uma grande dificuldade no cálculo da tributação adequada, já que teria que ser calculado a diferença entre o dano médio e o dano

---

[158] COASE, Ronald H. The problem of social cost. *Journal of Law and Economics*, v. 3, p. 1, Oct. 1960. Disponível em: https://www.law.uchicago.edu/files/file/coase-problem.pdf. Acesso em: 20 jun. 2021.

[159] COASE, Ronald H. The problem of social cost. *Journal of Law and Economics*, v. 3, p. 1-2, Oct. 1960. Disponível em: https://www.law.uchicago.edu/files/file/coase-problem.pdf. Acesso em: 20 jun. 2021.

[160] COASE, Ronald H. The problem of social cost. *Journal of Law and Economics*, v. 3, p. 18, Oct. 1960. Disponível em: https://www.law.uchicago.edu/files/file/coase-problem.pdf. Acesso em: 20 jun. 2021.

[161] COASE, Ronald H. The problem of social cost. *Journal of Law and Economics*, v. 3, p. 18, Oct. 1960. Disponível em: https://www.law.uchicago.edu/files/file/coase-problem.pdf. Acesso em: 20 jun. 2021.

[162] Coase chama de tradição pigoviana os economistas que acreditam ter aprendido os ensinamentos de Pigou e os repassaram aos seus estudantes. COASE, Ronald H. The problem of social cost. *Journal of Law and Economics*, v. 3, p. 39, Oct. 1960. Disponível em: https://www.law.uchicago.edu/files/file/coase-problem.pdf. Acesso em: 20 jun. 2021.

[163] COASE, Ronald H. The problem of social cost. *Journal of Law and Economics*, v. 3, p. 41, Oct. 1960. Disponível em: https://www.law.uchicago.edu/files/file/coase-problem.pdf. Acesso em: 20 jun. 2021.

marginal e as inter-relações entre o dano sofrido por diferentes pessoas.[164] Mas mesmo que fosse possível ser elaborada uma tributação equivalente ao dano, essa tributação não, necessariamente, teria um resultado ótimo por si só. É preciso, portanto, ser levado em consideração todos os custos e efeitos envolvidos na escolha de um arranjo social.[165]

Cabe destacar que Coase, em seu trabalho, não utiliza intencionalmente o termo "externalidades". Para ele, a expressão carrega uma conotação no sentido de demandar a intervenção do Governo para corrigir tal externalidade. Segundo o autor nem sempre será mais eficiente uma solução pelo Governo. Por isso, Coase prefere usar o termo "efeitos nocivos" em seu artigo.[166]

Outro crítico de Pigou e da tradição pigoviana é James Buchanan. Para Buchanan, a imposição de tributação aplicada para corrigir externalidades frequentemente diminuirá o bem-estar social em vez de aumentá-lo.[167] Tão somente nos casos em que uma indústria, geradora de dada externalidade, estiver em um ambiente de competição perfeita é que uma tributação corretiva poderia aumentar o bem-estar. Em especial, nas organizações monopolísticas, a tributação poderá reduzir o bem-estar. Ainda, Buchanan relata que, mesmo deixando de lado todos os problemas de cálculo da base tributária, tornar o custo marginal privado de um produto igual ao seu custo marginal social não fornece a "lâmpada de Aladdin" para a teoria do bem-estar social.[168] O autor também defende que, na escolha de qual instrumento seria o mais adequado para se lidar com uma externalidade, as decisões do Governo são influenciadas pelas preferências daqueles que estão sujeitos à respectiva regulação.[169] Desse modo, na presença de uma externali-

---

[164] COASE, Ronald H. The problem of social cost. *Journal of Law and Economics*, v. 3, p. 42, Oct. 1960. Disponível em: https://www.law.uchicago.edu/files/file/coase-problem.pdf. Acesso em: 20 jun. 2021.

[165] COASE, Ronald H. The problem of social cost. *Journal of Law and Economics*, v. 3, p. 44, Oct. 1960. Disponível em: https://www.law.uchicago.edu/files/file/coase-problem.pdf. Acesso em: 20 jun. 2021.

[166] COASE, Ronald H. *The firm, the market and the law*. Chicago: University of Chicago Press, 1988, p. 26-27.

[167] BUCHANAN, James M. External diseconomies, corrective taxes, and market structure. *The American Economic Review*, v. 59, n. 1, p. 175, 1969.

[168] BUCHANAN, James M. External diseconomies, corrective taxes, and market structure. *The American Economic Review*, v. 59, n. 1, p. 177, 1969.

[169] BUCHANAN, James M.; TULLOCK, Gordon. Polluters profits and political response: direct control versus taxes. *The American Economic Review*, v. 65, n. 1, p. 147, Mar. 1975.

dade, não há nenhuma garantia de que a intervenção do Governo seja o melhor remédio para a sua correção.

Além disso, para Buchanan, toda escolha acarretará um custo, na medida em que a escolha de um caminho representará o sacrifício da escolha de outro caminho. Por isso, custos seriam subjetivos, e não objetivos. Sendo assim, os custos não poderiam ser mensurados em uma escala objetiva. Como consequência disso, não há como se ter uma justificativa objetiva sobre a necessidade de uma tributação corretiva.

De acordo com Boudreaux e Holcombe, uma das contribuições fundamentais de Buchanan foi ter notado que não se pode assumir, como certo, que o Governo alocará os recursos de maneira perfeitamente eficiente.[170] No mundo real, o Governo, assim o como mercado, falha. A falha do governo pode ser originada de um problema de informação. É o caso, de uma tributação aplicada para correção de uma externalidade, já que não há informação necessária disponível para o Governo calcular essa tributação na proporção exata da externalidade e do custo gerado. Mesmo que se tenha toda informação, o Governo é formado por pessoas que podem ser motivadas a agir pelo seu próprio interesse, ou sofrer influências externas, inclusive políticas, falhando em implementar políticas públicas ótimas e incorrendo em falhas de governo.

Ao rebater as críticas, William Baumol defende que as conclusões da tradição pigouviana seriam "impecáveis".[171] Para Baumol, especialmente quando há externalidades públicas; isto é, oriundas de bens públicos,[172] a incidência de uma "tributação pigouviana" ao gerador da externalidade é suficiente para solucionar a externalidade. Todavia, Baumol reconhece que a prática da tributação pigouviana apresenta diversas dificuldades, por não haver um consenso sobre como se estimar a magnitude de um custo social ou se ter os dados necessários para embasar essa forma de tributação.[173] Ainda que se pudesse fazer testes sobre a tributação e se ir aprendendo com os erros, para se alcançar a

---

[170] BOUNDREAUX, Donald J.; HOLCOMBE, Randall G. *The essential James Buchanan*. Canada: Fraser Institute, 2021, p. 49-50.

[171] BAUMOL, William J. On taxation and the control of externalities. *The American Economic Review*, v. 62, n. 3, p. 307, June 1972.

[172] Baumol define bens públicos como aqueles em que o aumento de consumo por uma pessoa não reduz a disponibilidade do seu fornecimento para outras pessoas. BAUMOL, William J. On taxation and the control of externalities. *The American Economic Review*, v. 62, n. 3, p. 312, June 1972.

[173] BAUMOL, William J. On taxation and the control of externalities. *The American Economic Review*, v. 62, n. 3, p. 316, June 1972.

magnitude desejada, não há um entendimento uniforme sobre qual seria o resultado social desejado. Diante disso, não há como ser medido ou julgado se uma mudança na tributação estaria na direção correta para se alcançar o resultado social "ótimo".[174] Assim, Baumol sintetiza que há pouca razão para se ter confiança na aplicabilidade da tributação pigouviana.[175]

Como consequência, Baumol propõe uma abordagem alternativa. Segundo o autor, deveria ser determinado um critério mínimo de aceitabilidade. Como exemplo, é citado o teor de enxofre na atmosfera: pode-se estabelecer um nível máximo de enxofre que seria considerado tolerável e, com isso, determinar uma tributação capaz de atingir o resultado esperado, projetado.[176] O autor destaca não ser possível decidir, previamente, como seria a tributação que atingiria o resultado desejado, mas que seria possível aprender com tentativas e erros até que se obtivesse a tributação que melhor atingisse o resultado almejado.[177]

Já Lawrence Summers, por sua vez, afirma que o uso da tributação para a correção de externalidades é o verdadeiro "almoço grátis" da economia e, por isso, deveria ser a escolha preferida para aumentar a arrecadação do Estado.[178] Para Summers, há três razões para se aplicar essa forma de tributação. A primeira, é a de que ao aumentar a tributação em certos produtos para ser desencorajado o seu consumo, o autor cita como exemplo o caso do álcool, mesmo que não se consiga diminuir o consumo, devido à sua demanda ou à sua oferta ser inelástica, não será acarretado despesas ao Governo e haverá um aumento da arrecadação. A segunda razão, é a de que essa forma de tributação serviria ao interesse público, por desencorajar o consumo de produtos socialmente indesejáveis. E a terceiro razão é a de que essa forma de tributação poderia ser revertida sem causar frustração na expectativa do contribuinte.

---

[174] BAUMOL, William J. On taxation and the control of externalities. *The American Economic Review*, v. 62, n. 3, p. 316, June 1972.

[175] BAUMOL, William J. On taxation and the control of externalities. *The American Economic Review*, v. 62, n. 3, p. 318, June 1972.

[176] BAUMOL, William J. On taxation and the control of externalities. *The American Economic Review*, v. 62, n. 3, p. 318, June 1972.

[177] BAUMOL, William J. On taxation and the control of externalities. *The American Economic Review*, v. 62, n. 3, p. 319, June 1972.

[178] SUMMERS, Lawrence H. The case for corrective taxation. *National Tax Journal*, v. 44, n. 3, p. 289, Sep. 1991. Disponível em: https://www.journals.uchicago.edu/toc/ntj/1991/44/3. Acesso em: 18 jun. 2021.

Contemporaneamente, o *The World Bank* tem publicado estudos defendendo a tributação do pecado, especialmente em países em desenvolvimento.[179] Basicamente, os estudos se baseiam no pressuposto de que o aumento da tributação, principalmente, no consumo de cigarro e de bebidas alcoólicas, aumentaria significativamente a arrecadação e, ao mesmo tempo, faria com que os consumidores diminuíssem o consumo desses bens, havendo um aumento da saúde de todos.[180] Inclusive, o *The World Bank* auxiliou na implementação de uma "*Sin Tax Reform*" nas Filipinas, que consistiu, justamente, em aumento da tributação do cigarro, cerveja e destilados.[181] Especificamente sobre o tabaco, o programa de controle de tabaco do *The World Bank* já auxiliou 16 países a adotarem reformas tributárias para aumentar a tributação do consumo de tal produto.[182]

Ainda, o fundamento de uma maior tributação para corrigir externalidades tem sido utilizado para embasar um aumento de tributação do consumo de outros produtos. Para além do álcool e do cigarro, tem-se notado um movimento, em diversos países, para que seja estipulada a tributação gravosa em diversos consumos considerados maléficos para a saúde.[183] É o caso da tributação de produtos gordurosos "*fat*

---

[179] A expressão "*sin tax*" é amplamente utilizada para tratar de um aumento da tributação do cigarro e do álcool. KAISER, Kai; BREDENKAMP, Caryn; IGLESIAS, Roberto. *Sin Tax Reform in the Philippines*: transforming public finance, health, and governance for more inclusive development. Washington: World Bank Group, 2016. Disponível em: https://documents. worldbank.org/en/publication/documentsreports/documentdetail/638391468480878595/ sin-tax-reform-in-the-philippines-transforming-public-finance-health-andgovernance-for-more-inclusive-development. Acesso em: 20 jun. 2021.

[180] JHA, Prabhat; CHALOUPKA, Frank J. *Curbing the epidemic*: governments and the economics of tobacco control. Washington: The World Bank, 1999, p. 6. KAISER, Kai; BREDENKAMP, Caryn; IGLESIAS, Roberto. *Sin Tax Reform in the Philippines*: transforming public finance, health, and governance for more inclusive development. Washington: World Bank Group, 2016. Disponível em: https://documents.worldbank.org/en/publication/documentsreports/ documentdetail/638391468480878595/sin-tax-reform-in-the-philippines-transforming-public-finance-health-andgovernance-for-more-inclusive-development. Acesso em: 20 jun. 2021.

[181] KAISER, Kai; BREDENKAMP, Caryn; IGLESIAS, Roberto. *Sin Tax Reform in the Philippines*: transforming public finance, health, and governance for more inclusive development. Washington: World Bank Group, 2016. Disponível em: https://documents.worldbank.org/ en/publication/documents-reports/documentdetail/638391468480878595/sin-tax-reform-in-the-philippines-transforming-public-finance-health-and-governance-for-more-inclusive-development. Acesso em: 20 jun. 2021.

[182] THE WORLD BANK. Taxing tobacco: a win-win for public health outcomes and mobilizing domestic resources. Disponível em: https://www.worldbank.org/en/topic/tobacco/brief/ taxing-tobacco-a-win-win-for-public-health-outcomes-mobilizing-domestic-resources. Acesso em: 20 jun. 2021.

[183] LIU, Franklin. Sin taxes: have governments gone too far in their efforts to monetize morality? *Boston College Law Review*, v. 59, n. 2, p. 763, 2018. Disponível em: https://lawdigitalcommons.

tax",[184] produtos açucarados "*sugar tax*"[185] e refrigerantes "*soda tax*".[186] A fundamentação continua sendo a mesma: usar a tributação para corrigir externalidades, aumentando a arrecadação pública e desestimulando o consumo.

1.4.5   Richard Musgrave e os bens de mérito e demérito

Outra fundamentação para a tributação do pecado pode ser encontrada nos estudos de Richard Musgrave.

---

bc.edu/bclr/vol59/iss2/7/. Acesso em: 4 dez. 2021. HOFFER, Adam J.; SHUGHART, William F. II; THOMAS, Michal D. Sin taxes: size, growth, and creation of the sindustry. Mercantus Center, *George Mason University, Working Paper*, n. 13-03, p. 2, 2013. PERKINS, Rachelle H. Salience and sin: designing taxes in the new sin era. *Brigham Young University of Law Review*, v. 2014, n. 1, p. 143, 2014. Disponível em: https://digitalcommons.law.byu.edu/lawreview/vol2014/iss1/5/. Acesso em: 27 nov. 2021. BARLETT, Bruce. Taxing sin: a win-win for everyone? *Tax Notes*, v. 128, n. 12, p. 1.289, 2010.

[184] Sobre a *fat tax*, leia: STRNAD, Jeff. Conceptualizing the "fat tax": the role of food taxes in developed economics. *Stanford Law and Economics Working Paper*, n. 1.221-1.326, 2004. CREIGHTON, Robert. Fat taxes: the newest manifestation of the age-old excise tax. *Journal of Legal Medicine*, v. 21, n. 1, p. 123-136, 2010. Disponível em: https://www.tandfonline.com/doi/citedby/10.1080/01947641003598310?scroll=top&needAccess=true. Acesso em: 20 jun. 2021. BAZZANEZE, Thais; GONÇALVES, Oksandro O. Imposto do pecado: fat tax no Brasil e a experiência dinamarquesa. *Revista de Direito, Economia e Desenvolvimento Sustentável*, v. 6, n. 2, p. 42-62, jul./dez. 2020. Disponível em: https://indexlaw.org/index.php/revistaddsus/article/view/7153. Acesso em: 20 jun. 2021. BAKKER, Carl. Can the 'fat tax' carry its weight? *Major Themes in Economics*, v. 12, n. 1, p. 47-69, 2010. Disponível em: https://scholarworks.uni.edu/mtie/vol12/iss1/5/. Acesso em: 20 jun. 2021.

[185] Sobre a *sugar tax*, confira os seguintes trabalhos: ALLCOTT, Hunt; LOCWOOD, Benjamin B.; TAUBINSKY, Dmitry. Should We Tax Sugar-Sweetened Beverages? An Overview of Theory and Evidence. *Journal of Economic Perspectives*, v. 33, n. 3, p. 202-227, 2019. Disponível em: https://www.aeaweb.org/articles?id=10.1257/jep.33.3.202. Acesso em: 20 jun. 2021. ANAF, Julia *et al*. 'Sweet talk': framing the merits of a sugar tax in Australia. *Heatlh Promotion International*, Oxford Academic, p. 1-12, 2021. Disponível em: https://academic.oup.com/heapro/advance-article/doi/10.1093/heapro/daaa152/6120241?login=true. Acesso em: 20 jun. 2021. LLOYD, Peter; MACLAREN, Donald. Should we tax sugar and if so how? *The Australian Economic Review*, v. 52, n. 1, p. 19-40, 2019. Disponível em: https://doi.org/10.1111/1467-8462.12299. Acesso em: 20 jun. 2021. CORREIA NETO, Celso de Barros. Tributação das Bebidas Açucaradas: Experiência Internacional e Debates Legislativos no Brasil. *Economic Analysis of Law Review*, v. 11, n. 2, p. 173-191, maio/ago. 2020. Disponível em: https://portalrevistas.ucb.br/index.php/EALR/article/view/11814. Acesso em: 10 set. 2021.

[186] Sobre a *soda tax*, consulte: THOM, Michael. *Taxing sin*. Las Vegas: Palgrave Macmillan, 2021, p. 23-54. BAZZANEZE, Thaís; GONÇALVES, Oksandro O. A tributação do pecado: a proposta de criação da soda tax brasileira. *Revista Jurídica Luso-Brasileira*, v. 7, n. 3, p. 1.467-1.513, 2021. Disponível em: https://www.cidp.pt/publicacao/revista-juridica-lusobrasileira-ano-7-2021-n-3/215. Acesso em: 20 jun. 2021. ALLCOTT, Hunt; LOCKWOOD, Benjamin; TAUBINSKY, Dmitry. Regressive sin taxes, with an application to the optimal soda tax. *National Bureau of Economic Research*, Working Paper n. 25841, p. 1-44, 2019. Disponível em: https://www.nber.org/papers/w25841. Acesso em: 20 jun. 2021.

Em seu livro, *The Theory of Public Finance*, Richard Musgrave desenvolve uma teoria de política fiscal eficiente; isto é, estabelece regras e princípios que tornariam tal política eficiente. Assim, nessa obra, o autor analisa como os objetivos de um orçamento público podem ser determinados de uma forma ótima e como eles deveriam ser implementados.[187] Para atingir os propósitos da sua obra, Musgrave dividiu os objetivos de uma política orçamentária em três: alocar recursos, distribuir recursos e garantir estabilidade econômica.[188] Portanto, a política orçamentária, é determinada como resultado desses três objetivos independentes entre si. Salienta-se que o conceito de eficiência utilizado, nessa obra, por Musgrave, é o de Pareto.[189]

A partir disso, Musgrave desenvolve o conceito de *"social wants"*. Segundo o autor, *"social wants"* seriam as necessidades que são satisfeitas por serviços que devem ser consumidos por todos, em quantidades iguais.[190] De acordo com Musgrave, uma das dificuldades do *"social wants"* é a de que as preferências dos indivíduos são incertas. Contudo, o Estado precisa determinar quais seriam essas preferências para poder decidir como satisfazê-las de forma eficiente. Além disso, as *"social wants"* não podem ser satisfeitas pelos mecanismos de mercado, devido à sua fruição não poder estar sujeita ao sistema de preços.[191] Para ilustrar isso, Musgrave explica que as trocas que são realizadas no mercado dependem da existência de títulos de propriedade dos bens que serão objeto de negócio. Assim, o autor relata que, se um consumidor quiser comprar um determinado bem, ele deve analisar e cumprir as condições de venda estipuladas pela pessoa que deseja vender aquele bem. Em outras palavras, o consumidor está excluído da fruição daquele bem ou serviço a não ser que ele esteja disposto a pagar o preço estipulado pelo dono. É dessa forma que Musgrave se refere ao princípio

---

[187] MUSGRAVE, Richard. *The Theory of Public Finance*. New York: McGraw Book Company, 1959, p. 5.

[188] MUSGRAVE, Richard. *The Theory of Public Finance*. New York: McGraw Book Company, 1959, p. 5.

[189] Com mesma definição daquela apresentada por Bator no tópico anterior, a saber: como a situação em que se atingiu uma utilidade máxima, sendo impossível melhorar a situação de alguém, sem piorar a situação de outro.

[190] No original: *"Social wants are those wants satisfied by services that must be consumed in equal amounts by all"* (MUSGRAVE, Richard. *The Theory of Public Finance*. New York: McGraw Book Company, 1959, p. 8).

[191] MUSGRAVE, Richard. *The Theory of Public Finance*. New York: McGraw Book Company, 1959, p. 9.

da exclusão.[192] O princípio da exclusão, todavia, não se aplica para às "*social wants*", já que todos os indivíduos podem usufruir do bem ou do serviço, independentemente de qualquer pagamento ou contribuição.

As *social wants* se inserem na categoria chamada de "*public wants*". Dentro das *public wants*, haveria também as "*merit wants*".[193] As *merit wants* são as necessidades que, inicialmente, estão sujeitas ao princípio da exclusão e, assim, podem ser satisfeitas por trocas no mercado. Entretanto, as *merit wants* se tornam *public wants* na medida em que o Estado considera a satisfação dessas necessidades tão meritórias que opta por assegurá-las pela via financeira, de forma a garantir essas necessidades para além do que é alcançado pelo mercado e pago pelos particulares.[194] Como exemplo de tais *merit wants*, Musgrave cita os lanches escolares gratuitos, a educação gratuita e os subsídios para habitações de baixo custo.

Musgrave afirma que dentro da categoria das *merit wants* há necessidades que são consideradas "indesejáveis" e, por isso, o seu consumo deve ser desencorajado. Para tanto, o Estado deve penalizar o seu consumo por meio da tributação. O autor afirma que esse seria o caso do consumo de bebidas alcoólicas[195] e de cigarro.[196] Assim sendo, Musgrave declara que a satisfação das *merit wants* demanda interferência nas preferências dos consumidores. Desse modo, tanto nas *merit wants* quanto nas *demerit wants*, busca-se corrigir distorções ou falhas das preferências individuais.

A partir da noção de *merit wants*, Musgrave elabora três argumentos que justificam a intervenção do Estado nas preferências individuais. O primeiro argumento é o de que *wants*, isto é, necessidades, que aparentam ser *merit wants* podem envolver elementos substanciais de *social wants*.[197] É o caso, por exemplo, da provisão de orçamento para o financiamento de escolas públicas e de sistemas de saúde gratuito.

---

[192] No original "*exclusion principle*". MUSGRAVE, Richard. *The Theory of Public Finance*. New York: McGraw Book Company, 1959, p. 9.

[193] MUSGRAVE, Richard. *The Theory of Public Finance*. New York: McGraw Book Company, 1959, p. 13.

[194] MUSGRAVE, Richard. *The Theory of Public Finance*. New York: McGraw Book Company, 1959, p. 13.

[195] MUSGRAVE, Richard. *The Theory of Public Finance*. New York: McGraw Book Company, 1959, p. 13.

[196] MUSGRAVE, Richard. *The Theory of Public Finance*. New York: McGraw Book Company, 1959, p. 178.

[197] MUSGRAVE, Richard. *The Theory of Public Finance*. New York: McGraw Book Company, 1959, p. 13.

Em tais casos, apesar de a fruição dos benefícios de tais serviços ser individual, toda a sociedade se beneficia deles. O segundo argumento elaborado por Musgrave é o de que, em uma sociedade democrática, há situações em que existem fundamentos para que um grupo imponha suas decisões sobre os outros. Como exemplo, o autor relata o controle da venda de drogas, o fornecimento de serviços de saúde, a educação e a proteção dos interesses de minorias. A intervenção em todos esses temas, considerados por Musgrave como essenciais para um modelo democrático, justifica a satisfação de certos *merit wants* dentro de um modelo normativo. E, por fim, o terceiro argumento apresentado por Musgrave é o de que os consumidores estão sujeitos a diversas propagandas que podem persuadi-los e, assim, distorcer as suas estruturas de preferências individuais. Em virtude dessas distorções, justifica-se a intervenção do Estado para corrigir tais preferências.[198] Contudo, Musgrave adverte que é preciso se ter cuidado nas interferências das escolhas dos consumidores, já que é possível que um determinado grupo estabeleça, com bases autoritárias, o que seriam *merit wants* e as impusesse aos demais.

Nessa mesma obra, Musgrave declara que o uso da tributação para as *merit want*, seja para encorajar condutas (com subsídios) ou desencorajá-las (pela tributação), interfere no tratamento de igualdade. Assim, deve-se considerar que essa forma de tributação envolve um custo social na forma de uma igualdade menor na estrutura tributária.[199] O autor também explica que tal custo deve ser analisado ao se optar entre essa tributação e outras formas de controle.[200]

A introdução da noção de *merit goods*, e a imprecisão sobre as delimitações desse conceito, geraram críticas significativas à perspectiva de Musgrave.[201] Em seu artigo *"On Merit Goods"*, John Head busca

---

[198] MUSGRAVE, Richard. *The Theory of Public Finance*. New York: McGraw Book Company, 1959, p. 14.

[199] MUSGRAVE, Richard. *The Theory of Public Finance*. New York: McGraw Book Company, 1959, p. 178.

[200] MUSGRAVE, Richard. *The Theory of Public Finance*. New York: McGraw Book Company, 1959, p. 179.

[201] HEAD, John G. On merit goods. *FinanzArchiv*, Public Finance Analysis, v. 25, n. 1, p. 1-29, 1966. HEAD, John G. Merit Goods Revisited. *FinanzArchiv*, Public Finance Analysis, v. 28, n. 2, p. 214-225, 1969. HEAD, John G. On merit wants: Reflections on the Evolution, Normative Status and Policy Relevance of a Controversial Public Finance Concept. *FinanzArchiv*, Public Finance Analysis, v. 46, n. 1, p. 1-37, 1988. MCLURE, Charles E. Merit Wants: a Normatively Empty Box. *FinanzArchiv*, Public Finance Analysis, v. 27, n. 3, p. 474-483, 1968. PULSIPHER, Allan G. The Properties and Relevancy of Merit Goods. *FinanzArchiv*, Public

esclarecer a definição de *merit wants* proposta por Musgrave.[202] Para Head, *merit goods* são os bens satisfeitos por *merit wants*. Assim, *merit goods* seriam aqueles bens que os indivíduos consumem muito pouco devido a problemas de informações imperfeitas.[203] Os *demerit goods* são bens que, também devido a problemas de informações imperfeitas, os indivíduos os consumem demais. Tanto para os *merit goods* quanto para os *demerit goods*, cabe a intervenção do Estado, pela via da tributação ou dos subsídios, para a correção das falhas de mercado desses bens que são oriundas de problemas informacionais.[204]

De outro lado, Charles McLure Jr. argumentou que Head teria interpretado equivocadamente o conceito de *merit wants* de Musgrave.[205] Para McLure o erro de Head se localiza no fato de ter colocado o problema informacional como sendo o centro dos *merit goods*. McLure explica que Musgrave, ao tratar das *merit wants* foi específico ao mencionar que a sua satisfação dependeria da interferência nas preferências dos consumidores. Entretanto, Musgrave não teria definido o que seria essa interferência ou como ela deveria ser realizada.[206] Ao contrário de Head, McLure defende que intervenção nas preferências dos consumidores e os problemas de informações imperfeitas são dois fenômenos distintos. O autor afirma que para corrigir informações imperfeitas não, necessariamente, seria preciso uma intervenção do Estado. Igualmente, o Estado também poderia intervir nas preferências dos indivíduos mesmo quando não houvesse problemas informacionais.[207]

Charles McLure também defende que as *merit wants*, conforme definido por Musgrave, seriam uma caixa vazia normativa.[208] Para

---

Finance Analysis, v. 30, n. 2, p. 266-286, 1971. WALSH, Cliff. Individual Irrationality and Public Policy: In Search of Merit/Demerit Policies. *Journal of Public Policy*, Cambridge, v. 7, n. 2, p. 103-134, 1987.

[202] HEAD, John G. On merit goods. *FinanzArchiv*, Public Finance Analysis, v. 25, n. 1, p. 1-2, 1966.

[203] HEAD, John G. On merit goods. *FinanzArchiv*, Public Finance Analysis, v. 25, n. 1, p. 3, 1966.

[204] HEAD, John G. On merit goods. *FinanzArchiv*, Public Finance Analysis, v. 25, n. 1, p. 3, 1966.

[205] MCLURE, Charles E. Merit Wants: a Normatively Empty Box. *FinanzArchiv*, Public Finance Analysis, v. 27, n. 3, p. 474, 1968.

[206] MCLURE, Charles E. Merit Wants: a Normatively Empty Box. *FinanzArchiv*, Public Finance Analysis, v. 27, n. 3, p. 476, 1968.

[207] MCLURE, Charles E. Merit Wants: a Normatively Empty Box. *FinanzArchiv*, Public Finance Analysis, v. 27, n. 3, p. 477, 1968.

[208] No original *"normatively empty economic box"*. MCLURE, Charles E. Merit Wants: a Normatively Empty Box. *FinanzArchiv*, Public Finance Analysis, v. 27, n. 3, p. 477, 1968.

o autor, a maior parte do que Musgrave se refere como *merit wants* envolve problemas de *social wants* ou de distribuição de recursos e, não necessariamente, interferências nas preferências dos consumidores. Assim, para os problemas de *social wants* ou de distribuição de recursos, não há necessidade de se cunhar um novo termo como *merit wants* para solucioná-los. No que tange às interferências nas preferências dos consumidores, com o fito de se atingir uma economia de bem-estar, a definição de *merit wants*, nos termos trazidos por Musgrave, em nada orienta, ou auxilia, a formulação de uma política pública.[209] Cabe destacar que, alguns anos depois, John Head rebateu as críticas formulados por McLure. Nessa oportunidade, Head manteve o seu posicionamento de que, para ele, o conceito de *merit goods*, formulado por Musgrave, serve para resumir os problemas de informações imperfeitas dos consumidores.[210]

Em sua outra obra, *Public Finance: Theory and Practice*, Richard Musgrave, em conjunto com Peggy Musgrave, estudaram novamente a questão das finanças públicas e as funções alocativa, distributiva e estabilizadora. Ao analisar a função alocativa e os bens, os autores apresentaram uma divisão um pouco diferente da original proposta por Musgrave no livro *The Theory of Public Finance*. Nessa obra, os autores optam pela divisão entre *"private goods"*, *"social goods"* ou *"public goods"* e *"merit goods"*. Os autores se referem aos *social goods* e *public goods* como sinônimos,[211] sendo definidos como bens que não podem ser fornecidos pelo sistema de trocas de mercado.[212] Com isso, cabe ao Governo encontrar formas de financiar tais *social goods*. Os *private goods* são compreendidos como os bens cujo consumo é excludente,

---

[209] MCLURE, Charles E. Merit Wants: a Normatively Empty Box. *FinanzArchiv*, Public Finance Analysis, v. 27, n. 3, p. 478, 1968.

[210] HEAD, John G. Merit Goods Revisited. *FinanzArchiv*, Public Finance Analysis, v. 28, n. 2, p. 225, 1969.

[211] Observa-se isso no seguinte trecho: *"We begin with the allocation function and the proposition that certain goods – referred here as social, or public, as distinct from private goods – cannot be provided for through the market system"* e também no trecho *"The theory of social, or public, goods provides a rationale for the allocation function of budget policy"* (MUSGRAVE, Richard; MUSGRAVE, Peggy B. *Public finance in theory and practice*. 5. ed. New York: McGraw Book Company, 1989, p. 7; 41).

[212] Aqui se observa que a definição de *social goods* e *public goods* utilizada neste livro é a mesma que Musgrave utilizou na sua obra *The Theory of Public Finance*. Mas, salienta-se, que no *The Theory of Public Finance*, Musgrave defende que *social goods* é uma categoria e *public goods* é uma das manifestações dessa categoria. MUSGRAVE, Richard. *The Theory of Public Finance*. New York: McGraw Book Company, 1959, p. 13. MUSGRAVE, Richard; MUSGRAVE, Peggy B. *Public finance in theory and practice*. 5. ed. New York: McGraw Book Company, 1989, p. 7.

isto é, se uma pessoa A consumir tais bens, uma pessoa B não poderá consumi-los.[213] Trata-se da aplicação do princípio da exclusão, conforme exposto por Musgrave em sua obra anterior.[214] São exemplos de *private goods* comida, roupas, veículos, entre outros. Portanto, são bens em que os benefícios de consumo são limitados a um consumidor em particular.[215] De outro lado, os *social goods* ou *public goods* são bens que todos os membros de um grupo conseguem ter acesso aos seus benefícios. Em regra, um sistema de mercado competitivo consegue fazer uma provisão de recursos eficiente dos *private goods*. Contudo, no caso dos *social goods*, é preciso um processo político de determinação sobre as finanças públicas para que sua provisão se mostre eficiente.[216]

Na divisão apresentada, por Musgrave e Musgrave há, também, os *merit goods*. Os *merit goods* se originariam das preocupações comuns que são desenvolvidas pelos membros de uma comunidade ao longo do tempo. Tais preocupações comuns se transformariam em *common wants*, conceituadas como as necessidades que os indivíduos sentem a obrigação de suportar como membros de uma comunidade.[217] Contudo, não são todas as situações de *commom wants* que se caracterizam como *merit wants*, mas apenas aquelas consideradas "meritórias".[218] Desse modo, os *merit goods* podem existir tanto como *private goods* quanto como *social goods* ou *public goods*. Aqui já se notam algumas diferenças na definição de *merit goods* proposta por Richard Musgrave e Peggy Musgrave daquela proposta por Richard Musgrave em *The Theory of Public Finance*, principalmente pela criação do conceito de *commom wants*.

---

[213] MUSGRAVE, Richard; MUSGRAVE, Peggy B. *Public finance in theory and practice*. 5. ed. New York: McGraw Book Company, 1989, p. 42.

[214] MUSGRAVE, Richard. *The Theory of Public Finance*. New York: McGraw Book Company, 1959, p. 9.

[215] MUSGRAVE, Richard; MUSGRAVE, Peggy B. *Public finance in theory and practice*. 5. ed. New York: McGraw Book Company, 1989, p. 58.

[216] O conceito de eficiência adotado nessa obra é o de Pareto, ou eficiência de Pareto, conforme se observa no seguinte trecho: "*To separate the problem of efficient allocation from that of distribution, economists have come up with a narrower concept of efficiency. Named Pareto efficiency after the Italian economist who proposed it, the definition is as follows: A given economic arrangement is efficient if there can be no rearrangement which will leave someone better off without worsening the position of others(...) This definition, so far as it goes, is quite reasonable(...)*" (MUSGRAVE, Richard; MUSGRAVE, Peggy B. *Public finance in theory and practice*. 5. ed. New York: McGraw Book Company, 1989, p. 60).

[217] Tradução livre, no original "*commom wants – i.e., wants individuals feel obligated to support as members of the community*" (MUSGRAVE, Richard; MUSGRAVE, Peggy B. *Public finance in theory and practice*. 5. ed. New York: McGraw Book Company, 1989, p. 57).

[218] Os autores não apresentam uma definição para *commom wants* meritórios.

Com base nessas considerações, Richard Musgrave e Peggy Musgrave também defendem ser possível termos os *"demerit goods"*. *Demerit goods* se enquadram nos casos de males sociais. Como exemplo de *demerit goods*, os autores apenas citam o caso da prostituição.[219] Nessa obra, a tributação do álcool não consta como exemplo de *demerit goods*, da forma que constava no livro *The Theory of Public Finance* de Musgrave. Ressalta-se que os próprios autores destacam que as suas definições de *merit goods* e *demerit goods* precisam ser analisadas com cautela por poderem servir como meio para regras totalitárias.[220]

Nessa obra de Musgrave e Musgrave há várias diferenças sobre a definição de *merit goods* comparada à primeira obra de Musgrave. Especialmente sobre os *demerit goods*, é interessante se observar que, em *The Theory of Public Finance*, ao tratar dos *demerit wants*, Musgrave citou, especificamente, a tributação de licores. Já em *Public Finance: Theory and Practice*, os autores optaram por citar como exemplo de *demerit goods* tão somente o caso da prostituição. Tal mudança coloca em dúvida se Richard Musgrave alterou ou não o seu posicionamento sobre a tributação de licores ser enquadrada como *demerit goods*.

Mais recentemente, Richard Musgrave afirmou que, de fato, *merit goods* é um conceito controverso e que mudou a sua visão sobre o tema ao longo do tempo. Para Musgrave, *merit goods* deve ser analisado com base em um indivíduo dentro de uma sociedade — e não como uma pessoa isolada. Desse modo, os *merit goods* suportam certos serviços públicos, visto tais serviços serem resultado de uma herança cultural daquela comunidade.[221] No *The New Palgrave Dictionary of Economics*, Richard Musgrave explicou que os *merit goods* não possuem uma

---

[219] MUSGRAVE, Richard; MUSGRAVE, Peggy B. *Public finance in theory and practice.* 5. ed. New York: McGraw Book Company, 1989, p. 58.

[220] No original: *"The concept of merit or demerit goods, to be sure, must be viewed with caution because it may serve as a vehicle for totalitarian rule"* (MUSGRAVE, Richard; MUSGRAVE, Peggy B. *Public finance in theory and practice.* 5. ed. New York: McGraw Book Company, 1989, p. 58).

[221] No original: *"Going back to the matter of merit goods, I know that they are a controversial concept, and I have also changed my view of them over time. I like to think of them in relation to the individual's place in society, not as an isolated person but as a member of his community. As such, he might support certain public services because they are seem as part of the community's cultural heritage, rather than in response to his private taste. Support of merit goods thus involves a form of social interaction that is not purely individualistic. I am well aware that once you get out of the safe haven of purely individualist concerns, there are all sorts of dangers (...)"*. A afirmação de Musgrave se deu em um evento no *Freskensaal of the departments of Economics and Business* da Universidade Ludwing-Maximilians em Munique. Após, todo o evento foi convertido em um livro, cf. BUCHANAN, James; MUSGRAVE, Richard. *Public finance and public choice:* two contrasting visions of the State. Cambridge: MIT Press, 1999, p. 106.

aplicação geral aceita e que o conceito é melhor aplicado quando as escolhas individuais são limitadas por valores comunitários.[222]

Apesar de Musgrave ter alterado sua visão, ainda continua sendo incerto quanto à delimitação conceitual sobre o que seriam *merit goods* e o que configuraria *demerit goods*. De qualquer modo, as influências do conceito de *merit goods* proposto por Musgrave são significativas. Nesse sentido, a Organização para a Cooperação e Desenvolvimento Econômico (OECD), por exemplo, tem usado a expressão *merit goods* em seus trabalhos para tratar de intervenção do Estado, por meio de subsídios, com a finalidade de garantir *merit goods*.[223] Quanto aos *demerit goods*, a OECD os tem colocado na mesma categoria dos bens luxuosos e bens do "pecado" ao se referir à tributação do tabaco, refrigerante, chocolate, café, dos hotéis luxuosos e dos carros luxuosos.[224]

Esclarecidas as fundamentações para a tributação do pecado ao longo do tempo, cabe averiguar se há uma tributação do pecado no Brasil e qual seria a sua fundamentação.

---

[222] MUSGRAVE, Richard. Merit goods. *In*: EATWELL, John; MILGATE, Murray; NEWMAN, Peter (Ed.). *The New Palgrave*: a dictionary of economics. London: Palgrave Macmillan, 1987.

[223] OECD. *Policy roundtables*: competition, state aids and subsidies. Paris: OECD, 2010, p. 120. Disponível em: http://www.oecd.org/competition. Acesso em: 30 mai. 2021. Em outro documento, a OECD faz a divisão entre *public goods* e *merit goods*, em consonância com as definições de Musgrave: OECD. *Financing global and regional public goods through ODA*: analysis and evidence from the OECD creditor reporting system. OECD Development Centre – Working Paper n. 232, p. 11, Jan. 2004. Disponível em: https://www.oecd.org/development/pgd/24482500.pdf. Acesso em: 30 mai. 2021.

[224] No documento a OECD se referiu à tributação de bens e serviços na Índia. No original "(...) *and 28% for some luxury, sin and demerit goods (including sodas, chocolate, coffee, luxury hotel, tobacco and luxury cars*" (OECD. *Economic policy reforms 2019*: going for growth. OECD: Paris, 2019, p. 55. Disponível em: https://www.oecd-ilibrary.org/economics/economic-policy-reforms-2019_aec5b059-en. Acesso em: 1 jun. 2021).

CAPÍTULO 2

TRIBUTAÇÃO DO PECADO NO BRASIL

Neste capítulo, verifica-se se há uma tributação do pecado no Brasil e, se existente, qual, ou quais, seria(m) sua(s) fundamentação(ões). Assim, na primeira parte deste capítulo, investiga-se como surgiu a tributação do consumo no Brasil e quais foram as principais alterações legislativas ao longo do tempo sobre o tema até o momento atual. Posteriormente, adentra-se nas justificativas teóricas para se ter, hoje, uma tributação mais gravosa no consumo de certos produtos, como o cigarro e as bebidas alcoólicas.

2.1 Breves apontamentos sobre a tributação extrafiscal do consumo no Brasil ao longo do tempo

Na história brasileira, há relatos de uma tributação sobre o consumo, desde a Carta Régia de 4 de fevereiro de 1662, incidindo sobre o açúcar e rolos de tabaco. Em 1692, também havia tributação sobre o tabaco em pó e a aguardente brasileira. Já em 28 de maio de 1808, houve a criação de um imposto específico sobre o consumo no valor de 400 réis por arroba sobre o tabaco de corda da Bahia.[225]

De acordo com Paulo Roberto Nogueira, durante o período da Colônia e do Império, a tributação do consumo recaia, quase exclusivamente, sobre o tabaco. Alberto Deodato relata que, com o Alvará de 30 de maio de 1820, já havia uma função social desse tributo, na medida em que, além de aumentar a tributação da venda da aguardente havia "proibição das vendas desse gênero a miúdo em razão das desordens

---

[225] NOGUEIRA, Paulo Roberto. *Do imposto sobre produtos industrializados*. São Paulo: Saraiva, 1981, p. 11.

que ocasionam entre escravos".[226] Durante a República, a tributação do consumo ganhou mais força. Com a Lei nº 25, de 30 de dezembro de 1891, foi instituído o imposto sobre o fumo (bruto ou desfiado), charutos, cigarros e rapé, com variações de 10 a 50 reis.[227] A sua finalidade era estritamente arrecadatória.[228] Afonso Borges Filho relata que, em 1892, o imposto de consumo incidente apenas no fumo havia arrecadado Cr$264.836,90.[229]

Com o sucesso da tributação do fumo, redigiu-se a Lei nº 359 de 30 de dezembro de 1895, que além de aumentar a tributação dos produtos com fumo para 30 a 100 réis, passou também a tributar o consumo de bebidas alcoólicas.[230] As bebidas alcoólicas tributadas incluíam a cerveja, aguardentes, licores, vinhos, espumantes e vinhos. A tributação variava de acordo com o tipo da bebida, para a cerveja era de 60 réis por litro, para as aguardentes e licores o valor era de 300 réis por litro e para o vinho e outras bebidas fermentadas similares o valor chegava a 1000 réis por garrafa.

Em 1908, David Campista, Ministro da Fazenda, elaborou relatório dirigido ao Presidente da República da época, em que teceu algumas considerações sobre a tributação do fumo e das bebidas alcoólicas.[231]

---

[226] DEODATO, Alberto. *Manual de ciência das finanças*. 15. ed. São Paulo: Saraiva, 1977, p. 154.

[227] BRASIL. *Lei nº 25, de 30 de dezembro de 1891*. Orça a receita geral da Republica dos Estados Unidos do Brazil para o exercicio de 1892, e da outras providencias. Rio de Janeiro [DF]: Secretaria de Estado dos Negocios da Fazenda, 1981. Disponível em: https://www2.camara. leg.br/legin/fed/lei/1824-1899/lei-25-30-dezembro-1891-545783-publicacaooriginal-59165-pl. html. Acesso em: 28 ago. 2021.

[228] Conforme se verifica no artigo 1º da Lei n. 25, *in verbis*: "A receita geral da Republica dos Estados Unidos do Brazil é orçada na quantia de 207.992:120$ e será realizada com o producto do que for arrecadado dentro do exercicio da presente lei (...)" (BRASIL. *Lei nº 25, de 30 de dezembro de 1891*. Orça a receita geral da Republica dos Estados Unidos do Brazil para o exercicio de 1892, e da outras providencias. Rio de Janeiro [DF]: Secretaria de Estado dos Negocios da Fazenda, 1981. Disponível em: https://www2.camara.leg.br/legin/ fed/lei/1824-1899/lei-25-30-dezembro-1891-545783-publicacaooriginal-59165-pl.html. Acesso em: 28 ago. 2021).

[229] BORGES FILHO, Afonso. Sugestões para uma reforma da Lei do Impôsto de Consumo. *Revista do Serviço Público*, v. 87, p. 9, abr./maio 1960. Disponível em: https://revista.enap. gov.br/index.php/RSP/issue/view/198. Acesso em: 28 ago. 2021.

[230] BRASIL. *Lei nº 359, de 30 de dezembro de 1895*. Orça a receita geral da Republica dos Estados Unidos do Brazil para o exercicio de 1896 e dá outras providencias. Rio de Janeiro [DF]: Presidência da República, 1988. Disponível em: https://www2.camara.leg.br/legin/fed/ lei/1824-1899/lei-359-30-dezembro-1895-540864-publicacaooriginal-42274-pl.html. Acesso em: 28 ago. 2021.

[231] BRASIL. *Relatório apresentado ao presidente da República dos Estados Unidos do Brazil pelo Ministro de Estado dos Negócios da Fazenda Dr. David Campista no anno de 1908, 20º da República*. Rio de Janeiro: Imprensa Nacional, 1908. Disponível em: http://memoria.org.br/ia_visualiza_bd/ ia_vdados.php?cd=meb000000390&m=3118&n=rmfazenda1907. Acesso em: 28 ago. 2021.

Sobre o fumo, o Ministro explanou que, em que pese a evasão do imposto ser grande, a receita de sua arrecadação tem se elevado e que a tendência esperada era de que esse imposto se tornasse "uma das melhores fontes de receita" do país.[232] Assim, o Ministro previu que o imposto sobre o fumo adquiriria uma "importância preeminente na receita nacional".[233] Já sobre a tributação das bebidas alcoólicas o Ministro defendeu que "este imposto é susceptível de maior expansão, não só pela sua natureza como também pelos fins morais".[234] Além disso, o Ministro esclareceu que as experiências de outros países removeriam as dúvidas sobre a agravação dessa tributação perturbar o desenvolvimento nacional e reduzir o consumo. De acordo com o Ministro "os factos demonstram que o álcool e seus preparados resistem às mais fortes pressões tributárias".[235]

Nos anos subsequentes, novas leis instituíram a tributação do consumo em novos produtos, como os fósforos e o sal, pela Lei nº 489 de 15 de dezembro 1897,[236] os calçados, velas, perfumarias, produtos em conserva, vinagre e cartas de jogos, pela Lei nº 559 de 31 de dezembro 1899,[237] e chapéus, bengalas e tecidos pela Lei nº 641 de 14 de

---

[232] BRASIL. *Relatório apresentado ao presidente da República dos Estados Unidos do Brazil pelo Ministro de Estado dos Negócios da Fazenda Dr. David Campista no anno de 1908, 20º da República*. Rio de Janeiro [DF]: Imprensa Nacional, 1908, p. 101. Disponível em: http://memoria.org.br/ia_visualiza_bd/ia_vdados.php?cd=meb000000390&m=3118&n=rmfazenda1907. Acesso em: 28 ago. 2021.

[233] BRASIL. *Relatório apresentado ao presidente da República dos Estados Unidos do Brazil pelo Ministro de Estado dos Negócios da Fazenda Dr. David Campista no anno de 1908, 20º da República*. Rio de Janeiro [DF]: Imprensa Nacional, 1908, p. 101. Disponível em: http://memoria.org.br/ia_visualiza_bd/ia_vdados.php?cd=meb000000390&m=3118&n=rmfazenda1907. Acesso em: 28 ago. 2021.

[234] BRASIL. *Relatório apresentado ao presidente da República dos Estados Unidos do Brazil pelo Ministro de Estado dos Negócios da Fazenda Dr. David Campista no anno de 1908, 20º da República*. Rio de Janeiro [DF]: Imprensa Nacional, 1908, p. 102. Disponível em: http://memoria.org.br/ia_visualiza_bd/ia_vdados.php?cd=meb000000390&m=3118&n=rmfazenda1907. Acesso em: 28 ago. 2021.

[235] BRASIL. *Relatório apresentado ao presidente da República dos Estados Unidos do Brazil pelo Ministro de Estado dos Negócios da Fazenda Dr. David Campista no anno de 1908, 20º da República*. Rio de Janeiro [DF]: Imprensa Nacional, 1908, p. 102. Disponível em: http://memoria.org.br/ia_visualiza_bd/ia_vdados.php?cd=meb000000390&m=3118&n=rmfazenda1907. Acesso em: 28 ago. 2021.

[236] BRASIL. *Lei nº 489, de 15 de dezembro 1897*. Orça a receita geral da Republica dos Estados Unidos do Brazil para o exercicio de 1898, e dá outras providencias. Rio de Janeiro [DF]: Presidência da República, 1988. Disponível em: https://legis.senado.leg.br/norma/541889/publicacao/15713970. Acesso em: 28 ago. 2021.

[237] BRASIL. *Lei nº 559, de 31 de dezembro 1899*. Orça receita geral da Republica dos Estados Unidos do Brazil para o exercicio de 1899, e dá outras providencias. Rio de Janeiro [DF]: Presidência da República, 1898. Disponível em: https://www2.camara.leg.br/legin/fed/

novembro 1899.[238] Em verdade, desde então, a expansão na tributação do consumo só aumentou. Em 1920, Afonso Borges Filho constatou que foram arrecadados Cr$175.635.589,90 com o imposto de consumo, apesar de a maior fonte de arrecadação do Estado ainda ser, naquela época, oriunda do imposto de importação.[239]

Os produtos sujeitos ao imposto de consumo continuaram a aumentar, em 1926, já eram 44 produtos. O valor da tributação dos produtos também foi elevado. No caso do charuto nacional, a variação do imposto era de 10 a 100 réis, se estrangeiro o valor aumentava para 500 réis. Tito Rezende, ao analisar o imposto do consumo, comentou que, de fato, seria recomendável que o imposto do consumo recaísse sobre os produtos que atendem o luxo ou o vício – como o fumo e as bebidas alcoólicas.[240] No entanto, Rezende argumentou que o legislador teria se apegado a essa visão doutrinária para, a cada ano, aumentar cada vez mais a tributação sobre as bebidas alcoólicas e o fumo. No caso dos cigarros, a carga, com selo e verba, já seria de 75% do preço do produto. A partir disso, o autor aduziu que não haveria problemas nessa forma de tributação se o imposto, realmente, fosse um "imposto moralizador", isto é, que buscasse "extirpar o vício". Contudo, Rezende afirma que o objetivo do legislador, com o constante aumento do imposto, seria tão somente o de expandir os recursos financeiros para o Estado. Além disso, o autor alertou que a tributação excessiva do consumo acarretava uma grande evasão, haja vista a existência de fabricantes clandestinos dos produtos.[241] O autor também destacou que essa "voracidade fiscal" estaria comprometendo a existência das indústrias nacionais desses produtos, especialmente a do fumo, cuja matéria-prima é praticamente toda nacional. Segundo o autor, as estatísticas da época já apontavam

---

lei/1824-1899/lei-559-31-dezembro-1898-540114-publicacaooriginal-39900-pl.html. Acesso em: 28 ago. 2021.

[238] BRASIL. *Lei nº 641, de 14 de novembro 1899*. Estabelece o processo de arrecadação dos impostos de consumo. Rio de Janeiro [DF]: Presidência da República, 1899. Disponível em: https://www2.camara.leg.br/legin/fed/lei/1824-1899/lei-641-14-novembro-1899-539583-publicacaooriginal-41960-pl.html. Acesso em: 28 de agosto de 2021.

[239] BORGES FILHO, Afonso. Sugestões para uma reforma da Lei do Impôsto de Consumo. *Revista do Serviço Público*, v. 87, p. 9-10, abr./maio 1960. Disponível em: https://revista.enap.gov.br/index.php/RSP/issue/view/198. Acesso em: 28 ago. 2021.

[240] REZENDE, Tito. O novo regulamento do imposto de consumo. Rio de Janeiro: Tip. Santa Helena, 1927, p. 15 *apud* NOGUEIRA, Paulo Roberto. *Do imposto sobre produtos industrializados*. São Paulo: Saraiva, 1981, p. 31.

[241] REZENDE, Tito. O novo regulamento do imposto de consumo. Rio de Janeiro: Tip. Santa Helena, 1927, p. 15 *apud* NOGUEIRA, Paulo Roberto. *Do imposto sobre produtos industrializados*. São Paulo: Saraiva, 1981, p. 31.

CAPÍTULO 2
TRIBUTAÇÃO DO PECADO NO BRASIL | 65

para o encerramento cada vez maior das indústrias de fumo brasileiras, em 1915 havia 2.500 e, em 1927, o número havia sido reduzido para 500 indústrias.

No entanto, o que se observou foi que o imposto de consumo continuou a se expandir, tendo uma tributação cada vez maior. Em 1938, com o Decreto-lei nº 739, nos produtos com fumo houve uma variação do imposto de 10 réis a 1000 réis. Para as bebidas alcoólicas a tributação foi de 20 réis para 12.000 réis.[242] Com isso, em 1940, a arrecadação do imposto de consumo teria ultrapassado a do imposto de importação.[243] Sete anos depois, com o Decreto-lei nº 7.404, os produtos, cujo consumo era tributado, passaram a ser divididos em grupos, conforme a sua matéria prima, o que alargou, ainda mais, o seu campo de incidência. Segundo Afonso Borges Filho, o objetivo continuava sendo o de aumentar os recursos para o Estado, devido ao crescente aumento das necessidades da população.[244]

Com a Emenda Constitucional nº 18 de 1º de dezembro 1965, o imposto sobre o consumo passou a ser denominado "imposto sobre produtos industrializados".[245] Sobre esse aspecto, Aliomar Baleeiro esclarece que, em que pese a nova nomenclatura, o fato gerador do antigo imposto sobre consumo era o mesmo do imposto sobre produtos industrializados.[246] E a agravação quase anual do imposto de consumo continuou. De acordo com Paulo Roberto Cabral Nogueira, em 1981, a alíquota do cigarro já atingia o expressivo valor de 365,6%.[247]

Atualmente, em nosso país, o consumo de produtos com potencial de vício, como é o caso do cigarro e das bebidas alcoólicas está

---

[242] BRASIL. *Decreto-lei nº 739, de 24 de setembro de 1938*. Aprova o regulamento para a arrecadação e fiscalização do imposto de consumo. Rio de Janeiro [DF]: Presidência da República, 1938. Disponível em: http://www.planalto.gov.br/ccivil_03/decreto-lei/1937-1946/Del0739.htm#art2. Acesso em: 28 ago. 2021.

[243] BORGES FILHO, Afonso. Sugestões para uma reforma da Lei do Impôsto de Consumo. *Revista do Serviço Público*, v. 87, p. 9, abr./maio 1960. Disponível em: https://revista.enap. gov.br/index.php/RSP/issue/view/198. Acesso em: 28 ago. 2021.

[244] BORGES FILHO, Afonso. Sugestões para uma reforma da Lei do Impôsto de Consumo. *Revista do Serviço Público*, v. 87, p. 12, abr./maio 1960. Disponível em: https://revista.enap. gov.br/index.php/RSP/issue/view/198. Acesso em: 28 ago. 2021.

[245] Artigo 11 da Emenda Constitucional nº 18 de 1º de dezembro 1965. BRASIL. *Emenda Constitucional nº 18, de 1º de dezembro 1965*. Reforma do Sistema Tributário. Brasília [DF]: Presidência da República, 1965. Disponível em: http://www.planalto.gov.br/ccivil_03/ constituicao/emendas/emc_anterior1988/emc18-65.htm. Acesso em: 28 ago. 2021.

[246] BALEEIRO, Aliomar. *Uma introdução à ciência de finanças*. Rio de Janeiro: Forense, 2004, p. 435.

[247] Alíquota vigente desde a Lei nº 5.368 de 1º de dezembro de 1967.

sujeito à tributação pelo IPI e pelo Imposto sobre Operações relativas à Circulação de Mercadorias e sobre Prestações de Serviços de Transporte Interestadual e Intermunicipal e de Comunicação (ICMS).

No caso dos produtos com fumo, a alíquota do IPI é variável de acordo com o produto. Assim, para o tabaco total ou parcialmente destalado a alíquota é de 30%; para os charutos, 30%; para cigarrilhas e cigarros 300%; cigarro que não contenha fumo a alíquota é de 300%, exceto se o cigarro for feito à mão, nesse caso, a alíquota passa a ser de 30%, demais produtos de tabaco a alíquota é de 30%.[248] Tais alíquotas são aplicadas sobre o preço de venda do produto no varejo.[249] A pessoa jurídica fabricante do cigarro pode optar por um regime especial de IPI, obtido pela soma de duas parcelas calculadas por alíquotas fixas em reais por vintena.[250] A alíquota específica do maço ou box de cigarro, atualmente, é de R$1,50.[251] Há ainda o preço mínimo para venda no varejo de cigarros por vintena que, desde o ano de 2016, é de R$ 5,00.[252]

---

[248] Conforme estipulado na Tabela de Incidência do IPI, na Seção IV, Capítulo 24. Disponível em: https://www.gov.br/receitafederal/pt-br/acesso-a-informacao/legislacao/documentos-e-arquivos/tipi.pdf. Acesso em: 29 ago. 2021.

[249] Vide, artigo 4º, inciso I, do Decreto-Lei nº 1593. BRASIL. *Decreto-Lei nº 1.593, de 21 de dezembro de 1977.* Altera a legislação do Imposto sobre Produtos Industrializados, em relação aos casos que especifica, e dá outras providências. Brasília [DF]: Presidência da República, 1977. em: http://www.planalto.gov.br/ccivil_03/decreto-lei/del1593.htm. Acesso em: 29 ago. 2021.

[250] Vide, artigo 17, I, da Lei nº 12.546. BRASIL. *Lei nº 12.546 de 14 de dezembro de 2011.* Institui o Regime Especial de Reintegração de Valores Tributários para as Empresas Exportadoras (Reintegra); dispõe sobre a redução do Imposto sobre Produtos Industrializados (IPI) à indústria automotiva; altera a incidência das contribuições previdenciárias devidas pelas empresas que menciona; altera as Leis nº 11.774, de 17 de setembro de 2008, nº 11.033, de 21 de dezembro de 2004, nº 11.196, de 21 de novembro de 2005, nº 10.865, de 30 de abril de 2004, nº 11.508, de 20 de julho de 2007, nº 7.291, de 19 de dezembro de 1984, nº 11.491, de 20 de junho de 2007, nº 9.782, de 26 de janeiro de 1999, e nº 9.294, de 15 de julho de 1996, e a Medida Provisória nº 2.199-14, de 24 de agosto de 2001; revoga o art. 1º da Lei nº 11.529, de 22 de outubro de 2007, e o art. 6º do Decreto-Lei nº 1.593, de 21 de dezembro de 1977, nos termos que especifica; e dá outras providências. Brasília [DF]: Presidência da República, 2011. Disponível em: http://www.planalto.gov.br/ccivil_03/_ato2011-2014/2011/lei/l12546. htm. Acesso em: 21 dez. 2021.

[251] Vide, artigo 7º do Decreto nº 8.656. BRASIL. *Decreto nº 8.656, de 29 de janeiro de 2016.* Exclui produtos do regime tributário de que trata o art. 1º da Lei nº 7.798, de 10 de julho de 1989, altera a Tabela de Incidência do Imposto sobre Produtos Industrializados – Tipi, aprovada pelo Decreto nº 7.660, de 23 de dezembro de 2011, e altera o Decreto nº 7.555, de 19 de agosto de 2011. Brasília [DF]: Presidência da República, 2016. Disponível em: http://www. planalto.gov.br/ccivil_03/_ato2015-2018/2016/decreto/d8656.htm. Acesso em: 29 ago. 2021.

[252] Vide, artigo 7º do Decreto nº 8.656. BRASIL. *Decreto nº 8.656, de 29 de janeiro de 2016.* Exclui produtos do regime tributário de que trata o art. 1º da Lei nº 7.798, de 10 de julho de 1989, altera a Tabela de Incidência do Imposto sobre Produtos Industrializados – Tipi, aprovada pelo Decreto nº 7.660, de 23 de dezembro de 2011, e altera o Decreto nº 7.555, de 19 de agosto de 2011. Brasília [DF]: Presidência da República, 2016. Disponível em: http://www. planalto.gov.br/ccivil_03/_ato2015-2018/2016/decreto/d8656.htm. Acesso em: 29 ago. 2021.

No ICMS, incidente sobre as operações de mercadorias com fumo, as alíquotas são variáveis de acordo com cada Estado. No Paraná, a alíquota é de 29% nas operações com fumos.[253] Na carga tributária deve ser computado as contribuições para os Programas de Integração Social e de Formação do Patrimônio do Servidor Público (PIS/Pasep) e da Contribuição para o Financiamento da Seguridade Social (Cofins). A base de cálculo do PIS/Pasep e Cofins é resultado do preço da venda do produto no varejo e as alíquotas são de 3,42% e 291,69%.[254]

Para as bebidas alcoólicas, a alíquota do IPI varia de 6%, para cervejas, de 10% a 20% para vinhos, e de 25% a 30% para aguardentes, licores e bebidas com teor alcoólico inferior a 80%.[255] No Estado do Paraná, para as bebidas alcoólicas, o ICMS tem alíquota de 29%,[256] mesmo percentual das mercadorias com fumo.

Com a promulgação da reforma tributária, Emenda Constitucional nº 132/2019 (EC nº 132/2019), houve profunda alteração do sistema tributário brasileiro. Criou-se o sistema de IVA-Dual (imposto sobre valor agregado), composto pela Contribuição sobre Bens e Serviços (CBS) e

---

[253] Vide, artigo 17, IV, "b", Decreto nº 7.871. BRASIL. *Decreto nº 7.871 de 29 de setembro de 2017*. Regulamento do Imposto sobre Operações Relativas à Circulação de Mercadorias e sobre Prestações de Serviços de Transporte Interestadual e Intermunicipal e de Comunicação do Estado do Paraná – RICMS/PR. Curitiba: Assembleia Legislativa, 2017. Disponível em: http://www.fazenda.pr.gov.br/sites/default/arquivos_restritos/files/documento/2020-09/secaoiiiricmspr2017.pdf. Acesso em: 29 ago. 2021.

[254] Vide, artigo 5º da Lei 12.024. BRASIL. *Lei 12.024 de 27 de agosto de 2009*. Dá nova redação aos arts. 4º, 5º e 8º da Lei nº 10.931, de 2 de agosto de 2004, que tratam de patrimônio de afetação de incorporações imobiliárias; dispõe sobre o tratamento tributário a ser dado às receitas mensais auferidas pelas empresas construtoras nos contratos de construção de moradias firmados dentro do Programa Minha Casa, Minha Vida – PMCMV, atribui à Agência Nacional de Telecomunicações – ANATEL as atribuições de apurar, constituir, fiscalizar e arrecadar a Contribuição para o Fomento da Radiodifusão Pública; altera as Leis nºs 11.196, de 21 de novembro de 2005, 11.652, de 7 de abril de 2008, 10.833, de 29 de dezembro de 2003, 9.826, de 23 de agosto de 1999, 6.099, de 12 de setembro de 1974, 11.079, de 30 de dezembro de 2004, 8.668, de 25 de junho de 1993, 8.745, de 9 de dezembro de 1993, 10.865, de 30 de abril de 2004, 8.989, de 24 de fevereiro de 1995, e 11.941, de 27 de maio de 2009; e dá outras providências. Brasília [DF]: Presidência da República, 2009. Disponível em: http://www.planalto.gov.br/ccivil_03/_ato2007-2010/2009/lei/l12024.htm. Acesso em: 29 ago. 2021.

[255] Conforme estipulado na Tabela de Incidência do IPI, na Seção IV, Capítulo 22. Disponível em: https://www.gov.br/receitafederal/pt-br/acesso-a-informacao/legislacao/documentos-e-arquivos/tipi.pdf. Acesso em: 29 de agosto de 2021.

[256] Vide, artigo 17, IV, "c", do Decreto nº 7.871. BRASIL. *Decreto nº 7.871 de 29 de setembro de 2017*. Regulamento do Imposto sobre Operações Relativas à Circulação de Mercadorias e sobre Prestações de Serviços de Transporte Interestadual e Intermunicipal e de Comunicação do Estado do Paraná – RICMS/PR. Curitiba: Assembleia Legislativa, 2017. Disponível em: http://www.fazenda.pr.gov.br/sites/default/arquivos_restritos/files/documento/2020-09/secaoiiiricmspr2017.pdf. Acesso em: 29 ago. 2021.

pelo Imposto sobre Bens e Serviço (IBS), além da criação de um Imposto Seletivo, e extinguiram-se o IPI, o ICMS, o ISS, o PIS e a Cofins.[257]

2.2 Os fundamentos teóricos da tributação do pecado no Brasil

No Brasil há dois fundamentos teóricos utilizados para justificar a tributação do pecado. O primeiro deles, é baseado na interpretação doutrinária da seletividade tributária e na não essencialidade do consumo desses bens. O segundo, baseia-se na correção de externalidades e desestímulo do consumo. Salienta-se que, em Portugal, de acordo com Saldanha Sanches, essas duas justificativas também são as utilizadas para fundamentar a tributação do pecado no país.[258]

Parte-se, então, para a análise de cada um destes fundamentos.

2.2.1 A seletividade tributária e a essencialidade dos bens

Na Constituição Federal de 1988, está prevista a figura da "seletividade", com base na essencialidade de produtos para o IPI, e de mercadorias e serviços para o ICMS. A seletividade, com base na essencialidade, tem sido utilizada para fundamentar uma tributação mais gravosa de produtos não essenciais. Nesse contexto, produtos como o cigarro e as bebidas alcoólicas, ganharam fundamentação para serem mais tributados.

Para o IPI, a Constituição Federal de 1988 estabelece, no artigo 153, §3º, I, que este "será seletivo, em função da essencialidade do produto".[259] Já para o ICMS, estipulou-se, no artigo 155, II, §2º, que o imposto "poderá ser seletivo, em função da essencialidade das mercadorias e dos serviços".[260] A reforma tributária (EC nº 132/2019) extinguiu

---

[257] BRASIL. *Emenda Constitucional nº 132, de 20 de dezembro de 2023.* Altera o Sistema Tributário Nacional. Brasília, DF: Presidência da República. Disponível em: https://www.planalto.gov.br/ccivil_03/constituicao/emendas/emc/emc132.htm. Acesso em: 21 mar. 2024.

[258] SANCHES, Saldanha. *Manual de Direito Fiscal.* Lisboa: Lex, 1998, p. 274.

[259] BRASIL. [Constituição (1988)]. *Constituição da República Federativa do Brasil de 1988.* Brasília, DF: Presidência da República. Disponível em: http://www.planalto. gov.br/ccivil_03/constituicao/constituicao.htm. Acesso em: 14 mar. 2024.

[260] BRASIL. [Constituição (1988)]. *Constituição da República Federativa do Brasil de 1988.* Brasília, DF: Presidência da República. Disponível em: http://www.planalto. gov.br/ccivil_03/constituicao/constituicao.htm. Acesso em: 24 fev. 2021.

o IPI e o ICMS, contudo foi mantida a redação do artigo 153, §3º, I, da Constituição Federal, e, quanto ao artigo 155 da Constituição Federal, em que pese a alteração da redação do *caput*, foi mantido o §2º do inciso II do artigo 155. Com isso, tem-se que a seletividade deverá ser observada. Assim sendo, os entendimentos doutrinários que serão expostos a seguir, apesar de serem direcionados ao IPI e ao ICMS, continuam sendo aplicáveis para a CBS e ao IBS.

De acordo com Misabel Derzi, nas Constituições de países europeus não há uma previsão expressa de que a tributação do consumo deve observar a seletividade em função da essencialidade dos produtos.[261]

Diante desses dispositivos da Constituição, parte da doutrina brasileira compreende que a seletividade seria obrigatória apenas para o IPI, sendo uma faculdade para o ICMS.[262] Para outra parcela da doutrina, a seletividade é obrigatória tanto para o IPI quanto para o ICMS.[263] Esse é o caso de Roque Antonio Carrazza que defende que a palavra "poderá" apresentada no artigo 155, II, §2º, equivale a um "deverá", sendo, portanto, uma "norma cogente" de "observância obrigatória".[264] Há, também, uma terceira corrente que argumenta que, em que pese a seletividade ser uma faculdade para o ICMS, se adotada deve ser observado o critério da essencialidade.[265]

---

[261] Igualmente, Regiane Binhara Esturillo afirma que não há referência a expressão "seletividade" nas Constituições dos Estados Unidos da América, da França, da Itália e de Portugal. ESTURILLO, Regiane Binhara. *A seletividade no IPI e no ICMS*. São Paulo: Quartier Latin, 2008, p. 99. Assim como, Misabel Abreu Machado Derzi. DERZI, Misabel Abreu Machado. Notas de atualização. *In*: BALEEIRO, Aliomar. *Direito tributário brasileiro*. Atualização Misabel Abreu Machado Derzi. 14. ed. Rio de Janeiro: Forense, 2018, p. 490.

[262] Nesse sentido, consulte: COSTA, Regina Helena. *Princípio da capacidade contributiva*. São Paulo: Malheiros, 1993, p. 94. CARVALHO, Paulo de Barros. Imposto sobre produtos industrializados. *In*: BOTALLO, Eduardo Domingues (Coord.). *Curso de Direito Empresarial*. v. II. São Paulo: Resenha Tributária e EDUC, 1976, p. 141. HARADA, Kiyoshi. *ICMS*: doutrina e prática. São Paulo: Atlas, 2019, p. 46. José Eduardo Soares de Melo defende como permitida, e não obrigatória, a seletividade para o ICMS, mas faz a observação de que "a seletividade do ICMS também deverá obedecer às diretrizes constitucionais que nortearão o IPI" e afirma que "conquanto a facultatividade constitua o elemento impulsionador do ICMS seletivo, não poderá haver, propriamente, mero critério de conveniência e oportunidade, porque se impõe obediência a inúmeros postulados constitucionais" (MELO, José Eduardo Soares de. *ICMS*: teoria e prática. 15. ed. Porto Alegre: Livraria do Advogado Editora, 2020, p. 318). SCHOUERI, Luís Eduardo. *Normas tributárias indutoras e intervenção econômica*. Rio de Janeiro: Forense, 2005, p. 300.

[263] CARRAZZA, Roque Antonio. *ICMS*. 18. ed. São Paulo: Malheiros, 2020, p. 466. FREITAS, Leonardo Buissa. *Tributação sobre o consumo, indução econômica e seletividade*. Rio de Janeiro: Lumen Juris, 2019, p. 251.

[264] CARRAZZA, Roque Antonio. *ICMS*. 18. ed. São Paulo: Malheiros, 2020, p. 466.

[265] MACHADO, Hugo de Brito. *Curso de direito tributário*. 38. ed. São Paulo: Malheiros, 2017, p. 385. MACHADO SEGUNDO, Hugo de Brito. A tributação da energia elétrica e

De qualquer modo, sendo obrigatória para o IPI, ou facultativa para o ICMS, o critério de aplicação da seletividade deve ser o da essencialidade do bem. De acordo com Roque Antonio Carrazza, a seletividade pode ser operacionalizada por qualquer meio de alteração quantitativa da carga do imposto, como, por exemplo, variação de alíquotas, alterações na base de cálculo e incentivos fiscais.[266] No entanto, Carrazza afirma que é com a variação de alíquotas que a seletividade é concretizada mais facilmente.[267] Para a teoria majoritária,[268] praticamente unânime na doutrina,[269] a seletividade é operada pela diferenciação de alíquotas. Nesse sentido, José Roberto Vieira ensina que a seletividade é alcançada "pelo estabelecimento das alíquotas na razão inversa da necessidade do produto".[270] Desse modo, quanto maior a essencialidade do produto, menor devem ser as suas alíquotas. Por outro lado, quanto menor a essencialidade do consumo do produto, maior devem ser as alíquotas.

Além disso, há entendimento doutrinário de que a seletividade no IPI, e quando aplicada no ICMS, é uma manifestação extrafiscal

---

a seletividade do ICMS. *Revista Dialética de Direito Tributário*, São Paulo, n. 62, p. 72, nov. 2000. ESTURILLO, Regiane Binhara. *A seletividade no IPI e no ICMS*. São Paulo: Quartier Latin, 2008, p. 115.

[266] Nessa obra, o autor está se dirigindo especificamente ao ICMS, mas suas considerações também são aplicáveis ao IPI, eis que se trata da mesma seletividade, que deve ser alcançada pela essencialidade. CARRAZZA, Roque Antonio. *ICMS*. 18. ed. São Paulo: Malheiros, 2020, p. 468.

[267] Cabe destacar que Carrazza está se referindo, especificamente, ao ICMS, mas as considerações também são aplicáveis ao IPI, já que para o autor, a seletividade, com base na essencialidade, é obrigatória em ambos os impostos e operacionalizada da mesma forma. CARRAZZA, Roque Antonio. *ICMS*. 18. ed. São Paulo: Malheiros, 2020, p. 468.

[268] CARVALHO, Paulo de Barros. Introdução ao estudo do Impôsto sobre Produtos Industrializados. *Revista de Direito Público*, São Paulo, v. 11, p. 75, 1970. BALEEIRO, Aliomar. *Direito tributário brasileiro*. Atualização Misabel Abreu Machado Derzi. 14. ed. Rio de Janeiro: Forense, 2018, p. 487. MELO, José Eduardo Soares de. *ICMS*: teoria e prática. 15. ed. Porto Alegre: Livraria do Advogado Editora, 2020, p. 317-319. COSTA, Regina Helena. *Princípio da capacidade contributiva*. São Paulo: Malheiros, 1993, p. 95. TORRES, Ricardo Lobo. *Tratado de Direito Constitucional Financeiro e Tributário*. v. 3. 3. ed. Rio de Janeiro: Renovar, 2005, p. 352. VALLE, Maurício Dalri Timm do. *Princípios constitucionais e regras-matrizes de incidência do imposto sobre produtos industrializados*. São Paulo: Noeses, 2016, p. 473.

[269] Nesse sentido, André Folloni afirma que tal posicionamento é "em sua ampla maioria" de "quase totalidade" da doutrina tributária brasileira. FOLLONI, André. Seletividade tributária: técnica de graduação ou restrição à tributação. *In*: MITIDIERO, Daniel; ADAMY, Pedro. *Direito, razão e argumento*: a reconstrução dos fundamentos democráticos e republicanos do direito público com base na teoria do direito. Salvador: JusPodivm, 2021, p. 632.

[270] VIEIRA, José Roberto. *A regra-matriz da incidência do IPI*: texto e contexto. Curitiba: Juruá, 1993, p. 194.

destes tributos.[271] Sobre o tema, Ricardo Lobo Torres, ao tratar do IPI, argumenta que a seletividade, com fulcro na essencialidade é "o único critério para a incidência do IPI".[272] De acordo com Eduardo Domingues Bottallo, no IPI a extrafiscalidade é realizada por meio da seletividade que implicaria o uso da tributação como "instrumento de ordenação política-social", de modo a estimular as operações consideradas como necessárias, úteis ou convenientes para a sociedade ou para desestimular a prática de outras operações que não estão de acordo com o interesse coletivo.[273]

Há também posicionamento da doutrina[274] no sentido de que a seletividade está fundamentada na capacidade contributiva.[275] A capacidade contributiva, conforme tratado no capítulo anterior, é entendida como a capacidade econômica do contribuinte de arcar com o ônus tributário.[276] No caso do IPI e do ICMS, Misabel Derzi afirma que é praticamente impossível graduá-los, de acordo com a capacidade contributiva de quem adquire o produto ou a mercadoria.[277] Diante disso, Derzi aduz que o legislador aplica a seletividade, justamente, para onerar menos os bens considerados essenciais. Com isso, aplicar a seletividade como graduação de alíquotas, seria a forma encontrada para realizar

---

[271] CARVALHO, Paulo de Barros. Introdução ao estudo do Impôsto sobre Produtos Industrializados. *Revista de Direito Público*, São Paulo, v. 11, p. 75, 1970. BOTTALLO, Eduardo Domingos. *IPI*: princípios e estrutura. São Paulo: Dialética, 2009, p. 53. CARRAZZA, Roque Antonio. *ICMS*. 18. ed. São Paulo: Malheiros, 2020, p. 464.

[272] TORRES, Ricardo Lobo. O IPI e o princípio da seletividade. *Revista Dialética de Direito Tributário*, São Paulo, v. 18, p. 95, mar. 1997.

[273] BOTTALLO, Eduardo Domingos. *IPI*: princípios e estrutura. São Paulo: Dialética, 2009, p. 65.

[274] COSTA, Regina Helena. *Princípio da capacidade contributiva*. São Paulo: Malheiros, 1993, p. 95. VALLE, Maurício Dalri Timm de. *Princípios constitucionais e regras-matrizes de incidência do imposto sobre produtos industrializados*. São Paulo: Noeses, 2016, p. 483.

[275] Conforme exposto no Capítulo 1, Item 1.1, adotou-se, nesta pesquisa, a concepção de capacidade contributiva como a capacidade econômica do contribuinte de arcar com o ônus tributário, tal capacidade apenas se inicia depois de se ter um mínimo existencial. A referida conceituação se baseia, principalmente, nos ensinamentos de Ricardo Lobo Torres na seguinte obra: TORRES, Ricardo Lobo. A legitimação da capacidade contributiva e dos direitos fundamentais do contribuinte. *In*: SCHOUERI, Luís Eduardo. *Direito tributário: homenagem a Alcides Jorge Costa*. v. 1. São Paulo: Quartier Latin, 2003, p. 435-436.

[276] TORRES, Ricardo Lobo. A legitimação da capacidade contributiva e dos direitos fundamentais do contribuinte. *In*: SCHOUERI, Luís Eduardo. *Direito tributário: homenagem a Alcides Jorge Costa*. v. 1. São Paulo: Quartier Latin, 2003, p. 435-436.

[277] DERZI, Misabel Abreu Machado. Notas de atualização. *In*: BALEEIRO, Aliomar. *Direito tributário brasileiro*. Atualização Misabel Abreu Machado Derzi 14. ed. Rio de Janeiro: Forense, 2018, p. 489.

a capacidade contributiva. E essa seria a "serventia" da seletividade e, ao mesmo tempo, seria manifestação da extrafiscal destes tributos.[278]

Sobre o tema, Maurício Dalri Timm do Valle relata que, aparentemente, se teria duas espécies diferentes de seletividade: uma com base na capacidade contributiva e outra com base na tributação extrafiscal.[279] Para Valle, ambas as espécies de seletividade poderiam coexistir de forma pacífica.[280]

No entanto, aplicar a seletividade, com base na essencialidade do produto ou da mercadoria, não é tarefa fácil. Isso decorre, principalmente, devido a Constituição Federal não ter estabelecido parâmetros sobre o que deveria ser considerado essencial. Assim, coube a doutrina suprir a lacuna legislativa e apresentar definições e classificações sobre a essencialidade.

A definição de "essencialidade" não é uníssona na doutrina, há várias divergências sobre o seu significado.[281] José Roberto Vieira esclarece que o problema reside, justamente, nos "parâmetros de aferição da essencialidade, a respeito dos quais silenciou o Estatuto Máximo".[282] Para Regiane Binhara Esturilio, definir o significado de "essencial" é tarefa difícil, principalmente, devido à essencialidade de um produto ser variável tanto do ponto de vista individual, quanto da coletividade.[283]

Aliomar Baleeiro, ao tratar da noção de essencialidade, afirmou que esta consiste na "adequação do produto à vida do maior número de habitantes do país" e, para ser concretizada, os bens considerados essenciais para "existência civilizada" devem ser tributados de forma mais branda e, de outro lado, os bens de consumo "supérfluo das classes

---

[278] DERZI, Misabel Abreu Machado. Notas de atualização. *In*: BALEEIRO, Aliomar. *Direito tributário brasileiro*. Atualização Misabel Abreu Machado Derzi 14. ed. Rio de Janeiro: Forense, 2018, p. 489.

[279] VALLE, Maurício Dalri Timm do. *Princípios constitucionais e regras-matrizes de incidência do imposto sobre produtos industrializados*. São Paulo: Noeses, 2016, p. 484-485.

[280] É o caso também da visão de Roque Antonio Carrazza: CARRAZZA, Roque Antonio. *ICMS*. 18. ed. São Paulo: Malheiros, 2020, p. 464.

[281] FERREIRA NETO, Arthur Maria; KRONBUER, Eduardo Luís. Princípio da seletividade: duas concepções rivais de essencialidade. *Economic Analys of Law Review*, Brasília, v. 11, n. 2, p. 31, maio/ago. 2020. Disponível em: https://portalrevistas.ucb.br/index.php/EALR/article/view/12269/pdf. Acesso em: 1 set. 2021.

[282] VIEIRA, José Roberto. *A regra-matriz da incidência do IPI*: texto e contexto. Curitiba: Juruá, 1993, p. 126.

[283] ESTURILLO, Regiane Binhara. *A seletividade no IPI e no ICMS*. São Paulo: Quartier Latin, 2008, p. 117-119.

de maior poder aquisitivo" devem ser tributados mais gravemente.[284] Ruy Barbosa Nogueira, ao tratar do ICMS, compreendeu que a essencialidade "deve estar a serviço do bem comum, cujo entendimento é missão do Estado em seu todo".[285]

Para Ricardo Lobo Torres, a essencialidade, como critério para a seletividade, significa "alíquotas mais elevadas na razão inversa da utilidade social do bem ou da sua necessidade para o consumo popular e na razão direta da sua superfluidade".[286] E de acordo com José Soares de Melo, a seletividade busca "suavizar a injustiça do imposto" ao onerar mais os bens mais consumidos pelas classes sociais mais altas.[287]

Para aplicar a graduação das alíquotas, de acordo com a essencialidade, foram elaboradas diferentes classificações dos produtos. Rubens Gomes de Souza sugeriu uma divisão dos produtos ou serviços em: de primeira necessidade, semi-luxo, luxo e de consumo prejudicial ou inconveniente. Para o autor, são consumos de primeira necessidade as roupas, medicamentos e gêneros alimentícios. Os itens categorizados como de semi-luxos são o fumo, a diversão, os artigos de esporte e os automóveis. Como exemplo de produtos de luxos há as joias, os perfumes, alguns tipos de automóveis e as bebidas alcoólicas. Por fim, os produtos de consumo prejudicial ou inconveniente são as armas, os jogos de azar e os entorpecentes.[288] Portanto, para o autor, ao se aplicar a essencialidade, os produtos de primeira necessidade não devem ser tributados ou ter alíquota menores, se forem tributados. De outro lado, os produtos de luxo, semi-luxo e de consumo prejudicial devem tributados de forma mais gravosa.[289]

De acordo com Alberto Deodato a classificação "usual" divide os produtos em: de primeira necessidade, úteis e de luxo.[290] Os bens de primeira necessidade, são, para Deodato, os indispensáveis para a existência e, como exemplo, cita o arroz, o feijão e o sal. Os bens úteis não são indispensáveis para a sobrevivência, mas são necessários para se ter um padrão de vida, como exemplo o autor menciona o café e o

---

[284] BALEEIRO, Aliomar. *Direito tributário brasileiro*. Atualização Misabel Abreu Machado Derzi. 14. ed. Rio de Janeiro: Forense, 2018, p. 487.

[285] NOGUEIRA, Ruy Barbosa. *Curso de direito tributário*. 14. ed. São Paulo: Saraiva, 1995, p. 133.

[286] TORRES, Ricardo Lobo. *Tratado de Direito Constitucional Financeiro e Tributário*. v. 3. 3. ed. Rio de Janeiro: Renovar, 2005, p. 352.

[287] MELO, José Eduardo Soares de. *IPI: teoria e prática*. São Paulo: Malheiros, 2009, 211.

[288] SOUZA, Rubens Gomes de. *Estudos de direito tributário*. São Paulo: Saraiva, 1950, p. 63.

[289] SOUZA, Rubens Gomes de. *Estudos de direito tributário*. São Paulo: Saraiva, 1950, p. 90.

[290] DEODATO, Alberto. *Manual de ciência das finanças*. 15. ed. São Paulo: Saraiva, 1977, p. 156.

cigarro. E os bens de luxo são os considerados supérfluos, isto é, que não são nem necessários e nem úteis, para o autor as bebidas alcoólicas se enquadram nessa categoria.

Paulo de Barros Carvalho elaborou uma classificação dos produtos em: necessários à subsistência; úteis, mas não imprescindíveis à subsistência e; bens de luxo.[291] Com isso, os bens necessários à subsistência devem ter alíquotas mais brandas, ao passo que os bens úteis devem ter alíquotas moderadas e os bens de luxo devem ter alíquotas maiores.[292]

Henry Tilbery estudou a questão da essencialidade e as classificações dos produtos.[293] Tilbery esclarece que a avaliação de bens, como "necessários" ou "supérfluos" varia conforme o espaço e o passar do tempo.[294] Para o autor, a classificação dos bens depende de diversos fatores, subjetivos e variáveis, como cultura e hábito dos consumidores, e, também, depende do sistema político.[295]

Para Luis Eduardo Schoueri é necessário reformular o conceito de essencialidade, de modo a se ter duas dimensões: o ponto de vista individual do contribuinte e o das necessidades coletivas. As necessidades coletivas devem ser compreendidas com base na Constituição Federal, de maneira que são considerados essenciais os bens que se aproximam da realização dos objetivos e valores constitucionais.[296] Diante disso, Schoueri aduz que devem ser considerados essenciais os bens consumidos pelas classes menos favorecidas economicamente, com fulcro no objetivo fundamental da República de erradicar a pobreza, constante no artigo 3º, inciso III, da Constituição Federal. Concomitantemente, também devem ser enquadrados como essenciais os bens cujo consumo esteja de acordo da Ordem Econômica, baseando-se, especialmente, no

---

[291] CARVALHO, Paulo de Barros. Introdução ao estudo do Impôsto sobre Produtos Industrializados. *Revista de Direito Público*, São Paulo, v. 11, p. 77, 1970.

[292] CARVALHO, Paulo de Barros. Introdução ao estudo do Impôsto sobre Produtos Industrializados. *Revista de Direito Público*, São Paulo, v. 11, p. 77, 1970.

[293] TILBERY, Henry. O conceito de essencialidade como critério de tributação. *In*: NOGUEIRA, Ruy Barbosa (Coord.). *Estudos tributários em homenagem à memória de Rubens Gomes de Souza*. São Paulo: Resenha Tributária, 1974, p. 309-348.

[294] TILBERY, Henry. O conceito de essencialidade como critério de tributação. *In*: NOGUEIRA, Ruy Barbosa (Coord.). *Estudos tributários em homenagem à memória de Rubens Gomes de Souza*. São Paulo: Resenha Tributária, 1974, p. 310.

[295] TILBERY, Henry. O conceito de essencialidade como critério de tributação. *In*: NOGUEIRA, Ruy Barbosa (Coord.). *Estudos tributários em homenagem à memória de Rubens Gomes de Souza*. São Paulo: Resenha Tributária, 1974, p. 327.

[296] SCHOUERI, Luís Eduardo. *Normas tributárias indutoras e intervenção econômica*. Rio de Janeiro: Forense, 2005, p. 301.

objetivo da República de garantir o desenvolvimento nacional, previsto no artigo 3º, inciso II, da Constituição Federal.[297]

Discorrendo sobre o tema, Ricardo Lobo Torres afirma que no Direito brasileiro não há indicadores específicos para graduar as necessidades sociais de bens. Para o autor, a seletividade é um subprincípio da capacidade contributiva e, por isso, a sua operacionalização ocorre por meio de "critérios éticos e jurídicos do legislador" que possuiria liberdade para a valoração dos critérios políticos, econômicos e sociais do país. Assim, Ricardo Lobo Torres relata que não há uma "regra de ouro" aplicável ao tema.[298]

Em que pese não haver uma classificação pacífica na doutrina sobre a divisão de bens, com base na essencialidade, a maior parte da doutrina defende que a graduação das alíquotas, para fins de aplicação da essencialidade, deve ser feita por meio de uma comparação entre os bens.[299] Desse modo, os bens enquadrados como mais essenciais, seja qual for a classificação, devem não ser tributados ou tributados com alíquotas menores, ao passo que os bens considerados menos essenciais devem possuir uma tributação com alíquotas maiores. Como exemplo desse raciocínio, Sacha Calmon Navarro Coelho ilustra que "feijão é gênero de primeira necessidade e caviar é supérfluo".[300]

Porém, na realidade, não é fácil estabelecer quais produtos devem ser considerados "essenciais". Arthur Maria Ferreira Neto e Eduardo Luís Kronbauer, ao estudarem o conceito de essencialidade, relatam que o exemplo de Sacha Calmon é extremamente simples e não abarca a complexidade dos problemas de comparação entre produtos.[301] Como exemplo, os autores questionam como seria possível comparar o que seria mais essencial entre a farinha e o arroz, já que apesar de ambos

---

[297] SCHOUERI, Luís Eduardo. *Normas tributárias indutoras e intervenção econômica*. Rio de Janeiro: Forense, 2005, p. 301.

[298] TORRES, Ricardo Lobo. O IPI e o princípio da seletividade. *Revista Dialética de Direito Tributário*, São Paulo, v. 18, p. 98, mar. 1997.

[299] CARRAZZA, Roque Antonio. *ICMS*. São Paulo: Malheiros, 2005, p. 361. ESTURILLO, Regiane Binhara. *A seletividade no IPI e no ICMS*. São Paulo: Quartier Latin, 2008, p. 134. BOTTALLO, Eduardo Domingos. *IPI*: princípios e estrutura. São Paulo: Dialética, 2009, p. 56. VALLE, Maurício Dalri Timm do. *Princípios constitucionais e regras-matrizes de incidência do imposto sobre produtos industrializados*. São Paulo: Noeses, 2016, p. 474.

[300] COELHO, Sacha Calmon Navarro. *Comentários à Constituição de 1988* – Sistema Tributário. Rio de Janeiro: Forense, 1990, p. 238.

[301] FERREIRA NETO, Arthur Maria; KRONBUER, Eduardo Luís. Princípio da seletividade: duas concepções rivais de essencialidade. *Economic Analys of Law Review*, Brasília, v. 11, n. 2, p. 39, maio/ago. 2020. Disponível em: https://portalrevistas.ucb.br/index.php/EALR/article/view/12269. Acesso em: 1 set. 2021.

serem essenciais para o consumo, apenas a farinha é necessária para produzir o pão.[302] Para os autores, a tributação conforme essa perspectiva nunca será coerente, eis que, frequentemente, a graduação das alíquotas é realizada de forma pontual ou setorial, o que permite uma manipulação da comparação dos diferentes graus de essencialidade.

O problema reside, justamente, na delimitação do "núcleo mínimo de significação"[303] da essencialidade. André Folloni, ao analisar léxicos, afirma que essencial significaria "indispensável", "imprescindível".[304] Com isso, "essencial" não suportaria uma graduação. Não é possível, portanto, um produto ser mais ou ser menos essencial. A esse respeito, Henry Tilbery também afirmou que essencialidade, compreendida como "indispensabilidade", não suporta uma graduação comparativa. Desse modo, Tilbery afirma que quando os autores classificam bens, de acordo com uma escala de intensidade das necessidades que esses bens são hábeis a satisfazer, está sendo feito uso de um critério de "utilidade".[305]

Para José Eduardo Soares de Melo, o núcleo de definição da essencialidade deve ser encontrado no texto da Constituição Federal. Assim, a essencialidade "decorre da devida compreensão dos valores captados pela Constituição", como exemplo o autor cita o inciso IV, do artigo 7º da Constituição Federal que, ao tratar dos direitos dos trabalhadores, relata como necessidades vitais básicas "moradia, alimentação, educação, saúde, lazer, vestuário, higiene, transporte e previdência social".[306] De forma similar, Mauricio Timm do Valle discorre sobre essas

---

[302] FERREIRA NETO, Arthur Maria; KRONBUER, Eduardo Luís. Princípio da seletividade: duas concepções rivais de essencialidade. *Economic Analys of Law Review*, Brasília, v. 11, n. 2, p. 38-39, maio/ago. 2020. Disponível em: https://portalrevistas.ucb.br/index.php/EALR/article/view/12269. Acesso em: 1 set. 2021.

[303] FERREIRA NETO, Arthur Maria; KRONBUER, Eduardo Luís. Princípio da seletividade: duas concepções rivais de essencialidade. *Economic Analys of Law Review*, Brasília, v. 11, n. 2, p. 38-39, maio/ago. 2020. Disponível em: https://portalrevistas.ucb.br/index.php/EALR/article/view/12269. Acesso em: 1 set. 2021.

[304] FOLLONI, André. Seletividade tributária: técnica de graduação ou restrição à tributação. *In*: MITIDIERO, Daniel; ADAMY, Pedro. *Direito, razão e argumento*: a reconstrução dos fundamentos democráticos e republicanos do direito público com base na teoria do direito. Salvador: JusPodivm, 2021, p. 639.

[305] TILBERY, Henry. O conceito de essencialidade como critério de tributação. *In*: NOGUEIRA, Ruy Barbosa (Coord.). *Estudos tributários em homenagem à memória de Rubens Gomes de Souza*. São Paulo: Resenha Tributária, 1974, p. 321.

[306] Trecho do inciso IV, do artigo 7º da Constituição Federal. *In verbis*: "Art. 7º São direitos dos trabalhadores urbanos e rurais, além de outros que visem à melhoria de sua condição social: (…) IV – salário mínimo, fixado em lei, nacionalmente unificado, capaz de atender a suas necessidades vitais básicas e às de sua família com moradia, alimentação, educação, saúde, lazer, vestuário, higiene, transporte e previdência social, com reajustes periódicos

necessidades vitais, constantes no inciso IV do artigo 7º da Constituição Federal, e defende que devem ser consideradas como "essenciais".[307] Com base nessa concepção doutrinária de essencialidade, os cigarros e as bebidas alcoólicas seriam considerados produtos não essenciais, por não serem necessários à subsistência. Com isso, tem-se a fundamentação para uma tributação maior nesses bens.

José Eduardo Telleni Toledo adverte que o fumo ou as bebidas alcoólicas não podem ser considerados como produtos "luxuosos", eis que são produtos consumidos amplamente pelas diversas classes socais do Brasil.[308] Com isso, as alíquotas elevadas nesses produtos não têm relação alguma com a capacidade contributiva, na medida em que atinge, ao mesmo tempo, contribuintes com maiores e menores capacidade contributiva.

Para Henry Tilbery, essenciais são tanto os bens que satisfazem as necessidades biológicas de subsistência, quanto os bens indispensáveis para se ter um "padrão de vida decente".[309] Contudo, em que pese ser possível definir os bens indispensáveis para a satisfação das necessidades básicas de existência, as demais tentativas classificações de bens carecem de linhas divisórias visíveis.[310]

De qualquer modo, Tilbery, ao analisar a tributação de bebidas alcoólicas e de produtos com fumo, alega que a agravação da tributação nesses produtos não seria justificada pelo critério de bens luxuosos. Para o autor, apesar de não serem bens essenciais à sobrevivência, o fumo e as bebidas alcoólicas são "necessidades secundárias", entendidas como a opinião da maioria da sociedade, em determinado tempo e região, sobre um "padrão mínimo" para se ter "vida decente", com

---

que lhe preservem o poder aquisitivo, sendo vedada sua vinculação para qualquer fim" (BRASIL. [Constituição (1988)]. *Constituição da República Federativa do Brasil de 1988*. Brasília, DF: Presidência da República. Disponível em: http://www.planalto. gov.br/ccivil_03/constituicao/constituicao.htm. Acesso em: 24 fev. 2021).

[307] VALLE, Maurício Dalri Timm do. *Princípios constitucionais e regras-matrizes de incidência do imposto sobre produtos industrializados*. São Paulo: Noeses, 2016, p. 484-485.

[308] TOLEDO, José Eduardo Tellini. *O imposto sobre produtos industrializados*: incidência tributária e princípios constitucionais. São Paulo: Quartier Latin, 2006, p. 142-143.

[309] TILBERY, Henry. O conceito de essencialidade como critério de tributação. *In*: NOGUEIRA, Ruy Barbosa (Coord.). *Estudos tributários em homenagem à memória de Rubens Gomes de Souza*. São Paulo: Resenha Tributária, 1974, p. 342.

[310] TILBERY, Henry. O conceito de essencialidade como critério de tributação. *In*: NOGUEIRA, Ruy Barbosa (Coord.). *Estudos tributários em homenagem à memória de Rubens Gomes de Souza*. São Paulo: Resenha Tributária, 1974, p. 327-328.

base nos hábitos de consumo.[311] Nesse sentido, cabe transcrever o entendimento do autor:

> Uma vez que as camadas menos favorecidas não tem acesso aos prazeres de alto luxo, que são privilégio de um grupo menor de pessoas abastadas, o fumo e as bebidas alcoólicas trazem, para um grande número de pessoas, aquele algo mais de que o ser humano precisa além dos meios de uma sobrevivência nua. Algum elemento de distração, algo para elevar a moral, é necessário para que o homem, na sociedade civilizada moderna, possa melhor enfrentar as tensões cotidianas e manter a eficiência no trabalho. Por isso, considero o fumo e as bebidas alcoólicas – se gozadas em escala moderada – em nossos dias, como semi-necessidades.[312]

Sendo "semi-necessidades", não há fundamentação para uma maior tributação no consumo do fumo e das bebidas alcoólicas. É, nesse sentido, que Tilbery conclui que, caso os países entendam que o consumo destes produtos deve ser explorado, por ser uma forma conveniente de tributar e altamente rentável, então, está-se diante da função fiscal, arrecadatória, da tributação, e, não mais, diante de uma função extrafiscal com base na essencialidade.[313]

Além disso, há posicionamentos de economistas com críticas a divisão de bens. Nicholas Kaldor, em seu livro *An Expenditure Tax* relata que qualquer classificação de bens com base em seu nível de luxuosidade ou de essencialidade seria arbitrária.[314] De forma similar, John F. Due afirma que não há nenhuma regra viável para dividir bens de acordo com o nível de luxo e que as tentativas de divisão seriam, inevitavelmente, arbitrárias.[315]

Paulo Roberto Cabral Nogueira afirma que o perigo, de uma tributação mais gravosa de produtos de luxo, é de o Estado expandir cada vez mais o rol de bens considerados luxuosos, incluindo bens

---

[311] TILBERY, Henry. O conceito de essencialidade como critério de tributação. *In*: NOGUEIRA, Ruy Barbosa (Coord.). *Estudos tributários em homenagem à memória de Rubens Gomes de Souza*. São Paulo: Resenha Tributária, 1974, p. 329-330.

[312] TILBERY, Henry. O conceito de essencialidade como critério de tributação. *In*: NOGUEIRA, Ruy Barbosa (Coord.). *Estudos tributários em homenagem à memória de Rubens Gomes de Souza*. São Paulo: Resenha Tributária, 1974, p. 329-330.

[313] TILBERY, Henry. O conceito de essencialidade como critério de tributação. *In*: NOGUEIRA, Ruy Barbosa (Coord.). *Estudos tributários em homenagem à memória de Rubens Gomes de Souza*. São Paulo: Resenha Tributária, 1974, p. 329-330.

[314] KALDOR, Nicholas. *An expenditure tax*. London: Unwin University Books, 1969, p. 22.

[315] DUE, John F. *Government Finance*. Illionis: Richard D. Irwin Homewoord, 1963, p. 300.

CAPÍTULO 2
TRIBUTAÇÃO DO PECADO NO BRASIL | 79

sem nenhuma justificativa, apenas motivado pelo seu interesse fiscal de aumentar a arrecadação.[316]

2.2.2 A correção de externalidades, a reforma tributária e a indução de comportamentos

Além da seletividade, com base na essencialidade, como fundamento para maior tributação do consumo de produtos viciantes, como o cigarro e as bebidas alcoólicas, também se constatou outra fundamentação. Inspirado na tradição pigouviana, há posicionamento no sentido de que uma tributação mais pesada do consumo desses produtos desestimularia o seu consumo, ao mesmo tempo em que compensaria as externalidades (custos sociais negativos) que o consumo desses produtos ocasionaria.

Nesse sentido é o posicionamento de Roque Antonio Carrazza que afirma que a carga tributária elevada nos cigarros busca prestigiar a "saúde", eis que "inibindo o consumo destes produtos, o Estado tende a gastar menos com o tratamento de graves moléstias que o tabagismo comprovadamente causa".[317] Similar é a visão de Marcos Aurélio Pereira Valadão que, ao tratar do tabaco, defende uma tributação mais exacerbada de seu consumo de modo que o consumidor internalize os custos sociais do seu consumo.[318]

Esse posicionamento também se encontra presente em uma decisão do Superior Tribunal de Justiça (STJ). O STJ, ao analisar a tributação extrafiscal dos cigarros e das cigarrilhas, ressaltou que o seu objetivo seria, justamente, "onerar pesadamente o consumo de modo a desestimulá-lo" ou para "suprir o Estado com recursos financeiros para mitigar as elevadas despesas médico-hospitalares decorrentes".[319]

Em 20 de dezembro de 2023, houve a promulgação da reforma tributária, por meio da Emenda Constitucional nº 132/2023 (EC nº

---

[316] NOGUEIRA, Paulo Roberto. *Do imposto sobre produtos industrializados*. São Paulo: Saraiva, 1981, p. 54.

[317] CARRAZZA, Roque Antonio. *ICMS*. São Paulo: Malheiros, 2005, p. 361, nota de rodapé 1.

[318] VALADÃO, Marcos Aurélio Pereira. *Regulatory tobacco tax framework*: a feasible solution to a global health problem. Belo Horizonte: Fórum, 2010, p. 351.

[319] BRASIL. Superior Tribunal de Justiça (2. Turma). *Embargos de Declaração no Agravo de Instrumento nº 1.083.030/MT*. Relator Ministro Herman Benjamin, 14 de abril de 2009. Brasília: STJ, [2009]. Disponível em: https://www.stj.jus.br. Acesso em: 6 set. 2021.

132/2023).[320] Conforme narrado anteriormente, a referida reforma tributária extinguiu o IPI, ICMS, ISS e o PIS e a Cofins e criou um sistema de IVA dual, composto pelo IBS e a CBS, além de um imposto seletivo.

Cabe destacar que nas outras propostas de reforma tributária também havia a previsão da criação de um imposto seletivo sobre o consumo de certos bens, com o fito de desestimular o consumo e/ou para corrigir externalidades negativas. Na Proposta de Emenda Constitucional nº 110/2019, do Senado Federal, o imposto seletivo seria incidente sobre produtos específicos, como o cigarro, a serem definidos em Lei Complementar. Na Emenda 118 dessa PEC, de autoria do Senador Rogério Carvalho, buscou-se alterar a redação do imposto seletivo para especificar que "poderá ter alíquotas diferenciadas, entre outras hipóteses da lei, no caso de bebidas alcoólicas, açucaradas, refrigerantes, cigarros e outros produtos do fumo".[321] Em sua justificativa, o Senador explicou que um dos objetivos da Emenda seria o de exemplificar alguns produtos que deveriam ter alíquota diferenciada do imposto seletivo para desestimular o seu consumo. Também havia menção de que o imposto seletivo poderia ser aplicado a quaisquer bens ou serviços, desde que sua fundamentação fosse a de desestimular o consumo.

De outro lado, na Proposta de Emenda Constitucional do Ministério da Economia, foi optado por segregar a reforma tributária em etapas. Foram apresentadas duas etapas, correspondentes aos Projetos de Lei nº 3887/2020[322] e Projeto de Lei nº 2.337/2021,[323] e consta nas apresentações da reforma que uma das etapas consistiria na transformação do IPI em um "imposto seletivo".[324] De acordo com o Ministro da Economia da época, Paulo Guedes, esse imposto seletivo seria um "imposto sobre o pecado", na medida em que buscaria tributar de

---

[320] BRASIL. *Emenda Constitucional nº 132, de 20 de dezembro de 2023*. Altera o Sistema Tributário Nacional. Brasília, DF: Presidência da República. Disponível em: https://www.planalto.gov.br/ccivil_03/constituicao/emendas/emc/emc132.htm. Acesso em: 21 mar. 2024.

[321] BRASIL. Senado Federal. *Emenda 118 à Proposta de Emenda à Constituição nº 110, de 2019*. Altera o Sistema Tributário Nacional para prever instituição de impostos sobre bens e serviços e do imposto seletivo e dá outras providências. Brasília: Senado Federal, 2019. Disponível em: https://www25.senado.leg.br/web/atividade/materias/-/materia/137699. Acesso em: 10 set. 2021.

[322] BRASIL. *Projeto de Lei nº 3.887/2020*. Disponível em: https://www.camara.leg.br/proposicoesWeb/fichadetramitacao?idProposicao=2258196. Acesso em: 10 set. 2021.

[323] BRASIL. *Projeto de Lei nº 2.337/2021*. Disponível em: https://www.camara.leg.br/proposicoesWeb/fichadetramitacao?idProposicao=2288389. Acesso em: 10 de set. de 2021.

[324] Disponível em: https://www.gov.br/economia/pt-br/acesso-a-informacao/acoes-e-programas/reforma-tributaria. Acesso em: 10 set. 2021.

forma mais gravosa certos produtos, como cigarro, bebidas alcoólicas e açúcares, devido ao consumo de tais produtos ser prejudicial à saúde e gerar custos ao sistema de saúde pública.[325]

Sobre o imposto seletivo, na redação original do Projeto de Emenda Constitucional nº 45/2019, que culminou na EC nº 132/2023, abordou-se que seriam "impostos seletivos, com finalidade extrafiscal, destinados a desestimular o consumo de determinados bens, serviços ou direitos".[326] Contudo, ao final, a versão aprovada culminou na inserção do inciso VIII no artigo 153 da Constituição Federal, estipulando que o imposto seletivo incidirá sobre "produção, extração, comercialização ou importação de bens e serviços prejudiciais à saúde ou ao meio ambiente, nos termos de lei complementar".[327] De outro lado, foi previsto, no §6º do artigo 153, que o imposto seletivo não incidirá sobre as exportações ou sobre operações com energia elétrica e com telecomunicações.

A EC nº 132/2023 também prevê que: (i) o imposto seletivo incidirá apenas uma única vez sobre o bem ou serviço; (ii) não pode integrar a sua própria base de cálculo, mas integrará a base de cálculos dos tributos previstos nos artigos 155, II, 156, III, 156-A e 195, V, da Constituição Federal; (iii) poderá ter o mesmo fato gerador e base de cálculo de outros tributos; (iv) as suas alíquotas serão previstas em lei ordinária, podendo ser específicas, por unidade de medida ou *ad valorem*; e (v) na extração, o imposto seletivo será cobrado independentemente de sua destinação e a alíquota máxima será de 1% sobre o valor de mercado do produto.[328]

Recentemente, a Câmara dos Deputados apresentou o Projeto de Lei Complementar nº 29/2024 (PLC nº 29/2024) para regular o imposto seletivo, o qual, até a redação final deste livro (em março de

---

[325] Vide entrevista do Paulo Guedes no Fórum Econômico Mundial. Disponível em: https://oglobo.globo.com/economia/guedes-avalia-imposto-do-pecado-sobre-cigarros-bebidas-acucar-24206882. Acesso em: 10 set. 2021.

[326] BRASIL. Senado Federal. *Proposta de Emenda à Constituição nº 45, de 2019*. Altera o Sistema Tributário Nacional e dá outras providências. Brasília: Senado Federal, 2019. Disponível em: https://www25.senado.leg.br/web/atividade/materias/-/materia/137699. Acesso em: 21 mar. 2024.

[327] BRASIL. *Emenda Constitucional nº 132, de 20 de dezembro de 2023*. Altera o Sistema Tributário Nacional. Brasília, DF: Presidência da República. Disponível em: https://www.planalto.gov.br/ccivil_03/constituicao/emendas/emc/emc132.htm. Acesso em: 21 mar. 2024.

[328] BRASIL. *Emenda Constitucional nº 132, de 20 de dezembro de 2023*. Altera o Sistema Tributário Nacional. Brasília, DF: Presidência da República. Disponível em: https://www.planalto.gov.br/ccivil_03/constituicao/emendas/emc/emc132.htm. Acesso em: 21 mar. 2024.

2024), aguarda despacho do Presidente da Câmara.[329] O PLP nº 29/2024 estabelece, em seu artigo 2º, que o imposto seletivo "terá por finalidade desestimular o consumo de bens e serviços comprovadamente prejudiciais à saúde ou ao meio ambiente". Na justificação do PLP nº 29/2024 consta especificamente que a sua incidência deve ser sobre bens e serviços que "(i) possam ter sua produção/consumo reduzidos ou desestimulados e, adicionalmente, (ii) gerem externalidades negativas à saúde ou ao meio ambiente".

Também é previsto no PLC nº 29/2024 que as hipóteses de incidência do imposto seletivo serão estabelecidas em Lei Complementar específica, a qual indicará o contribuinte, local da operação ou prestação, base de cálculo, regras de alíquotas, apuração, lançamento, recolhimento, creditamento e restituição do imposto. A referida Lei Complementar específica deverá conter obrigatoriamente "metas programáticas e objetivas" para definição e incidência do imposto seletivo, prevendo, ainda, a evolução na diminuição dos impactos das atividades (bens ou serviços considerados nocivos à saúde ou ao meio ambiente).[330]

De acordo com o PLC nº 29/2024, a Lei Complementar específica precisará seguir "mecanismos de estudos prévios, de monitoramento e acompanhamento e avaliação de seus resultados". Tais mecanismos de estudos prévios deverão apresentar: (i) motivações e finalidades, juntamente com dados objetivos, para desestimular o consumo de bens e serviços prejudiciais à saúde ou ao meio ambiente; (ii) metas programáticas, baseadas em indicadores objetivos; (iii) definição da alíquota com base no critério da proporcionalidade à prejudicialidade à saúde ou ao meio ambiente e a essencialidade do bem ou serviço; e (iv) análise do impacto econômico do imposto seletivo em outros setores, etapas e mercados que seriam afetados indiretamente. A Lei Complementar específica também deverá apresentar medidas de revisão anual para acompanhamento, monitoramento e avaliação dos resultados do

---

[329] BRASIL. *Projeto de Lei Complementar nº 29, de 19 de março de 2024*. Dispõe sobre o imposto seletivo previsto na Emenda Constitucional nº 132, de 20 de dezembro de 2023, e dá outras providências Brasília, DF: Presidência da República. Disponível em: https://www.camara.leg. br/proposicoesWeb/prop_mostrarintegra?codteor=2397164&filename=Tramitacao-PLP%20 29/2024. Acesso em: 21 mar. 2024.

[330] BRASIL. *Projeto de Lei Complementar nº 29, de 19 de março de 2024*. Dispõe sobre o imposto seletivo previsto na Emenda Constitucional nº 132, de 20 de dezembro de 2023, e dá outras providências Brasília, DF: Presidência da República. Disponível em: https://www.camara.leg. br/proposicoesWeb/prop_mostrarintegra?codteor=2397164&filename=Tramitacao-PLP%20 29/2024. Acesso em: 21 mar. 2024.

imposto seletivo e o imposto seletivo poderá ser suspenso se as metas programáticas não forem atingidas.[331]

Sobre as alíquotas do imposto seletivo, foi previsto no PLP nº 29/2024 que: (i) serão definidas por lei ordinária; (ii) deverá diferenciar a tributação por produto ou serviço; (iii) a gradação das alíquotas deverá respeitar a essencialidade e o nível de nocividade do bem ou serviço comprovadamente nocivo à saúde ou ao meio ambiente; (iv) não incidirá a alíquota integral no primeiro ano de vigência do imposto seletivo, sendo aplicada em fases, de forma gradual, a cada ano entre 2027 e 2033.[332]

Observa-se que, em nosso país, tem sido repetida a tendência de utilizar a justificativa da tradição pigouviana para legitimar a tributação do pecado. Salienta-se que, mesmo antes da reforma tributária, já havia trabalhos constatando a tendência de uma tributação mais exacerbada também em outros produtos, para além do cigarro e das bebidas alcoólicas – como, por exemplo, o açúcar,[333] produtos gordurosos[334] e refrigerantes.[335]

Contudo, na redação aprovada pela EC nº 132/2023, verifica-se que não há uma definição do âmbito de incidência do imposto de pecado (cunhado como imposto seletivo), de modo que pode incidir em qualquer produto ou serviço que seja compreendido como maléfico

---

[331] BRASIL. *Projeto de Lei Complementar nº 29, de 19 de março de 2024*. Dispõe sobre o imposto seletivo previsto na Emenda Constitucional nº 132, de 20 de dezembro de 2023, e dá outras providências Brasília, DF: Presidência da República. Disponível em: https://www.camara.leg. br/proposicoesWeb/prop_mostrarintegra?codteor=2397164&filename=Tramitacao-PLP%20 29/2024. Acesso em: 21 mar. 2024.

[332] BRASIL. *Projeto de Lei Complementar nº 29, de 19 de março de 2024*. Dispõe sobre o imposto seletivo previsto na Emenda Constitucional nº 132, de 20 de dezembro de 2023, e dá outras providências Brasília, DF: Presidência da República. Disponível em: https://www.camara.leg. br/proposicoesWeb/prop_mostrarintegra?codteor=2397164&filename=Tramitacao-PLP%20 29/2024. Acesso em: 21 mar. 2024.

[333] CORREIA NETO, Celso de Barros. Tributação das Bebidas Açucaradas: Experiência Internacional e Debates Legislativos no Brasil. *Economic Analysis of Law Review*, v. 11, n. 2, p. 173-191, maio/ago 2020. Disponível em: https://portalrevistas.ucb.br/index.php/EALR/ article/view/11814. Acesso em: 10 set. 2021.

[334] BAZZANEZE, Thais; GONÇALVES, Oksandro O. Imposto do pecado: fat tax no Brasil e a experiência dinamarquesa. *Revista de Direito, Economia e Desenvolvimento Sustentável*, v. 6, n. 2, p. 42-62, jul./dez. 2020. Disponível em: https://indexlaw.org/index.php/revistaddsus/ article/view/7153. Acesso em: 10 set. 2021.

[335] BAZZANEZE, Thaís; GONÇALVES, Oksandro O. A tributação do pecado: a proposta de criação da soda tax brasileira. *Revista Jurídica Luso-Brasileira*, v. 7, n. 3, p. 1.467-1.513, 2021. Disponível em: https://www.cidp.pt/publicacao/revista-juridica-lusobrasileira-ano-7-2021-n-3/215. Acesso em: 10 set. 2021.

à saúde ou ao meio ambiente.[336] O mesmo se repete no PLC nº 29/2024, que apenas dispõe que uma lei complementar estabelecerá as suas hipóteses de incidência e que pode incidir sobre bem ou serviços, cujo consumo precise ser desestimulado e gere externalidades negativas à saúde ou ao meio ambiente.

Em verdade, não há, na EC nº 132/2023 ou no PLC nº 29/2024, qualquer limite ou critérios definidos sobre a tributação do pecado, apesar de os estudos que a fundamentam terem expressado ressalvas. Pigou, por exemplo, afirmou que o uso da tributação, para correção das divergências de custos sociais e custos privados, deve ter limites determinados, sob pena de se ter mais prejuízo do que benefício.[337] Já sobre a eficiência da arrecadação, Ramsey advertiu que essa forma de tributação deveria ser utilizada apenas para o Estado arrecadar poucas quantidades de receitas, em casos de demanda ou oferta inelástica e não havendo tratamento diferente para produtos substituíveis entre si ou complementares[338] o que é, precisamente, o caso das bebidas alcoólicas.[339]

Para Sérgio Vasques, quando a tributação do pecado busca corrigir externalidades, tal tributação está baseada em dois pressupostos.[340] O primeiro, é o de que o consumo dos produtos tributados, como o álcool e o cigarro, produz custos sociais. O segundo, é o de que o Estado conseguiria reduzir esses custos sociais, na medida em que os contribuintes, consumidores de cigarros e bebidas alcoólicas, alterariam o seu comportamento de modo a parar de consumir tais produtos. E tais pressupostos se mostram presentes tanto na redação da EC nº 132/2023 quanto no PLC nº 29/2024.

No entanto, mesmo aceitando que o consumo desses bens ocasiona externalidades negativas (custos sociais), é extremamente difícil

---

[336] Nesse sentido, vide: MACHADO SEGUNDO, Hugo de Brito. *Reforma tributária comentada e comparada*: emenda constitucional 132, de 20 de dezembro de 2023. Barueri: Atlas, 2024, p. 3.

[337] PIGOU, Arthur C. *A study in public finance*. 3. ed. London: Macmillan, 1947, p. 100.

[338] RAMSEY, Frank P. A contribution to the theory of taxation. *The Economic Journal*, v. 37, n. 145, p. 59, Mar. 1927.

[339] Ramsey expressamente cita que vinho, cerveja e destilados são bens de consumo rival, por isso a regra a ser observada seria a de que a tributação deveria ser feita de uma forma que deixasse inalterada as proporções em que esses bens são consumidos. O mesmo seria aplicável para bens de consumo complementares, como, por exemplo, chá e açúcar, de acordo com Ramsey. RAMSEY, Frank P. A contribution to the theory of taxation. *The Economic Journal*, v. 37, n. 145, p. 59, Mar. 1927.

[340] VASQUES, Sérgio. *Os impostos do pecado*: o álcool, o tabaco, o jogo e o fisco. Coimbra: Almedina, 1999, p. 208.

CAPÍTULO 2
TRIBUTAÇÃO DO PECADO NO BRASIL | 85

determinar qual seria o nível adequado para tributar o álcool e o tabaco em qualquer país.[341] De acordo com Vasques, os dados sobre a eficiência do uso da tributação para corrigir externalidades são poucos e, com isso, "cai-se frequentemente no empirismo mais grosseiro".[342] E que mesmo nos países em que há mais estudos empíricos, como é o caso dos Estados Unidos da América, não há uma correlação entre os custos sociais envolvidos e a tributação.

Martha Toribio Leão ressalta que essa forma de tributação é uma forma de fazer com que os consumidores arquem os custos à saúde pública decorrentes do consumo desses produtos. No entanto, a autora esclarece que a arrecadação desses tributos é desvinculada de qualquer gasto público. Diante disso, não há como se garantir que os recursos arrecadados com essa tributação sejam utilizados para a saúde pública.[343]

Além disso, ainda que fosse possível computar parte dos efeitos nocivos (externalidades negativas) causados pelo consumo de álcool e cigarro, Vasques relata que há diversos fatores subjetivos, como as características do consumidor, do tempo e do local de consumo que podem afetar o consumo desses produtos.[344]

Sobre o tema, Aliomar Baleeiro esclarece que "qualquer técnica de tributação extrafiscal em bases racionais pressupõe o estudo dos efeitos de cada imposto em dadas circunstâncias e, notadamente segundo as tendências das conjunturas econômica". Ainda, Baleeiro adverte que que "as negligências e improvisações podem ter o desfecho do conhecido apólogo do aprendiz de feiticeiro".[345]

Com base no exposto, defende-se a necessidade de ser abarcado, no estudo da tributação do pecado, questões comportamentais, para verificar se essa tributação seria hábil a modificar o comportamento dos contribuintes. Almicare Puviani, em 1897, já alertava para a importância

---

[341] BIRD, Richard M. Tobacco and alcohol exciste taxes for improving public health and revenue outcomes: marrying sin and virtue? *World Bank Policy Research*, Working Paper, n. 7500, p. 2, Nov. 2015. Disponível em: https://scholarworks.gsu.edu/cgi/viewcontent. cgi?article=1202&context=icepp. Acesso em: 19 jun. 2021.

[342] VASQUES, Sérgio. *Os impostos do pecado*: o álcool, o tabaco, o jogo e o fisco. Coimbra: Almedina, 1999, p. 209.

[343] LEÃO, Martha Toribio. *Controle de extrafiscalidade*. São Paulo: Quartier Latin, 2015, p. 183.

[344] VASQUES, Sérgio. *Os impostos do pecado*: o álcool, o tabaco, o jogo e o fisco. Coimbra: Almedina, 1999, p. 211.

[345] BALEEIRO, Aliomar. *Uma introdução à ciência de finanças*. Rio de Janeiro: Forense, 2004, p. 191.

da análise dos aspectos psicológicos da tributação.[346] É preciso ser considerado que o contribuinte, o consumidor destes bens, é uma pessoa de carne e osso. Assim, a realidade que cerca e envolve o tributo, e os efeitos da sua incidência, deve ser também analisada, sob pena de termos uma doutrina ideal, porém irreal.[347]

Partindo-se dessa visão, compreende-se como relevante ao estudo da tributação do pecado a análise dos aspectos comportamentais envolvidos no processo de tomada de decisões. Especialmente quando se está diante de produtos com potencial de vício, como é o caso da tributação do pecado, os aspectos comportamentais devem ser levados em consideração, sob pena de se ter uma tributação que não tem a capacidade de alcançar o efeito comportamental desejado. Como a economia comportamental é campo de destaque sobre a racionalidade dos agentes no processo de tomada de decisões, está pesquisa parte para a análise de suas principais teorias.

---

[346] PUVIANI, Almicare. *Teoria della illusione finanziaria*. Columbia: Independently published, 2020.

[347] Aqui fazemos uso dos ensinamos de Humberto Ávila que defende a necessidade de uma "virada institucional" na doutrina, de modo a abranger aspectos institucionais a comportamentais. Para o autor "Em razão disso, é preciso também atentar para o fato de que o objeto do Direito Tributário é bem mais amplo do que o conjunto de regras jurídicas com estrutura hipotético-condicional, pois abrange normas imediatamente finalísticas, efeitos concretos provenientes da aplicação das normas jurídicas e bens e interesses protegidos por essas normas" (ÁVILA, Humberto. A doutrina e o direito tributário. *In*: ÁVILA, Humberto (Org.). *Fundamentos do direito tributário*. São Paulo: 2012, p. 242). André Folloni também faz crítica sobre a dogmática da doutrina tributária tradicional e defende necessidade de complexidade do discurso, para Folloni: "É preciso incorporar, ao estudo da norma e dos fatos que podem sofrer sua aplicação ou incidência, os efeitos que a incidência ou a aplicação podem gerar no ambiente sócio-econômico-ambiental, inclusive para avaliar se esses efeitos contribuem adequadamente para o caminhar no sentido prescrito pela constituição. E se esses efeitos são, ao mesmo tempo, sociais, econômicos e ambientais, além de políticos, psicológicos, éticos e outros, então o estudo, além de interdisciplinar, precisa ser complexo. Uma epistemologia jurídico-tributária da complexidade precisa ser ensaiada, tentada, testada" (FOLLONI, André. Direitos fundamentais, dignidade e sustentabilidade no constitucionalismo contemporâneo: e o direito tributário com isso? *In*: ÁVILA, Humberto (Org.). *Fundamentos do direito tributário*. São Paulo: 2012, p. 31-32).

CAPÍTULO 3

ECONOMIA COMPORTAMENTAL E O DIREITO

Neste capítulo, analisa-se no que consiste a economia comportamental, as suas principais teorias e a sua possível aplicação ao Direito tributário. Assim sendo, a abordagem ora exposta se inicia pelas origens teóricas desse campo de estudo, para, em seguida, adentrar-se em suas teorias e em seus fundamentos. Posteriormente, verifica-se a possibilidade de aplicação de conceitos e teorias da economia comportamental no Direito.

3.1 Origens da economia comportamental e a racionalidade

A economia comportamental é um movimento teórico que busca, ao abranger os estudos da Psicologia e de outras ciências sociais, melhorar as predições das teorias econômicas.[348] De acordo com Richard Thaler, a metodologia da economia comportamental representa um retorno ao pensamento econômico de Adam Smith que é considerado um dos pais da economia comportamental.[349]

---

[348] THALER, Richard. Behavioral economics: past, present and future. *American Economic Review*, v. 106, n. 7, p. 1577, July 2016. ANGNER, Erik; LOEWENSTEIN, George. Behavioral Economics. *In*: MAKI, Uskali (Ed.) *Handbook of the philosophy of science*. v. 12. Amsterdam: Elsevier, 2012, p. 641. DHAMI, Sanjit. *The foundations of behavioral economic analysis*. New York: Oxford University Press, 2016, p. 1-2.

[349] THALER, Richard. Behavioral economics: past, present and future. *American Economic Review*, v. 106, n. 7, p. 1577, July 2016. ASHRAF, Nava; CAMERER, Colin; LOEWENSTEIN, George. Adam Smith, Behavioral Economist. *Journal of Economic Perspectives*, v. 19, n. 3, p. 131, 2005. Disponível em: https://www.aeaweb.org/articles?id=10.1257/089533005774357897. Acesso em: 11 set. 2021.

Em seu primeiro livro *A teoria dos sentimentos morais*, Adam Smith descreve o papel e a influência de motivações humanas em nosso comportamento.[350] Na primeira linha da obra, Smith já relata que, não bastando o quão egoísta os homens podem ser, há princípios em sua natureza que geram felicidade a ele.[351] Para Smith, há sentimentos e paixões que todos os homens possuem. E há paixões, ainda, que são, instantaneamente, transmitidas entre os homens. O comportamento dos homens seria resultado de uma luta entre as nossas paixões, que seriam impulsivas, e o seu espectador imparcial. Nas motivações dos indivíduos, há um grande papel da simpatia, ao mesmo tempo em que há preocupações com justiça e altruísmo. Desse modo, existe uma extensa variedade de motivações humanas que influenciam as escolhas. Ashraf, Camerer e Loewenstein relatam que alguns dos mais importantes conceitos da economia comportamental, como a aversão às perdas, o autocontrole, o excesso de confiança e o altruísmo que foram desenvolvidos por economistas comportamentais apenas a partir de 1970, podem ser encontrados nesse livro de Smith.[352]

Contudo, cabe destacar que, de acordo com Amartya Sen, há autores que relatam existir uma dicotomia ou uma inconsistência entre os dois livros de Adam Smith: *A teoria dos sentimentos morais* e *A riqueza das nações: uma investigação sobre a natureza e as causas da riqueza das nações.*[353] Essa dicotomia, deriva de uma interpretação feita desses dois livros, em que teria sido constado inconsistências nos argumentos de Smith: (i) no primeiro livro, a conduta dos homens derivaria do conflito dos seus sentimentos e de suas paixões com o "espectador imparcial" e; (ii) no segundo livro, o comportamento seria, exclusivamente, originada do seu egoísmo – ou auto interesse. No entanto, Amartya Sen relata que os dois livros estão relacionados, de forma interdependente.[354] Sen explica que Smith nunca abandonou as suas constatações expostas no primeiro livro, até mesmo devido Smith ter continuado a pesquisar nesse sentido e, cinco anos após da publicação de *A Riqueza das Nações,*

---

[350] SMITH, Adam. *The theory of moral sentiments*. Nova York: Penguin Books, 2009.

[351] SMITH, Adam. *The theory of moral sentiments*. Nova York: Penguin Books, 2009, p. 13.

[352] ASHRAF, Nava; CAMERER, Colin; LOEWENSTEIN, George. Adam Smith, Behavioral Economist. *Journal of Economic Perspectives*, v. 19, n. 3, p. 131-140, 2005. Disponível em: https://www.aeaweb.org/articles?id=10.1257/089533005774357897. Acesso em: 11 set. 2021.

[353] Sobre a dicotomia, ver: SEN, Amartya K. Introduction. *In*: SMITH, Adam. *The theory of moral sentiments*. Nova York: Penguin Books, 2009, p. 8-9.

[354] SEN, Amartya K. Introduction. *In*: SMITH, Adam. *The theory of moral sentiments*. Nova York: Penguin Books, 2009, p. 8-9.

CAPÍTULO 3
ECONOMIA COMPORTAMENTAL E O DIREITO | 89

ter publicado a quinta versão de *Teoria dos Sentimentos Morais* – seguida pela sexta, estendida, e última versão. Para Amartya Sen, em ambos os livros de Smith há relatos da diversidade das motivações humanas.[355] Após Adam Smith, vários outros economistas também defenderam a importância do estudo do comportamento humano na economia. Vilfredo Pareto, inclusive, mencionava que a base da economia política e de toda ciência social é a psicologia.[356] Nas palavras de Pareto "*A day may come when we shall be able to decide the laws of social science from the principles of psychology*".[357] Em 1918, John Maurice Clark, alertava que os economistas poderiam até tentar ignorar a psicologia, mas que não haveria como ignorar a natureza humana, já que a economia é uma ciência sobre comportamento humano.[358] O autor relatava que, apesar de boa parte da economia ter sido criada com base na ideia de escolha racional dos agentes, a escolha racional seria, na realidade, uma pequena e imperfeita parte da nossa vida mental.[359] Para Clark, os desejos e as escolhas dos indivíduos são moldados pelo ambiente.[360]

Outro economista que contribuiu para o campo da economia comportamental foi John Maynard Keynes.[361] Em seu livro *The general*

---

[355] SEN, Amartya K. Introduction. *In*: SMITH, Adam. *The theory of moral sentiments*. Nova York: Penguin Books, 2009, p. 9. SEN, Amartya K. *Sobre ética e economia*. Tradução Laura Teixeira Motta. São Paulo: Companhia das Letras, 1999, p. 38-44.

[356] PARETO, Vilfredo. *Manual of political Economy*: a critical and variorum translation edition. Edited by Aldo Montesano, Alberto Zanni, Luigino Bruni, John Chipman and Michael McLure. Oxford: Oxford University Press, 2014, p. 21.

[357] Tradução livre: "chegará o dia em que poderão decidir as leis da ciência social pelos princípios da psicologia" PARETO, Vilfredo. *Manual of political Economy*: a critical and variorum translation edition. Edited by Aldo Montesano, Alberto Zanni, Luigino Bruni, John Chipman and Michael McLure. Oxford: Oxford University Press, 2014, p. 21.

[358] No original: "*The economist may attempt to ignore psychology, but it is a sheer impossibility for him to ignore human nature, for his science is a science of human behavior. Any conception of human nature that he may adopt is a matter of psychology, and any conception of human behavior that he may adopt involves psychological assumptions, whether these be explicit or no. If the economist borrows his conception of man from the psychologist, his constructive work may have some chance of remaining economic in character. But if he does not he will not thereby avoid psychology. Rather he will force himself to make his own, and it will be bad psychology*" CLARK, John M. Economics and Modern Psychology. I. *Journal of Political Economy*, v. 26, n. 1, p. 4, Jan. 1918. Disponível em: https://www.journals.uchicago.edu/doi/abs/10.1086/253060. Acesso em: 1 set. 2021.

[359] CLARK, John M. Economics and Modern Psychology. I. *Journal of Political Economy*, v. 26, n. 1, p. 7, Jan. 1918. Disponível em: https://www.journals.uchicago.edu/doi/abs/10.1086/253060. Acesso em: 11 set. 2021.

[360] CLARK, John M. Economics and Modern Psychology. I. *Journal of Political Economy*, v. 26, n. 1, p. 8, Jan. 1918. Disponível em: https://www.journals.uchicago.edu/doi/abs/10.1086/253060. Acesso em: 11 set. 2021.

[361] De acordo com George Akerlof, a obra "*General Theory*" do Keynes havia sido a maior contribuição para a economia comportamental antes desta era. AKERLOF, George A.

theory of employment, interest and money, o autor afirma que uma grande parte das nossas atividades derivam de um "otimismo espontâneo", em vez de expectativas matemáticas. Com isso, Keynes afirma que muitas das decisões das pessoas seriam resultado do seu "espírito animal",[362] por serem derivadas de um desejo espontâneo de agir e não serem resultantes de uma média ponderada entre benefícios e suas probabilidades. Contudo, o autor relata que não se pode concluir que todas as decisões dependem de irracionalidades psicológicas. Para o economista, o que é preciso se ter em mente é que as decisões humanas, sejam de natureza pessoal, política ou econômica, não dependem de uma expectativa matemática, já que essa base de cálculo não existe. Keynes também relatou que apenas poucos casos além de expedições ao Polo Sul são baseados, exatamente, no cálculo de benefícios da escolha. Sendo assim, o autor conclui que "é o nosso impulso inato de agir que faz as rodas girarem" e "escolhendo entre as alternativas da melhor maneira possível, calculando onde podemos, mas muitas vezes caindo para trás em nosso motivo por capricho, sentimento ou acaso".[363] Nesse sentido, compreende-se que Keynes desviava do pensamento neoclássico, por esclarecer que o comportamento humano não é adequadamente descrito pela racionalidade e por especular sobre as motivações do comportamento econômico.[364]

No entanto, após o final da Segunda Guerra Mundial, houve uma tendência, na economia neoclássica, de expurgar toda e qualquer subjetividade das teorias econômicas, com o fito de lhes conferir maior rigor matemático.[365] Desenvolveu-se, então, a chamada "teoria da escolha racional" que se baseia nas seguintes premissas:[366] (i) os

---

Macroeconomics and Macroeconomic Behavior. *American Economic Review*, v. 92, n. 3, p. 428, June 2002. Disponível em: https://www.aeaweb.org/articles?id=10.1257/00028280260136192. Acesso em: 12 set. 2021.

[362] Tradução livre, no original *"animal spirits"*. KEYNES, John M. *The general theory of employment, interest and money*. London: Macmillan, 1936, p. 161.

[363] Tradução livre. No original: *"it is our innate urge to activity which makes the wheels go round, our rational selves choosing between the alternatives as best we are able, calculating where we can, but often falling back for our motive on whim or sentiment or chance"* (KEYNES, John M. *The general theory of employment, interest and money*. London: Macmillan, 1936, p. 161).

[364] ANGNER, Erik; LOEWENSTEIN, George. Behavioral Economics. *In*: MAKI, Uskali (Ed.) *Handbook of the philosophy of science*. v. 12. Amsterdam: Elsevier, 2012, p. 659.

[365] THALER, Richard. Behavioral economics: past, present and future. *American Economic Review*, v. 106, n. 7, p. 1578, July 2016.

[366] Não há uma definição amplamente aceita na economia sobre a teoria da escolha racional. Para os propósitos desta pesquisa, adotou-se as premissas mais comumente aceitas ligadas à teoria da escolha racional e à teoria da utilidade esperada. Destacando-se, no entanto,

CAPÍTULO 3
ECONOMIA COMPORTAMENTAL E O DIREITO | 91

agentes econômicos têm preferências bem definidas e estáveis; (ii) os agentes conseguem assimilar as informações para calcular e comparar qual seria a escolha ótima; (iii) os agentes fazem a escolha ótima que é a que maximizará a sua utilidade esperada.[367] Para Russell Korobkin e Thomas Ulen, isso significa que os agentes, ao tomarem uma decisão, realizam uma análise do custo e do benefício das opções disponíveis e, assim, selecionam a opção que maximizará os benefícios esperados e minimizará os custos previstos.[368] Além disso, a motivação primária dos agentes seria o seu auto interesse.[369] A teoria da escolha racional, por vezes também denominada de teoria da utilidade esperada,[370] tornou-se a teoria dominante sobre a tomada de decisão.[371]

O movimento das escolas neoclássicas de adotar a teoria da escolha racional como um padrão para descrever o comportamento racional e para prever modelos econômicos de comportamento, foi objeto de críticas significativas. Amartya Sen escreveu o artigo *"Rational Fools"* justamente criticando a base comportamental da teoria da escolha racional.[372] Nessa oportunidade, Sen destacou que a teoria da escolha racional apresenta pouquíssima estrutura: nela as pessoas têm, somente, uma única preferência (maximizar a sua utilidade) e a sua escolha, supostamente, refletiria todos os seus interesses, representaria o seu bem-estar e

---

que há definições da teoria da escolha racional mais restritas e outras mais brandas. Nesse sentido, ver: KOROBKIN, Russell B.; ULEN, Thomas S. Law and behavioral science: removing the rationality assumption from law and economics. *California Law Review*, v. 88, n. 4, p. 1.060, July 2000. Disponível em: https://lawcat.berkeley.edu. Acesso em: 12 de setembro de 2021. GREEN, Donald P.; SHAPIRO, Ian. *Pathologies of rational choice theory*: a critique of applications in political Science. New Haven: Yale University Press, 1961, p. 13.

[367] GREEN, Donald P.; SHAPIRO, Ian. *Pathologies of rational choice theory*: a critique of applications in political Science. New Haven: Yale University Press, 1961, p. 14-15.

[368] KOROBKIN, Russell B.; ULEN, Thomas S. Law and behavioral science: removing the rationality assumption from law and economics. *California Law Review*, v. 88, n. 4, p. 1.063, July 2000. Disponível em: https://lawcat.berkeley.edu. Acesso em: 12 set. 2021.

[369] THALER, Richard. Behavioral economics: past, present and future. *American Economic Review*, v. 106, n. 7, p. 1578, July 2016.

[370] KOROBKIN, Russell B.; ULEN, Thomas S. Law and behavioral science: removing the rationality assumption from law and economics. *California Law Review*, v. 88, n. 4, p. 1.062, July 2000. Disponível em: https://lawcat.berkeley.edu. Acesso em: 12 de setembro de 2021. No entanto, para outros autores, a teoria da utilidade esperada seria uma "subteoria" vinculada a teoria da escolha racional.

[371] RUGGERI, Kai *et al*. The science of behavior and decision-making. *In*: RUGGERI, Kai (Org.) *Behavioral insights for public policy*. New York: Routledge, 2019, p. 60.

[372] Apesar de não ser um economista comportamental, Sen teceu importantes críticas a teoria da escolha racional neste artigo. SEN, Amartya K. Rational Fools: a critique of the behavioral foundations of economic theory. *Philosophy and Public Affairs*, v. 6, n. 4, p. 317-344, 1977.

descreveria o seu comportamento.[373] Diante disso, Sen questiona se "há como uma ordem de preferências fazer tudo isso?" A pessoa descrita como racional, nos termos da teoria da escolha racional, não apresenta inconsistência em seu comportamento. Assim, o autor afirma que o homem econômico racional é um tolo e que as teorias econômicas têm perdido muito tempo se preocupando com esse tolo racional.[374]

Na década de 40 e 50, Herbert Simon apresentou trabalhos com críticas ao modelo econômico padrão de comportamental racional da teoria de escolha racional.[375] O autor relata que o homem econômico, para a teoria da escolha racional, é alguém que tem todo o conhecimento relevante, é bem organizado e tem um sistema de preferências estáveis. Além disso, o homem econômico deve ter habilidades como as de um computador para conseguir calcular qual alternativa seria a melhor, entre todas as possibilidades de ação disponíveis. No entanto, Simon defende ser preciso revisitar essa visão de homem econômico, devido à existência de limitações cognitivas e de conhecimento que comprometem essa racionalidade.[376] A partir disso, Simon desenvolve uma teoria chamada *"bounded rationality"*, como uma alternativa a teoria da escolha racional.[377]

Desse modo, verifica-se que ao longo da história da economia, vários economistas defenderam a necessidade de ser abarcado o estudo do comportamento das pessoas e suas subjetividades na economia. Nesse sentido, Richard Thaler defende que não há nada novo

---

[373] SEN, Amartya K. Rational Fools: a critique of the behavioral foundations of economic theory. *Philosophy and Public Affairs*, v. 6, n. 4, p. 335, 1977.

[374] SEN, Amartya K. Rational Fools: a critique of the behavioral foundations of economic theory. *Philosophy and Public Affairs*, v. 6, n. 4, p. 336, 1977.

[375] Em especial, ver: SIMON, Herbert A. A behavioral model of rational agent. *Quarterly Journal of Economics*, v. 69, n. 1, p. 99-188, Feb. 1955. SIMON, Herbert A. Rational choice and the structure of the environment. *Psychological Review*, v. 63, n. 2, p 129–138, 1956. Disponível em: https://psycnet.apa.org/doiLanding?doi=10.1037%2Fh0042769. Acesso em: 12 set. 2021. SIMON, Herbert A. Rational decision-making in business organizations. *Nobel Memorial Lecture*, 1979. Disponível em: https://www.nobelprize.org/uploads/2018/06/simon-lecture.pdf. Acesso em: 12 set. 2021. SIMON, Herbert A. *Administrative Behavior*. New York: Macmillan, 1947.

[376] SIMON, Herbert A. A behavioral model of rational agent. *Quarterly Journal of Economics*, v. 69, n. 1, p. 99, Feb. 1955.

[377] SIMON, Herbert A. Rational decision-making in business organizations. *Nobel Memorial Lecture*, 1979. Disponível em: https://www.nobelprize.org/uploads/2018/06/simon-lecture.pdf. Acesso em: 12 de setembro de 2021. SIMON, Herbert A. Bounded Rationality. *In*: VERNEGO, Matias; CALDENTEY, Esteban; ROSSER JR, Barkley (Org). *The New Palgrave Dictionary of Economics*. London: Palgrave Macmillan, 1987, p. 221-225. Disponível em: https://doi.org/10.1057/978-1-349-95121-5_472-1. Acesso em: 12 set. 2021.

em incorporar aspectos comportamentais e psicológicos nas análises econômicas.[378] Por isso, para Thaler, a economia comportamental não deve ser vista como uma "revolução", mas, sim, como um retorno ao pensamento original de Smith e aos pensamentos dos de que, de certa forma, seguiram essa forma de pensar.[379]

3.2 Principais teorias e fundamentos da economia comportamental

Após Herbert Simon, diversas teorias foram sendo desenvolvidas e complementadas. As teorias de economia comportamental buscaram testar as validades das constatações sobre o comportamento feitas pela teoria da escolha racional. Buscou-se, pois, verificar as suas validades empíricas e modificar a teoria econômica, com base no que fosse sendo descoberto nos testes.[380] Assim, não se pode reduzir a economia comportamental a uma única teoria.[381]

Feitos tais esclarecimentos, passa-se à análise das principais teorias de economia comportamental desenvolvidas, sendo o ponto de partida aquelas elaboradas por Daniel Kahneman e Amos Tersky. Após, analisa-se a contribuição de Richard Thaler e Cass Sunstein.

Daniel Kahneman e Amos Tversky desenvolveram uma série de experimentos e concluíram que, no processo de tomada de decisão, os atores humanos cometem erros previsíveis, por se basearem em heurísticas que levam a vieses cognitivos.[382] Heurísticas são atalhos mentais que reduzem a complexidade de determinadas tarefas e, por isso, são úteis e necessárias no dia a dia, mas podem levar a erros no julgamento – denominados de vieses. Os autores relatam que há três

---

[378] THALER, Richard. Behavioral economics: past, present and future. *American Economic Review*, v. 106, n. 7, p. 1597, July 2016.
[379] THALER, Richard. Behavioral economics: past, present and future. *American Economic Review*, v. 106, n. 7, p. 1597, July 2016.
[380] SIMON, Herbert A. Bounded Rationality. *In*: VERNEGO, Matias; CALDENTEY, Esteban; ROSSER JR, Barkley (Org). *The New Palgrave Dictionary of Economics*. London: Palgrave Macmillan, 1987, p. 221. Disponível em: https://doi.org/10.1057/978-1-349-95121-5_472-1. Acesso em: 12 set. 2021.
[381] CAMERER, Colin F.; LOEWENSTEIN, George. Behavioral economics: past, present, future. *In*: CAMERER, Colin F.; LOEWENSTEIN, George; RABIN, Matthew (Eds.). *Advances in behavioral economics*. New Jersey: Princeton University Press, 2004, p. 68.
[382] TVERSKY, Amos; KAHNEMAN, Daniel. Judgement Under Uncertainty: Heuristics and Biases. *Sciences*. New Series. v. 185, n. 4157, p. 1.124, Sep. 1974.

principais heurísticas: a da representatividade, a da disponibilidade e a de ajustes e ancoragem.[383]

A heurística da representatividade demonstra que as pessoas analisam questões de probabilidade, com base no grau em que determinada situação é representativa ou similar a ela. Essa heurística pode conduzir a erros de julgamentos. A esse respeito, os autores citam como exemplo o perfil de Steve, um homem tímido, retraído, dócil, organizado, que gosta de ordem e estrutura e presta atenção nos detalhes. Nesse exemplo, as pessoas tendem a julgar mais provável que Steve seja um bibliotecário do que um fazendeiro e a probabilidade de as pessoas o julgarem dessa forma aumenta de acordo com o grau em que Steve é representativo do estereótipo de um bibliotecário.[384]

Ao estudar a heurística da representatividade, Kahneman e Tversky observaram alguns padrões dos erros de julgamento, vieses, oriundos dessa heurística. Dentre eles há o efeito da insensibilidade da probabilidade *a priori* dos resultados.[385] De acordo com os autores, a probabilidade *a priori*, também chamada de frequência da taxa-base dos resultados, deveria ter efeito na decisão das pessoas, no entanto, devido à heurística da representatividade, não há efeito algum. Para explicar tal fato, os autores retornam ao exemplo de Steve e afirmam que para se decidir se Steve é um fazendeiro ou um bibliotecário, informações como a de que há muito mais fazendeiros do que bibliotecários na população de análise deveriam influenciar a decisão. No entanto, a constatação de Kahneman e Tversky é a de que as informações sobre a frequência da taxa-base não modificaram a semelhança de Steve com o estereótipo de bibliotecário. Diante disso, as probabilidades *a priori* acabam sendo ignoradas.

A segunda heurística é a da disponibilidade. Com base nessa heurística as pessoas avaliam a probabilidade de um evento ocorrer de acordo com a facilidade em que os casos podem ser lembrados em sua mente. Um exemplo disso é quando se estima a probabilidade de problemas cardíacos em uma população de meia-idade: quando a heurística da disponibilidade está presente, as pessoas tendem a avaliar a

---

[383] TVERSKY, Amos; KAHNEMAN, Daniel. Judgement Under Uncertainty: Heuristics and Biases. *Sciences*. New Series. v. 185, n. 4157, p. 1.124, Sep. 1974.

[384] TVERSKY, Amos; KAHNEMAN, Daniel. Judgement Under Uncertainty: Heuristics and Biases. *Sciences*. New Series. v. 185, n. 4157, p. 1.124, Sep. 1974.

[385] TVERSKY, Amos; KAHNEMAN, Daniel. Judgement Under Uncertainty: Heuristics and Biases. *Sciences*. New Series. v. 185, n. 4157, p. 1.124, Sep. 1974.

probabilidade de problemas cardíacos naquela população quanto mais tiverem conhecidos e familiares da mesma faixa etária da análise que sofreram o mesmo problema de saúde.[386] Por certo, que a probabilidade de ocorrência desses eventos depende de inúmeros fatores. Todavia, a heurística da disponibilidade pode ocasionar erros, vieses, no julgamento.

A heurística de ajuste e de ancoragem pode estar presente quando as pessoas devem estimar probabilidades, com base em um valor inicial que é determinado para a produção de determinado resultado.[387] Para Tversky e Kahneman, diferentes pontos de partida acabam ocasionando diferentes resultados, isso porque as pessoas estão "ancoradas" na direção do ponto de partida. Mas, mesmo nos casos em que não há um "ponto de partida", ou valor inicial, essa heurística pode estar presente quando o indivíduo baseia a sua análise de probabilidade no resultado de uma computação incompleta. Ainda, quando há eventos compostos, a estrutura do encadeamento das conjunções pode levar as pessoas a subestimarem a probabilidade de fracassos em sistemas complexos.

Com base nos estudos das heurísticas e vieses, Tversky e Kahneman concluem que o julgamento feito pelas pessoas, ao tomarem uma decisão, depende de suas próprias redes de crenças.[388] E essas crenças podem levar a erros sistemáticos, que são os vieses cognitivos.

Além desse estudo, Tversky e Kahneman também elaboraram a chamada *"prospect theory"*. A *prospect theory* é uma teoria descritiva sobre a tomada de decisões em situações de incerteza e foi elaborada para servir como uma crítica e uma alternativa ao modelo dominante que era o da teoria da escolha racional.[389] A teoria da escolha racional é conhecida como um modelo normativo de escolha racional e também é aplicada como um modelo descritivo de comportamento econômico.[390]

Conforme exposto no tópico anterior, para a teoria da escolha racional, os agentes, em seu processo de decisão, tomam a decisão que

---

[386] TVERSKY, Amos; KAHNEMAN, Daniel. Judgement Under Uncertainty: Heuristics and Biases. *Sciences*. New Series. v. 185, n. 4157, p. 1.127, Sep. 1974.

[387] TVERSKY, Amos; KAHNEMAN, Daniel. Judgement Under Uncertainty: Heuristics and Biases. *Sciences*. New Series. v. 185, n. 4157, p. 1.128, Sep. 1974.

[388] TVERSKY, Amos; KAHNEMAN, Daniel. Judgement Under Uncertainty: Heuristics and Biases. *Sciences*. New Series. v. 185, n. 4157, p. 1.130, Sep. 1974.

[389] KAHNEMAN, Daniel; TVERSKY, Amos. Prospect Theory: an analysis of decision under risk. *Econometrica*, v. 47, n. 2, p. 263, Mar. 1979. Disponível em: http://courses.washington. edu/pbafhall/514/514%20Readings/ProspectTheory.pdf. Acesso em: 12 set. 2021.

[390] KAHNEMAN, Daniel; TVERSKY, Amos. Prospect Theory: an analysis of decision under risk. *Econometrica*, v. 47, n. 2, p. 263, Mar. 1979. Disponível em: http://courses.washington. edu/pbafhall/514/514%20Readings/ProspectTheory.pdf. Acesso em: 12 set. 2021.

maximize a sua utilidade esperada, o que demanda que os agentes estimem as probabilidades dos vários resultados possíveis e multipliquem cada probabilidade com a utilidade do resultado, de modo a sintetizar todas as possibilidades.[391] Com base nisso, essa teoria parte da premissa de que as pessoas se comportariam, ou buscariam se comportar, dessa forma. No entanto, os estudos e as pesquisas empíricas, realizados por Kahneman e Tversky, demonstram que nem sempre ocorre esse comportamento racional dos agentes.

Para tanto, os autores elaboram uma "função valor". Segundo Kahneman e Tversky, mudanças de bem-estar e riquezas carregam valores e devem ser levadas em consideração na análise do processo de tomada de decisões dos agentes. Os autores explicam que atributos como claridade, barulho, temperatura, contexto passado e presente de experiências importam e influenciam o julgamento.[392] Assim, deve-se lidar com o valor como função, de modo que a posição dos recursos funciona como um ponto de referência. Com relação à magnitude da mudança, esta deve ser observada com base neste ponto de referência. A partir disso, os autores elaboraram a função valor, ilustrada na figura a seguir:

FIGURA 1— *A hypothetical value function*

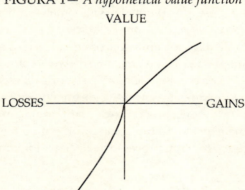

Fonte: KAHNEMAN, Daniel; TVERSKY, Amos. Prospect Theory: an analysis of decision under risk. *Econometrica*, v. 47, n. 2, p. 278, Mar. 1979.

---

[391] MCADAMS, Richard; ULEN, Thomas. Behavioral criminal law and economics. *Law and Economics Working Paper*, n. 440, p. 6, 2008. Disponível em: https://chicagounbound.uchicago.edu/law_and_economics/80/. Acesso em: 12 set. 2021.
[392] KAHNEMAN, Daniel; TVERSKY, Amos. Prospect Theory: an analysis of decision under risk. *Econometrica*, v. 47, n. 2, p. 277, Mar. 1979. Disponível em: http://courses.washington.edu/pbafhall/514/514%20Readings/ProspectTheory.pdf. Acesso em: 12 set. 2021.

CAPÍTULO 3
ECONOMIA COMPORTAMENTAL E O DIREITO | 97

Desse modo, a função valor, elaborada por Kahneman e Tversky, caracteriza-se por mudanças no ponto de referência, de modo que a curva dos ganhos é côncava e a curva das perdas é convexa.[393] A curva é mais acentuada nas perdas do que nos ganhos. Com base nisso, afirma-se que a relação das pessoas sobre ganhos incertos é diferente da sua atitude em relação a perdas incertas: isso decorre devido às pessoas sofrerem mais com perdas do que ganhos as deixariam felizes.[394] Tal constatação também representa o que os autores chamam de "aversão à perda" que significa que o medo de perder determinado valor em dinheiro é maior do que a atratividade de ganhar a mesma quantia.[395] Como consequência da aversão à perda, Kahneman e Tversky notam que a forma com que uma situação é enquadrada, como risco de perda ou como risco de ganho, pode mudar a decisão do agente, o que os autores denominam de "efeito do enquadramento".[396]

Com base nos estudos de Kahneman e Tversky, tem-se que as preferências dos agentes não são estáveis e os aspectos comportamentais importam. É, por isso, que os autores defendem que a teoria da escolha racional não é um modelo adequado sobre a descrição do

---

[393] Cabe destacar que, para Kahneman e Tversky, ganhos e perdas são definidos em quantias de dinheiro e o ponto de referência é entendido como o *status quo* ou a situação financeira atual do agente. KAHNEMAN, Daniel; TVERSKY, Amos. Prospect Theory: an analysis of decision under risk. *Econometrica*, v. 47, n. 2, p. 286, Mar. 1979. Disponível em: http://courses.washington.edu/pbafhall/514/514%20Readings/ProspectTheory.pdf. Acesso em: 12 set. 2021.

[394] KAHNEMAN, Daniel; TVERSKY, Amos. Choices, values and frames. *The American Psychologist Association*, v. 39, n. 4, p. 342 e 350, April 1984. Disponível em: http://www.columbia.edu/itc/hs/medinfo/g6080/misc/articles/kahneman.pdf. Acesso em: 12 set. 2021. THALER, Richard. *Misbehaving*: a construção da economia comportamental. Tradução George Schlesinger. Rio de Janeiro: Intrínseca, 2019, p. 48.

[395] KAHNEMAN, Daniel; TVERSKY, Amos. Prospect Theory: an analysis of decision under risk. *Econometrica*, v. 47, n. 2, p. 280, Mar. 1979. Disponível em: http://courses.washington.edu/pbafhall/514/514%20Readings/ProspectTheory.pdf. Acesso em: 12 set. 2021. KAHNEMAN, Daniel; TVERSKY, Amos. Choices, values and frames. *The American Psychologist Association*, v. 39, n. 4, p. 342, April 1984. Disponível em: http://www.columbia.edu/itc/hs/medinfo/g6080/misc/articles/kahneman.pdf. Acesso em: 12 set. 2021.

[396] No original *"framing effect"*. KAHNEMAN, Daniel; TVERSKY, Amos. Choices, values and frames. *The American Psychological Association*, v. 39, n. 4, p. 350, April 1984. Disponível em: http://www.columbia.edu/itc/hs/medinfo/g6080/misc/articles/kahneman.pdf. Acesso em: 12 set. 2021. TVERSKY, Amos; KAHNEMAN, Daniel. Rational choice and the framing of decisions. *The Journal of Business*, v. 59, n. 4, p. 258-260, 1986. Disponível em: https://edisciplinas.usp.br/pluginfile.php/1970215/mod_resource/content/1/Tversky%20and%20Kahneman_Rational%20Choice%20and%20the%20Framing%20of%20Decisions.pdf. Acesso em: 12 set. 2021.

comportamento humano.[397] Os autores explicam que, apesar da sua teoria ter sido apresentada a partir de mudanças de resultados em termos financeiros, a teoria é aplicável para escolhas que envolvem outros atributos, desde que tratados como ganhos ou perdas. Assim, o peso da decisão associada a um evento dependerá, primeiramente, da forma com que esse evento é percebido pelo agente.[398]

Em 2011, Daniel Kahneman publicou o livro *Rápido e devagar* ilustrando outra teoria que complementa as demais. Nessa obra, Kahneman explica que há duas formas de pensamento, chamados de Sistema 1 e Sistema 2.[399] O Sistema 1 origina as impressões, sensações, intuições e intenções, que, se autorizadas pelo Sistema 2, tornam-se crenças, impulsos e ações voluntárias.[400] O Sistema 1 se caracteriza por ser operacionalizado de modo rápido e automático. Assim sendo, são atividades do Sistema 1: verificar se um objeto está mais longe que perto, analisar sentenças simples, constatar hostilidade na voz de alguém.[401] No Sistema 1, o aprendizado também ocorre por associações. Já o Sistema 2 é operacionalizado de modo mais lento, analítico e deliberado, e consegue construir pensamentos mais complexos, com etapas ordenadas. São exemplos de atividades do Sistema 2: analisar a validade de um argumento lógico, realizar operações matemáticas mais

---

[397] KAHNEMAN, Daniel; TVERSKY, Amos. Prospect Theory: an analysis of decision under risk. *Econometrica*, v. 47, n. 2, p. 263, Mar. 1979. Disponível em: http://courses.washington. edu/pbafhall/514/514%20Readings/ProspectTheory.pdf. Acesso em: 12 set. 2021.

[398] KAHNEMAN, Daniel; TVERSKY, Amos. Prospect Theory: an analysis of decision under risk. *Econometrica*, v. 47, n. 2, p. 289, Mar. 1979. Disponível em: http://courses.washington. edu/pbafhall/514/514%20Readings/ProspectTheory.pdf. Acesso em: 12 set. 2021.

[399] O próprio Kahnman, no entanto, esclarece que a divisão entre duas formas de pensar, tendo uma um pensamento rápido e a outra um pensando devagar, é objeto de estudo da psicologia ao longo de 25 anos. KAHNEMAN, Daniel. *Rápido e devagar*: duas formas de pensar. Tradução Cássio de Arantes Leite. Rio de Janeiro: Objetiva, 2012, p. 22 e 29. De fato, localizam-se pesquisas de outros autores que fazem essa distinção, das duas formas de pensar, apenas sem usar essas terminologias. É o caso dos estudos de Ted O'Donogue e Matthew Rabin e da "Planejadora" e o "Fazedor" de Richard Thaler. O'DONOGHUE, Ted; RABIN, Matthew. Choice and procrastination. *The Quarterly Journal of Economics*, v. 116, n. 1, p. 121-160, Feb. 2001. O'DONOGHUE, Ted; RABIN, Matthew. Doing it now or later. *The American Economic Review*, v. 89, n. 1, p. 103-124, Mar. 1999. THALER, Richard. *Misbehaving*: a construção da economia comportamental. Tradução George Schlesinger. Rio de Janeiro: Intrínseca, 2019, p. 119. SHEFRIN, Hersh M.; THALER, Richard. An economic theory of self-control. *Journal of Political Economy*, v. 89, n. 2, p. 392-406, Apr. 1981. Disponível em: https://www.nber.org/papers/w0208. Acesso em: 3 dez. 2021.

[400] KAHNEMAN, Daniel. *Rápido e devagar*: duas formas de pensar. Tradução Cássio de Arantes Leite. Rio de Janeiro: Objetiva, 2012, p. 33-34.

[401] KAHNEMAN, Daniel. *Rápido e devagar*: duas formas de pensar. Tradução Cássio de Arantes Leite. Rio de Janeiro: Objetiva, 2012, p. 29-30.

complexas e aprender um novo idioma. Todas as atividades que são realizadas pelo Sistema 2 exigem atenção, de modo que as atividades são interrompidas caso haja desvio desta atenção.[402]

Na interação entre os dois Sistemas, Kahneman explica que, na maior parte do tempo, o Sistema 2 endossa as sugestões do Sistema 1 e uma ação é gerada.[403] No entanto, quando o Sistema 1 encontra alguma dificuldade, o Sistema 2 é mobilizado para solucionar o problema. Geralmente, a interação entre os dois Sistemas é adequada. Contudo, o Sistema 1, ao realizar um julgamento, pode estar sujeito à heurísticas que podem ocasionar vieses cognitivos. Em tais casos, o Sistema 2 não tem como discernir se a decisão do Sistema 1 decorre de uma heurística, que ocasionou um viés cognitivo. Diante disso, o Sistema 2 é suscetível à influência de vieses cognitivos.[404]

Com a influência dos estudos de Kahneman e Tversky, novos estudos foram realizados por psicólogos e economistas ao longo do tempo. Richard Thaler, em seu artigo *"Towards a positive theory of consumers choice"*, relata que a teoria da escolha racional induz os economistas a cometerem erros previsíveis nas previsões e descrições das escolhas dos consumidores.[405] A partir disso, Thaler enumera diversos exemplos em que o comportamento dos consumidores se desvia da teoria da escolha racional. Para Thaler, a *prospect theory*, de Kahneman e Tversky, constitui-se em uma teoria mais adequada para descrever o comportamento.[406]

Ao longo dos anos, Thaler, influenciado principalmente pelos estudos de Kahneman e Tversky, elaborou diversos artigos e pesquisas empíricas para demonstrar como o comportamento das pessoas diverge do padrão da escolha racional.[407] Em um desses trabalhos, que se constitui

---

[402] KAHNEMAN, Daniel. *Rápido e devagar*: duas formas de pensar. Tradução Cássio de Arantes Leite. Rio de Janeiro: Objetiva, 2012, p. 31.

[403] KAHNEMAN, Daniel. *Rápido e devagar*: duas formas de pensar. Tradução Cássio de Arantes Leite. Rio de Janeiro: Objetiva, 2012, p. 33-34.

[404] KAHNEMAN, Daniel. *Rápido e devagar*: duas formas de pensar. Tradução Cássio de Arantes Leite. Rio de Janeiro: Objetiva, 2012, p. 162 e p. 521-522.

[405] THALER, Richard. Towards a positive theory of consumers choice. *Journal of Economic Behavior and Organization*, v. 1, p. 39, 1980.

[406] THALER, Richard. Towards a positive theory of consumers choice. *Journal of Economic Behavior and Organization*, v. 1, p. 59, 1980.

[407] Para citar alguns: SHEFRIN, Hersh M.; THALER, Richard. An economic theory of self-control. *Journal of Political Economy*, v. 89, n. 2, p. 392-406, 1981. THALER, Richard. Mental accounting and consumer choice. *Marketing Science*, v. 4, n. 3, p. 199-214, 1985. THALER, Richard. Anomalies: the January effect. *Journal of Economic Perspectives*, v. 1, n. 1, p. 197-201, 1987. LOEWENSTEIN, George; THALER, Richard. Anomalies: intertemporal choice. *Journal*

em um artigo por Thaler, Kahneman e Knetsch, os autores observaram que aspectos sobre justiça[408] também influenciam o comportamento das pessoas. Com isso, os testes empíricos realizados corroboraram que, de fato, a maximização da utilidade não é a única motivação do comportamento humano, devido às pessoas se importarem com o bem-estar dos outros, agirem com altruísmo e se comprometerem com valores de reciprocidade e de justiça.[409] Além disso, estão sujeitas a diversas heurísticas que podem levar a erros de julgamento devido aos mais variados vieses cognitivos.[410]

Em 2003, influenciados pelas teorias da economia comportamental, Richard Thaler e Cass Sunstein desenvolveram o chamado "paternalismo libertário".[411] Primeiramente, os autores esclarecem que a ideia de paternalismo libertário não é um oxímoro e que é possível instituições públicas e privadas influenciarem o comportamento das pessoas e, ao

---

of Economic Perspectives, v. 3, n. 4, p. 181-193, 1989. Disponível em: https://www.aeaweb.org/articles?id=10.1257/jep.3.4.181. Acesso em: 3 dez. 2021. KAHNEMAN, Daniel; KNETSCH, Jack L.; THALER, Richard. Anomalies: the endowment effect, loss aversion, and status quo bias. *Journal of Economic Perspectives*, v. 5, n. 1, p. 193-206, 1991. THALER, Richard. Mental accounting matters. *Journal of Behavioral Decision Making*, v. 12, p. 183-206, 1999. THALER, Richard. From homo economicus to homo sapiens. *Journal of Economic Perspectives*, v. 14, n. 1, p. 133-141, 2000. THALER, Richard. Save more tomorrow TM: using behavioral economics to increase employee saving. *Journal of Political Economy*, v. 112, n. 1, p. 164-187, Feb. 2004.

[408] No artigo os autores utilizam a expressão *"fairness"*. KAHNEMAN, Daniel; KNETSCH, Jack L.; THALER, Richard. Fairness and the assumptions of economics. *Journal of Business*, v. 59, n. 4, pt. 2, p. 285, 1986.

[409] ZAMIR, Eyal; TEICHMAN, Doron. *Behavioral law and economics*. New York: Oxford University Press, 2018, p. 21.

[410] Diversas outras heurísticas foram identificadas ao longo do tempo. De acordo com Jonathan Baron, uma análise mais apurada em uma determinada tarefa poderia revelar ainda mais heurísticas específicas para aquela tarefa. BARON, Jonathan. Heuristics and biases. *In*: ZAMIR, Eyal; TEICHMAN, Doron. *The oxford handbook of behavioral economics and the law*. New York: Oxford University Press, 2014, p. 15. Para uma análise das heurísticas e vieses mais específicos que foram sendo estudados ao longo do tempo, ver: GILOVICH, Thomas; GRIFFIN, Dale W.; KAHNEMAN, Daniel (Ed.). *Heuristics and biases*: the psychology of intuitive judgment. New York: Cambridge University Press, 2009. BARON, Jonathan. *Thinking and deciding*. New York: Cambridge University Press, 2008. DHAMI, Sanjit. *The foundations of behavioral economic analysis*. New York: Oxford University Press, 2016.

[411] SUNSTEIN, Cass; THALER, Richard. Libertarian paternalism. *American Economic Review*, v. 93, n. 2, p. 175-179, 2003. Disponível em: https://dash.harvard.edu/bitstream/handle/1/12876718/LibPaternal.pdf?sequence=1. Acesso em: 12 set. 2021. SUNSTEIN, Cass; THALER, Richard. Libertarian paternalism is not an oxymoron. *The University of Chicago Law Review*, v. 70, n. 4, p. 1.159-1.202, 2003. Disponível em https://chicagounbound.uchicago.edu/cgi/viewcontent.cgi?article=5228&context=uclrev. Acesso em: 12 set. 2021.

mesmo tempo, respeitarem a liberdade de escolha.[412] Assim, apesar de a ideia de um paternalismo libertário parecer contraditória, Thaler e Sunstein alegam que a forma de paternalismo libertário desenvolvida por eles seria aceitável por aqueles que defendem a liberdade das escolhas, seja para fins de bem-estar, seja para fins de autonomia.[413] Contudo, os autores fazem algumas objeções sobre a liberdade de escolha e sobre o paternalismo. Sobre a liberdade de escolha, Thaler e Sunstein colacionam estudos de economia comportamental e aduzem que as escolhas das pessoas são influenciadas por diversos fatores comportamentais, além de sofrerem de um poder de autocontrole limitado e terem habilidades cognitivas limitadas. Com isso, as preferências das pessoas não são claras e estáveis. Sobre o paternalismo, os autores argumentam que alguma forma de paternalismo é inevitável, já que, em diversas situações, instituições públicas e privadas precisam fazer escolhas que afetam, de alguma forma, o comportamento de outras pessoas.[414] No entanto, o que os autores defendem é uma forma de paternalismo que influencia as pessoas a tomarem decisões melhores que seriam tomadas se as pessoas tivessem todas as informações disponíveis, não sofressem de problemas de autocontrole e tivessem habilidades cognitivas ilimitadas.[415] O paternalismo libertário surgiria, assim, como uma forma fraca e não coercitiva de paternalismo. Um exemplo de paternalismo libertário é a alteração da ordem de produtos alimentícios a ser apresentada

---

[412] SUNSTEIN, Cass; THALER, Richard. Libertarian paternalism is not an oxymoron. *The University of Chicago Law Review*, v. 70, n. 4, p. 1.159, 2003. Disponível em https://chicagounbound.uchicago.edu/cgi/viewcontent.cgi?article=5228&context=uclrev. Acesso em: 12 set. 2021.

[413] SUNSTEIN, Cass; THALER, Richard. Libertarian paternalism is not an oxymoron. *The University of Chicago Law Review*, v. 70, n. 4, p. 1.160-1.161, 2003. Disponível em https://chicagounbound.uchicago.edu/cgi/viewcontent.cgi?article=5228&context=uclrev. Acesso em: 12 set. 2021.

[414] SUNSTEIN, Cass; THALER, Richard. Libertarian paternalism is not an oxymoron. *The University of Chicago Law Review*, v. 70, n. 4, p. 1.164, 2003. Disponível em https://chicagounbound.uchicago.edu/cgi/viewcontent.cgi?article=5228&context=uclrev. Acesso em: 12 set. 2021. SUNSTEIN, Cass; THALER, Richard. Libertarian paternalism. *American Economic Review*, v. 93, n. 2, p. 175, 2003. Disponível em: https://dash.harvard.edu/bitstream/handle/1/12876718/LibPaternal.pdf?sequence=1. Acesso em: 12 set. 2021.

[415] SUNSTEIN, Cass; THALER, Richard. Libertarian paternalism is not an oxymoron. *The University of Chicago Law Review*, v. 70, n. 4, p. 1.162, 2003. Disponível em https://chicagounbound.uchicago.edu/cgi/viewcontent.cgi?article=5228&context=uclrev. Acesso em: 12 set. 2021. SUNSTEIN, Cass; THALER, Richard. Libertarian paternalism. *American Economic Review*, v. 93, n. 2, p. 175, 2003. Disponível em: https://dash.harvard.edu/bitstream/handle/1/12876718/LibPaternal.pdf?sequence=1. Acesso em: 12 set. 2021.

em uma cafeteria, de modo a deixar frutas e saladas mais evidentes.[416] Com isso, as pessoas podem ser influenciadas a se alimentarem mais de frutas e saladas, mas não são obrigadas a escolherem tais produtos. Thaler e Sunstein acabaram optando por alterar o nome "paternalismo libertário" para *nudge*.[417] Os autores definem o *"nudge"* como um estímulo hábil a alterar o comportamento das pessoas, sem eliminar suas opções de escolha e sem alterar incentivos econômicos de forma significativa.[418] Desse modo, o *nudge* não consiste em uma ordem, proibição ou incentivo econômico.[419] Ademais, os *nudges*, por definição, não incluem penalidades, criminais ou cíveis, ou tributação e subsídios.[420]

A decisão das pessoas é feita em um ambiente que apresenta vários fatores que podem influenciá-las. Thaler e Sunstein definiram como "arquitetura das escolhas" o ambiente em que são feitas essas escolhas,[421] e, como "arquiteto", o responsável por criar e aprimorar esse ambiente. De acordo com os autores, a arquitetura das escolhas seria inevitável, eis que do mesmo modo que um prédio não pode se sustentar sem a arquitetura, uma sociedade também não pode se sustentar sem uma arquitetura de escolhas.[422] Diante disso, os *nudges*

---

[416] SUNSTEIN, Cass; THALER, Richard. Libertarian paternalism is not an oxymoron. *The University of Chicago Law Review*, v. 70, n. 4, p. 1.165, 2003. Disponível em https://chicagounbound.uchicago.edu/cgi/viewcontent.cgi?article=5228&context=uclrev. Acesso em: 12 set. 2021.

[417] THALER, Richard. *Misbehaving*: a construção da economia comportamental. Tradução George Schlesinger. Rio de Janeiro: Intrínseca, 2019, p. 336.

[418] THALER, Richard; SUNSTEIN, Cass. *Nudge*: como tomar decisões melhores sobre saúde, dinheiro e felicidade. Tradução Ângelo Lessa. Rio de Janeiro: Objetiva, 2019, p. 14.

[419] Em outra oportunidade, Cass Sunstein explica que as políticas públicas podem ter a forma de: (i) ordens ou proibições; (ii) incentivos financeiros, como a tributação do cigarro, e; (iii) *nudges*. SUNSTEIN, Cass. Nudging: a very short guide. *Journal of Consumer Policy*, v. 37, n. 4, p. 1, 2014. Disponível em: http://nrs.harvard.edu/urn-3:HUL.InstRepos:16205305. Acesso em: 12 set. 2021.

[420] SUNSTEIN, Cass. *Behavioral science and public policy*. Cambridge: Cambridge University Press, 2020, p. 6.

[421] THALER, Richard; SUNSTEIN, Cass. *Nudge*: como tomar decisões melhores sobre saúde, dinheiro e felicidade. Tradução Ângelo Lessa. Rio de Janeiro: Objetiva, 2019, p. 19. THALER, Richard; SUNSTEIN, Cass; BALZ, John P. Choice architecture. *In*: SHAFIR, Eldar (Ed.) *The Behavioral Foundations of Public Policy*. New Jersey: Princeton University Press, 2012, p. 429-430. SUNSTEIN, Cass. Nudges.gov: behaviorally informed regulation. *In*: ZAMIR, Eyal; TEICHMAN, Doron. *Behavioral economics and the law*. Oxford: Oxford University Press, 2014, p. 719.

[422] SUNSTEIN, Cass. *Behavioral science and public policy*. Cambridge: Cambridge University Press, 2020, p. 6. THALER, Richard; SUNSTEIN, Cass. *Nudge*: como tomar decisões melhores sobre saúde, dinheiro e felicidade. Tradução Ângelo Lessa. Rio de Janeiro: Objetiva, 2019, p. 243-244.

CAPÍTULO 3
ECONOMIA COMPORTAMENTAL E O DIREITO | 103

são uma das ferramentas disponíveis ao arquiteto para aprimorar o ambiente em que as escolhas são feitas.[423]

São exemplos de *nudges* as simplificações e as chamadas "normais sociais". A simplificação busca fazer com que um programa ou uma política pública seja de mais fácil acesso ao seu público-alvo.[424] Programas complexos podem ser confusos e, com isso, podem reduzir os efeitos esperados. Com a simplificação, busca-se alterar um programa para fazer com que seja mais fácil as pessoas entenderem seu funcionamento e mecanismo de acesso. Já as normas sociais, são condutas que uma grande parcela da sociedade realiza e, por meio delas, busca-se enfatizar o que a maioria das pessoas em uma determinada localidade está fazendo para influenciar decisões individuais. Segundo Sunstein, o uso de normas sociais é um dos *nudges* mais efetivos,[425] devido às pessoas prestarem atenção e serem influenciadas por decisões de um grupo de pessoas. Há casos em que as pessoas realizam condutas indesejáveis, nessas situações, ao ser desenhado um *nudge*, Sunstein aduz que deve ser dada ênfase não no que a maioria das pessoas faz, mas no que a maioria das pessoas pensa que deveria fazer. Como exemplo de um *nudge* nesse estilo, Sunstein cita o envio de lembretes à contribuintes com o seguinte teor: "90% das pessoas na Irlanda acreditam que as pessoas deveriam pagar tributos até a data do vencimento", para induzir os contribuintes a pagar os tributos em dia.[426]

---

[423] SUNSTEIN, Cass. *Behavioral science and public policy*. Cambridge: Cambridge University Press, 2020, p. 5.

[424] SUNSTEIN, Cass. Nudging: a very short guide. *Journal of Consumer Policy*, v. 37, n. 4, p. 4, 2014. Disponível em: http://nrs.harvard.edu/urn-3:HUL.InstRepos:16205305. Acesso em: 12 set. 2021. SUNSTEIN, Cass. Nudges.gov: behaviorally informed regulation. *In*: ZAMIR, Eyal; TEICHMAN, Doron. *Behavioral economics and the law*. Oxford: Oxford University Press, 2014, p. 728. SUNSTEIN, Cass. Empirically informed regulation. *University of Chicago Law Review*, v. 74, n. 4, p. 1.352-1.353, 2011. Disponível em: https://chicagounbound.uchicago.edu/uclrev/vol78/iss4/4/. Acesso em: 12 set. 2021.

[425] SUNSTEIN, Cass. Nudging: a very short guide. *Journal of Consumer Policy*, v. 37, n. 4, p. 4, 2014. Disponível em: http://nrs.harvard.edu/urn-3:HUL.InstRepos:16205305. Acesso em: 12 set. 2021. SUNSTEIN, Cass. Nudges.gov: behaviorally informed regulation. *In*: ZAMIR, Eyal; TEICHMAN, Doron. *Behavioral economics and the law*. Oxford: Oxford University Press, 2014, p. 723-724. SUNSTEIN, Cass. Empirically informed regulation. *University of Chicago Law Review*, v. 74, n. 4, p. 1.352-1.353, 2011. Disponível em: https://chicagounbound.uchicago.edu/uclrev/vol78/iss4/4/. Acesso em: 12 set. 2021.

[426] Tradução livre. No original: "*90 percent of people in Ireland believe that people should pay their taxes on time*" (SUNSTEIN, Cass. Nudging: a very short guide. *Journal of Consumer Policy*, v. 37, n. 4, p. 4, 2014. Disponível em: http://nrs.harvard.edu/urn-3:HUL.InstRepos:16205305. Acesso em: 12 set. 2021).

Outros exemplos de *nudges* são os avisos, gráficos ou similares. Tais *nudges* objetivam tornar mais saliente os benefícios ou os riscos de determinada escolha. Quando os avisos são realizados com uma informação clara e específica, tais *nudges* têm o potencial de influenciar o comportamento.[427] Os lembretes também são exemplos de *nudge*. Sobre este, Sunstein explica que há diversas razões que podem fazer com que uma pessoa não tome uma decisão, como a inércia, a procrastinação, muitas obrigações ou esquecimento. Com isso, um lembrete pode ter um efeito significativo ao influenciar a decisão.[428]

Além disso, os estudos de economia comportamental também podem contribuir com a arquitetura dos incentivos. De acordo com Thaler, Sunstein e Balz, os incentivos precisam ser salientes; isto é, os incentivos precisam ser evidentes para o público-alvo almejado.[429] Os autores destacam que, em muitos mercados, há um conflito de incentivos, por isso é preciso analisar a respectiva arquitetura de escolhas para constatar se o público-alvo do incentivo está, de fato, ciente da existência do respectivo incentivo. Nesse sentido, um *nudge* pode ser criado, com o fito de tornar mais saliente o incentivo.

No entanto, os *nudges* devem ser transparentes e passíveis de serem analisados pelo público, da mesma forma que assim são outras políticas públicas.[430] Os *nudges* também precisam ser baseados em evidências. Para tanto, é necessário que sejam feitos testes empíricos, especialmente testes de *randomized control*.[431] Há vários experimentos

---

[427] SUNSTEIN, Cass. Nudges.gov: behaviorally informed regulation. *In*: ZAMIR, Eyal; TEICHMAN, Doron. *Behavioral economics and the law*. Oxford: Oxford University Press, 2014, p. 722. SUNSTEIN, Cass. Empirically informed regulation. *University of Chicago Law Review*, v. 74, n. 4, p. 1.352-1.353, 2011. Disponível em: https://chicagounbound.uchicago.edu/uclrev/vol78/iss4/4/. Acesso em: 12 set. 2021.

[428] SUNSTEIN, Cass. Nudging: a very short guide. *Journal of Consumer Policy*, v. 37, n. 4, p. 6, 2014. Disponível em: http://nrs.harvard.edu/urn-3:HUL.InstRepos:16205305. Acesso em: 12 set. 2021.

[429] THALER, Richard; SUNSTEIN, Cass; BALZ, John P. Choice architecture. *In*: SHAFIR, Eldar (Ed.) *The Behavioral Foundations of Public Policy*. New Jersey: Princeton University Press, 2012, p. 437.

[430] SUNSTEIN, Cass. Nudging: a very short guide. *Journal of Consumer Policy*, v. 37, n. 4, p. 2, 2014. Disponível em: http://nrs.harvard.edu/urn-3:HUL.InstRepos:16205305. Acesso em: 12 set. 2021. THALER, Richard; SUNSTEIN, Cass. *Nudge*: como tomar decisões melhores sobre saúde, dinheiro e felicidade. Tradução Ângelo Lessa. Rio de Janeiro: Objetiva, 2019, p. 251-252.

[431] São testes empíricos que, a partir de uma amostra, analisam dois grupos (com características bem parecidas) com aplicação de estratégias diferentes. Esse tipo de teste é mais comum na medicina, mas vem amplamente sendo utilizado em testes experimentais da economia comportamental. Sobre aplicação de testes experimentais na economia comportamental,

de *nudge* que são realizados de forma rápida e com baixo custo, por envolverem somente pequenas mudanças em programas já existentes. Desse modo, os *nudges* podem ser incorporados com pouco esforço e baixo custo em iniciativas já existentes.

3.3 Economia comportamental e sua aplicação no Direito

A partir do impacto dos estudos da economia comportamental, surgiu um movimento chamado *"behavioral law and economics"*. O movimento busca incorporar as constatações da economia comportamental à Análise Econômica do Direito (AED).[432] Antes de se abordar o movimento, cabe proceder uma breve explicação sobre a AED.

A Análise Econômica do Direito (AED), também conhecida como *Law And Economics*, é um movimento que busca utilizar teorias e métodos da economia para a análise de normas e instituições jurídicas.[433] Em outras palavras, busca-se uma "releitura do Direito" a partir da compreensão do ser humano e de suas interações, por meio do uso de ferramentas econômicas.[434] A AED apresenta dois níveis

---

confira: ALLCOTT, Hunt; TAUBINSKY, Dmitry. The Lightbulb Paradox: Evidence from Two Randomized Experiments. *National Bureau of Economic Research*, Cambridge, Working Paper n. 19713, p. 1-76, Dec. 2013. Disponível em: https://www.nber.org/papers/w19713. Acesso em: 7 set. 2021. ALLCOTT, Hunt; TODD, Rogers. The Short-Run and Long-Run Effects of Behavioral Interventions: Experimental Evidence. *National Bureau of Economic Research*, Cambridge, Working Paper n. 18492, p. 3.003-3.037, Oct. 2012. Disponível em: https://www.nber.org/papers/w18492. Acesso em: 7 set. 2021. FERRARO, Paul; PRICE, Michael. Using non-pecuniary strategies to influence behavior: evidence from a large scale field experiment. *National Bureau of Economic Research*, Cambridge, Working Paper n. 17189, p. 1-34, July 2011. Disponível em: https://www.nber.org/papers/w17189. Acesso em: 7 set. 2021. OECD. *Tools and Ethics for Applied Behavioural Insights*: The BASIC Toolkit. Paris: OECD Publishing, 2019, p. 34. Disponível em: https://doi.org/10.1787/9ea76a8f-en. Acesso em: 30 set. 2021.

[432] ZAMIR, Eyal; TEICHMAN, Doron. *Behavioral law and economics*. New York: Oxford University Press, 2018, p. 1-2. MITCHELL, Gregory. Alternative behavioral law and economics. *In*: ZAMIR, Eyal; TEICHMAN, Doron. (Org.) *The Oxford Handbook of Behavioral Economics and the Law*. New York: Oxford University Press, 2014, p. 167-168.

[433] POSNER, Richard. The Economic Approach To Law. *Texas Law Review*, v. 53, n. 4, p. 759, 1975. Disponível em: https://chicagounbound.uchicago.edu/journal_articles/1882/. Acesso em: 15 set. 2021.

[434] MACKAAY, Ejan; ROUSSEAU, Stéphane. *Análise econômica do Direito*. Tradução Rachel Sztajn. São Paulo: Atlas, 2015, p. 7.

epistemológicos:[435] o positivo e o normativo.[436] No positivo, busca-se a compreensão de uma norma jurídica e as consequências de sua aplicação no comportamento dos agentes. Já o normativo tem como objetivo modificar as normas jurídicas, com o fito de torná-las mais eficientes.[437] A eficiência é comumente descrita como a maximização do bem-estar social,[438] sendo utilizado dois critérios: o de Pareto e o Kaldor-Hicks. Segundo o critério de Pareto, em uma situação de circulação de riquezas, os bens são passados por aqueles que os valorizam menos para aqueles que lhes atribuem um valor maior. A partir disso, uma mudança é considerada eficiente quando é melhorada a situação de alguém, pela transferência de bens, sem que outra pessoa fique em situação pior.[439] E para critério Kaldor-Hicks há o objetivo de maximizar o bem-estar para o máximo de pessoas possíveis. Assim, uma mudança é eficiente, mesmo quando algumas pessoas sejam prejudicadas, desde que, em um modelo de compensação teórica, haja um ganho de utilidade para essas pessoas e que compensem os seus prejuízos.[440]

Existem várias correntes de AED com bases metodológicas diferentes. A vertente clássica parte das premissas da teoria da escolha racional e, consequentemente, de que os indivíduos buscam maximizar

---

[435] Expressão utilizada por Bruno Meyerhof Salama. SALAMA, Bruno Meyerhof. O que é "direito e economia"? Uma introdução à epistemologia da disciplina para o estudante, o profissional e o pesquisador em direito. *Artigo Direito GV (Working Paper)*, v. 3, p. 4-5, nov. 2007. Disponível em: https://bibliotecadigital.fgv.br/dspace/handle/10438/2773. Acesso em: 15 set. 2021.

[436] POSNER, Richard. Some uses and abuses of economics in law. *The University of Chicago Review*, Chicago, v. 46, n. 2, p. 281-306, 1979. Disponível em: http://chicagounbound.uchicago.edu/journal_articles. Acesso em: 30 set. 2021. GONÇALVES, Oksandro O. *Análise econômica do direito*. Curitiba: IESDE, 2020, p. 19-22.

[437] GICO JR., Ivo T. Metodologia e epistemologia da análise econômica do direito. *Economic Analysis of Law Review*, v. 1, n. 1, p. 7-33, Jan./June 2010, p. 19-21. Disponível em: https://portalrevistas.ucb.br/index.php/EALR/article/view/1460/1110. Acesso em: 30 set. 2021.

[438] POSNER, Richard. *Economic analysis of law*. 7. ed. New York: Aspen Publishers, 2007.

[439] COOTER, Robert; ULEN, Thomas. *Law and Economics*. 6. ed. Boston: Pearson Education, 2016, p. 14. SZTAJN, Rachel. Law and economics. *In*: ZYLBERSZTAJN, Decio; SZTAJN, Rachel. *Direito & Economia*. Rio de Janeiro: Elsevier, 2005, p. 76. RIBEIRO, Marcia Carla Pereira; GALESKI, Irineu. *Teoria geral dos contratos*: contratos empresariais e análise econômica. Rio de Janeiro: Elsevier, 2009, p. 79. GONÇALVES, Oksandro O.; RIBEIRO, Marcelo M. Incentivos Fiscais: uma perspectiva da Análise Econômica do Direito. *Economic Analys of Law Review*, v. 3, n. 1, p. 83, Jan./June 2013. Disponível em: https://portalrevistas.ucb.br/index.php/EALR/article/view/3%20EALR%2072. Acesso em: 30 set. 2021.

[440] COOTER, Robert; ULEN, Thomas. *Law and Economics*. 6. ed. Boston: Pearson Education, 2016, p. 42.

a sua utilidade.[441] Com base nesses postulados, a AED compreende o Direito como um conjunto de incentivos. Os agentes, ao tomarem uma decisão, farão uma análise dos custos e dos benefícios envolvidos.[442] Com isso, a forma com que o Direito estrutura os incentivos, seja por sanções, seja por prêmios, poderá determinar se o agente tomará ou não aquela conduta.[443]

A partir de 1980, começaram a surgir estudos questionando as premissas da teoria da escolha racional na AED.[444] Porém, foi a partir da década de 90, principalmente com a publicação do artigo de Cass Sunstein, Christine Jolls e Richard Thaler que o movimento da *Behavioral Law and Economics* (BLE) se tornou mais robusto.[445] Em sua pesquisa os autores defendem a necessidade de ser aprimorada a AED, de modo a acrescentar as constatações da economia comportamental, em especial: a

---

[441] ZAMIR, Eyal; TEICHMAN, Doron. *Behavioral law and economics*. New York: Oxford University Press, 2018, p. 9. SUNSTEIN, Cass; JOLLS, Christine; THALER, Richard. A behavioral approach to law and economics. *Stanford Law Review*, Stanford, v. 50, p. 1.545, May 1998. Disponível em: https://chicagounbound.uchicago.edu/cgi/viewcontent. cgi?article=12172&context=journal_articles. Acesso em: 03 dez. 2021. No entanto, cabe destacar que há outras vertentes da AED que criticam os pressupostos da racionalidade plena dos agentes, como é o caso da Nova Economia Constitucional. Douglass North tece críticas à teoria da escolha racional e afirma que a motivação dos agentes é mais complexa do que a teoria prevê. Do mesmo modo, North afirma que as preferências dos agentes não são tão estáveis como a teoria supõe. Além disso, North também destaca a questão das informações incompletas e das limitações cognitivas dos agentes. NORTH, Douglass. *Instituições, mudança institucional e desempenho econômico*. São Paulo: Três Estrelas, 2018, p. 37-38. Já Oliver Williamson, em sua Teoria da Economia dos Custos de Transação, adotou a premissa da racionalidade limitada, descrevida por Herbert Simon. WILLIAMSON, Oliver. Transaction Cost Economics: An Introduction. *Economics Discussion Paper*, n. 2007-3, p. 9, 2007, Mar. 2007. Disponível em: http://www.economics-ejournal.org/economics/ discussionpapers/2007-3. Acesso em: 30 set. 2021.

[442] GONÇALVES, Oksandro O. *Análise econômica do direito*. Curitiba: IESDE, 2020, p. 16.

[443] GICO JR., Ivo T. Introdução à análise econômica do Direito. *In*: RIBEIRO, Marcia Carla; KLEIN, Vinicius (Org.). *O que é análise econômica do direito*: uma introdução. Belo Horizonte: Fórum, 2011, p. 22-25.

[444] ELLICKSON, Robert. Bringing culture and human frailty to rational actors: a critique of classical law and economics. *Chicago-Kent Law Review*, v. 65, n. 23, p. 23-55, 1989. Disponível em: https://digitalcommons.law.yale.edu/fss_papers/461/. Acesso em: 30 set. 2021. ULEN, Thomas S. Cognitive imperfections and the economic analysis of law. *Hamline Law Review*, v. 12, n. 2, p. 385-410, 1989.

[445] De acordo com Eyal Zamir e Doron Teichman, outro trabalho que também teve grande impacto para a solidificação do movimento foi o de Russel B. Korobkin e Thomas S. Ulen, intitulado "Law and behavioral science: removing the rationality assumption from law and economics" KOROBKIN, Russell B.; ULEN, Thomas S. Law and behavioral science: removing the rationality assumption from law and economics. *California Law Review*, v. 88, p. 1.053-1.144, 2000. Disponível em: https://lawcat.berkeley.edu. Acesso em: 12 set. 2021. ZAMIR, Eyal; TEICHMAN, Doron. *Behavioral law and economics*. New York: Oxford University Press, 2018, p. 143.

racionalidade limitada, a força de vontade limitada e o interesse próprio limitado.[446] Com a adição dessas três constatações, a BLE confere um modelo de previsão mais preciso sobre o comportamento dos agentes em face da lei. Tal abordagem busca contribuir tanto com o nível positivo quanto com o normativo da AED.[447]

O movimento da BLE encontrou grande resistência[448] entre os críticos, Richard A. Posner redigiu uma resposta ao artigo de Sunstein, Jolls e Thaler. Em sua resposta, Posner argumentou que, apesar de não duvidar da possibilidade de as constatações da economia comportamental poderem ser utilizadas no Direito, o artigo carecia de rigor empírico e de acurácia preditiva.[449] Para Posner a existência de "irracionalidades" no comportamento não retira a validade da teoria da escolha racional.[450] Ainda, Posner aduziu que a teoria da escolha racional suporta flexibilização, de modo a incorporar comportamentos "irracionais".[451] No entanto, modernamente, de acordo com Thomas

---

[446] Tradução livre, no original: "*bounded rationality, bounded willpower, and bounded self-interest*" (SUNSTEIN, Cass; JOLLS, Christine; THALER, Richard. A behavioral approach to law and economics. *Stanford Law Review*, Stanford, v. 50, p. 1.476, May 1998. Disponível em: https://chicagounbound.uchicago.edu/cgi/viewcontent.cgi?article=12172&context=journal_articles. Acesso em: 03 dez. 2021).

[447] SUNSTEIN, Cass; JOLLS, Christine; THALER, Richard. A behavioral approach to law and economics. *Stanford Law Review*, Stanford, v. 50, p. 1.474, May 1998. Disponível em: https://chicagounbound.uchicago.edu/cgi/viewcontent.cgi?article=12172&context=journal_articles. Acesso em: 03 dez. 2021.

[448] ZAMIR, Eyal; TEICHMAN, Doron. *Behavioral law and economics*. New York: Oxford University Press, 2018, p. 143.

[449] POSNER, Richard A. Rational choice, behavioral economics, and the law. *Stanford Law Review*, v. 50, p. 1.554, 1997. Disponível em: https://chicagounbound.uchicago.edu/journal_articles/1880/. Acesso em: 15 set. 2021.

[450] POSNER, Richard A. Rational choice, behavioral economics, and the law. *Stanford Law Review*, v. 50, p. 1.557, 1997. Disponível em: https://chicagounbound.uchicago.edu/journal_articles/1880/. Acesso em: 15 set. 2021.

[451] Neste sentido, colaciona-se os seguintes trechos: "*a certain emotionality may be a component of rationality, which I defined at the outset as suiting means to ends rather than as a particular form of ratiocination*"; "*they may object that my discussion of altruism and revenge is a spur-of-the-moment effort to save the rational-choice model from destruction at the hands of behavioral economics. But in fact these are dimensions of rationality that I have been writing about for many years*"; "*There is still another point: Rational-choice economics makes the analyst think hard. Faced with anomalous behavior, the rational-choice economist, unlike the behavioral economist, doesn't respond, 'Of course, what do you expect?' Troubled, puzzled, challenged, he wracks his brains for some theoretical extension or modification that will accommodate the seeming anomaly to the assumption of rationality. From these efforts have come the advances in economic theory listed in the preceding paragraph. It is possible that the major fruit of behavioral economics will be the stimulus it provides to new and better rational-choice theorizing*" (POSNER, Richard A. Rational choice, behavioral economics, and the law. *Stanford Law Review*, v. 50, p. 1.563; 1.567, 1997. Disponível em: https://chicagounbound.uchicago.edu/journal_articles/1880/. Acesso em: 15 set. 2021.

Ulen, a maioria dos economistas, tem aceitado que a BLE tem contribuído significativamente para um melhor entendimento e predições sobre o comportamento humano.[452] Inclusive, mais recentemente, Posner afirmou que as críticas da economia comportamental à teoria da escolha racional o persuadiram, modificando, portanto, o seu entendimento inicial sobre o campo.[453]

Para Raj Chetty, a decisão pela inclusão de fatores comportamentais nos modelos comportamentais deve ser vista como pragmática, em vez de uma escolha filosófica.[454] Em alguns casos, o uso da psicologia e de outras ciências sociais podem ajudar a desenvolver melhores ferramentas, oferecer melhores previsões para políticas públicas ou para produzir novas implicações de bem-estar. Em outros casos, pode ser, sim, feito o uso dos modelos econômicos neoclássicos. Desse modo, o autor defende que a economia comportamental é melhor vista como uma parte das ferramentas dos economistas – em vez de um campo separado da economia.[455]

Eyal Zamir e Doron Teichman relatam que houve um aumento crescente no estudo da economia comportamental pelos juristas acadêmicos.[456] Para os autores, o impacto das contribuições da economia comportamental na economia, na análise econômica do Direito, bem como nas diversas áreas do Direito, está em constante crescimento.[457]

Ao longo dos anos, as constatações da economia comportamental começaram a ser aplicadas em políticas públicas em diversos

---

[452] ULEN, Thomas S. The importance of behavioral law. *In*: ZAMIR, Eyal; TEICHMAN, Doron. (Org.) *The Oxford Handbook of Behavioral Economics and the Law*. New York: Oxford University Press, 2014, p. 110.

[453] No original: *"Throughout I have tried to clarify, compress, and improve; to make the book less technical and more commonsensical; and also to make it mor ecletic, less doctrinaire, less "Chicago School", more hospitable to criticisms of the "rational choice" approach to law – criticisms that have persuaded me among other things to supplement that approach with insights from psychology"* (POSNER, Richard A. *Economic Analysis of Law*. 9. ed. New York: Aspen Publishers, 2014, p. 3).

[454] CHETTY, Raj. Behavioral economics and public policy: a pragmatic perspective. *National Bureau of Economic Research*, Cambridge, Working Paper 20928, p. 36, Feb. 2015. Disponível em: https://www.nber.org/papers/w20928. Acesso em: 15 set. 2021.

[455] CHETTY, Raj. Behavioral economics and public policy: a pragmatic perspective. *National Bureau of Economic Research*, Cambridge, Working Paper 20928, p. 36-37, Feb. 2015. Disponível em: https://www.nber.org/papers/w20928. Acesso em: 15 set. 2021.

[456] ZAMIR, Eyal; TEICHMAN, Doron. *Behavioral law and economics*. New York: Oxford University Press, 2018, p. 144.

[457] ZAMIR, Eyal; TEICHMAN, Doron. *Behavioral law and economics*. New York: Oxford University Press, 2018, p. 156.

governos.[458] Nos Estados Unidos da América (EUA), por exemplo, foi criada a *Social and Behavioral Sciences Team* (SBST), cuja finalidade era, justamente, incluir as constatações da economia comportamental em políticas públicas.[459] Igualmente, na Inglaterra, Richard Thaler ajudou a fundar a *Behavioral Insights Team* (BIT) que busca aplicar os estudos de economia comportamental no aprimoramento do funcionamento do governo britânico.[460] Em 2014, o *Economic and Social Research Council* realizou uma pesquisa para avaliar o impacto global das ciências comportamentais em políticas públicas, tendo sido constatado que 136 países incorporaram as ciências comportamentais em algum aspecto de suas políticas públicas.[461] Em 2019, de acordo com pesquisa da OECD, já havia duzentas instituições, governamentais e não governamentais, que aplicavam os estudos de economia comportamental em políticas públicas.[462] Em outra oportunidade, a OECD verificou que há uma grande variedade de áreas em que estão sendo utilizados os dos estudos de economia comportamental em políticas públicas, como: proteção do consumidor, meio-ambiente, educação financeira, comportamento empresarial, integridade do setor público, obesidade, política regulatória e tributação.[463]

---

[458] THALER, Richard. Behavioral economics: past, present and future. *American Economic Review*, v. 106, n. 7, p. 1577, July 2016.

[459] THALER, Richard. *Misbehaving*: a construção da economia comportamental. Tradução George Schlesinger. Rio de Janeiro: Intrínseca, 2019, p. 354.

[460] THALER, Richard. *Misbehaving*: a construção da economia comportamental. Tradução George Schlesinger. Rio de Janeiro: Intrínseca, 2019, p. 341-355.

[461] WHITEHEAD, Mark *et al*. Nudging all over the world: assessing the global impact of the behavioral sciences on public policy. *Economic and Social Research Council*, set. 2014. Disponível em: https://changingbehaviours.files.wordpress.com/2014/09/nudgedesignfinal.pdf. Acesso em: 15 set. 2021.

[462] OCED. *Delivering better policies through behavioral insights*: new approaches. Paris: OECD Publishing, 2019, p. 3. Disponível em: https://www.oecd.org/gov/regulatory-policy/behavioural-insights.htm. Acesso em: 27 dez. 2021.

[463] Em 2019 a OECD também elaborou um documento, chamado *"Tools and Ethics for Applied Behavioural Insights: The BASIC Toolkit"*. O objetivo de tal trabalho é o de servir como um guia de aplicação de ferramentas da economia comportamental para políticas públicas, por meio de uma metodologia específica chamada "BASIC". Atualmente, vários institutos governamentais e não governamentais de diferentes países elaboraram "guias" para aplicação da economia comportamental em políticas públicas. É o caso do *"MINDSPACE"* criado pela *The Behavioural Insight Team*, do *"Behavioral insight toolkit"* criado pela *IRS* dos Estados Unidos da América, do *"Report mind, society, and behavior"* desenvolvido pelo World Bank, entre outros. No Brasil, a ENAP elaborou o "SIMPLES MENTE". OECD. *Tools and ethics for applied behavioural insights*: The BASIC Toolkit. Paris: OECD Publishing, 2019. Disponível em: https://doi.org/10.1787/9ea76a8f-en. Acesso em: 30 set. 2021. OECD. *Behavioral insights and public policy*: lessons from around the world. Paris: OECD Publishing, 2017, p. 3-401.

Na Organização das Nações Unidas (ONU), desde 2010, estão sendo testadas e aplicadas intervenções com base nos estudos de economia comportamental, para se alcançar os objetivos do desenvolvimento sustentável.[464] Recentemente, a ONU lançou um guia sobre o tema e um *report* explicando os casos em que tem aplicado a economia comportamental.[465] A ONU tem encorajado todos a usarem a economia comportamental para alcançar os objetivos do desenvolvimento sustentável. De acordo com a ONU, atualmente 25 de suas unidades estão aplicando os estudos de economia comportamental, entre elas: Fundo das Nações Unidas para a Infância (UNICEF), Organização das Nações Unidas para a Educação, a Ciência e a Cultura (UNESCO), Programa das Nações Unidas para o Meio Ambiente (UNEP), *World Bank Group* e *World Health Organization*.[466]

No Brasil, há três instituições governamentais que fazem uso dos estudos da economia comportamental. A primeira é a Comissão de Valores Mobiliários (CVM) que criou o Centro de Estudos Comportamentais e Pesquisa (CECOP), com o objetivo de "identificar *insights* em ciências sociais e comportamentais que subsidiem a formulação de políticas públicas, principalmente no que diz respeito a ações educacionais".[467]

Disponível em: https://www.oecd.org/gov/regulatory-policy/behavioural-insights-and-public-policy-9789264270480-en.htm. Acesso em: 30 set. 2021.

[464] UNITED NATIONS. Behavioural science report. Disponível em: https://www.uninnovation. network/assets/BeSci/UN_Behavioural_Science_Report_2021.pdf. Acesso em: 30 set. 2021.

[465] UNITED NATIONS. Behavioural science report. Disponível em: https://www.uninnovation. network/assets/BeSci/UN_Behavioural_Science_Report_2021.pdf. Acesso em: 30 set. 2021.

[466] UNITED NATIONS. Behavioural science report. Disponível em: https://www.uninnovation. network/assets/BeSci/UN_Behavioural_Science_Report_2021.pdf. Acesso em: 30 set. 2021.

[467] A CECOP foi estruturada no âmbito da CVM pela Deliberação 721. Entre as iniciativas da CECOP cabe destacar: (i) a criação do blog "penso, logo invisto?" para fomentar estudos sobre comportamento financeiro, com tais estudos pretende-se incentivar a formação de poupança e a tomada de decisões financeiras; (ii) o Núcleo de Estudos Comportamentais (NCM) formado por especialistas em ciências sociais e comportamentais que trabalham de forma voluntária para fornecer estudos, baseados na economia comportamental, para "aprimoramento da eficiência e efetividade das políticas de educação, incluindo informação e orientação, ao investidor"; (iii) Projeto "Educação Financeira para além do conhecimento" com estudos qualitativos e quantitativos para compreender os comportamentos econômicos de determinados grupos com o objetivo final de "propor um produto educacional que esteja congruente com o contexto específico dos indivíduos a serem atingidos" Informações retiradas do website oficial da CVM. Disponível em: http://www.cvm.gov.br/menu/investidor/estudos/estudos.html. Acesso em: 30 set. 2021.

A segunda instituição é a Escola Nacional de Administração Pública (ENAP), vinculada ao Ministério da Economia. A ENAP tem realizado cursos, eventos, palestras, seminários e painéis sobre economia comportamental e avaliação de políticas públicas, tendo como o objetivo identificar e entender melhor como o Estado está aplicando as ciências comportamentais para o aprimoramento de políticas públicas.[468] Por fim, há terceira instituição brasileira, o *"Nudge* Rio". O *Nudge* Rio é uma unidade do Instituto Fundação João Goulart, com foco no uso das ferramentas da economia comportamental, principalmente o *nudge*, nos órgãos da prefeitura do Rio de Janeiro para aumentar a efetividade de iniciativas e políticas públicas.[469] O *Nudge* Rio realizou projetos nas áreas de impostos, educação, saúde, segurança e mobilidade urbana e de qualidade de vida.

---

[468] A título de exemplo há o "Curso: Economia Comportamental Aplicada às Políticas Públicas" realizado em 2018, 2019 e 2020, o evento "GNPapo – Conversa com inovadores de 2019", com o tema "Chicotes, Cenouras ou Nudges?" e o "Seminário Economia Comportamental e Educação Financeira" ambos realizado em 2019. Informações disponíveis no website do ENAP. Disponível em: https://www.enap.gov.br/. Acesso em: 30 set. 2021.

[469] Disponível em: https://www.rio.rj.gov.br/web/fjg/exibeconteudo?id=8063117. Acesso em: 30 set. 2021.

CAPÍTULO 4

A TRIBUTAÇÃO DO PECADO, ECONOMIA COMPORTAMENTAL E A MODIFICAÇÃO DO COMPORTAMENTO

Após ter sido esclarecido no que consiste a economia comportamental, suas principais teorias e sua relevância para o Direito, neste capítulo verifica-se como os estudos de economia comportamental podem contribuir ao estudo da tributação do pecado. Para tanto, esse capítulo é dividido em quatro partes. Na primeira parte, é verificada a racionalidade que está presente na estrutura da tributação do pecado atual e se os estudos da economia comportamental demandam uma modificação dessa racionalidade. Após isso, na segunda parte, adentra-se nos fatores comportamentais que estão envolvidos na mudança de comportamento, de modo a analisar se a tributação do pecado seria o meio adequado para desestimular o consumo de cigarro e de bebidas alcoólicas. Na sequência, na terceira parte, verifica-se se fatores não financeiros podem contribuir com a modificação do comportamento visado pela tributação do pecado e, em caso afirmativo, de que forma tais fatores podem ser aplicados. Por fim, na quarta parte, analisa-se se o Estado também está sujeito a fatores comportamentais e, se sim, que implicações se apresentam na tributação do pecado.

4.1 Racionalidade da tributação do pecado e a economia comportamental

A tributação extrafiscal, conforme relatado no primeiro capítulo, busca induzir comportamentos do contribuinte para que seja realizado determinado fim de interesse do Estado. Para tanto, há duas técnicas de tributação que podem ser utilizadas: vantagens ou agravamentos.[470] No caso das vantagens, há créditos tributários, isenções, entre outros mecanismos que diminuem a "pressão tributária".[471] Nos agravamentos há o aumento da tributação, com o fito de tornar mais custoso o comportamento indesejado.[472] Assim, constatou-se que a tributação do pecado, por se caracterizar por um aumento na tributação de certos produtos, como o cigarro e as bebidas alcoólicas, insere-se como uma espécie de tributação extrafiscal, por meio da técnica do agravamento.

No Brasil, a fundamentação da tributação do pecado, em seus primórdios, foi arrecadatória por buscar apenas angariar recursos para o Estado. Modernamente, essa forma de tributação passou a ter dois argumentos principais de fundamentação: aplicação da seletividade tributária, por meio da essencialidade, e correção de externalidades negativas. Em ambas as fundamentações, a tributação tem como finalidade central desestimular o consumo desses produtos.

Para desencorajar o consumo de bens, opera-se um agravamento da tributação. Assim, ao se tornar mais custoso determinado bem, há a expectativa de que o contribuinte deixe de consumi-lo, ou, ao menos, diminua o seu consumo. Portanto, verifica-se que há um pressuposto, implícito: o de que o contribuinte faria uma análise da relação de custo e benefício econômico das opções disponíveis e, com isso, efetuaria a escolha ótima; isto é, aquela escolha mais vantajosa financeiramente. Nesse sentido, por exemplo, Alberto Deodato defende que "o imposto pesado sobre certas mercadorias, como a cachaça, tem efeitos sociais de reduzir o consumo de tal bebida".[473] De forma similar, é o posicionamento de Carrazza que afirma que, com o aumento da tributação, "desencorajam-se os comportamentos que ela alcança, pois as pessoas tendem a procurar caminhos alternativos para fugir à taxação além da conta".[474]

---

[470] SCHOUERI, Luís Eduardo. *Normas tributárias indutoras e intervenção econômica*. Rio de Janeiro: Forense, 2005, p. 203-209.

[471] SCHOUERI, Luís Eduardo. *Normas tributárias indutoras e intervenção econômica*. Rio de Janeiro: Forense, 2005, p. 206. A "pressão tributária" é o que Juan Enrique Varona Alabern chama de "finalidade persuasiva" (ALABERN, Juan Enrique Varona. *Extrafiscalidad y dogmática tributaria*. Madrid: Marcial Pons, 2009, p. 30).

[472] SCHOUERI, Luís Eduardo. *Normas tributárias indutoras e intervenção econômica*. Rio de Janeiro: Forense, 2005, p. 205-206. Juan Enrique Varona Alabern denomina tal processo como "finalidade dissuasória" da extrafiscalidade (ALABERN, Juan Enrique Varona. *Extrafiscalidad y dogmática tributaria*. Madrid: Marcial Pons, 2009, p. 30).

[473] DEODATO, Alberto. *Manual de ciência das finanças*. 15. ed. São Paulo: Saraiva, 1977, p. 155.

[474] CARRAZZA, Roque Antonio. *ICMS*. São Paulo: Malheiros, 2005, nota de rodapé 1, p. 464.

Desse modo, constata-se que a teoria da escolha racional é adotada como premissa da tributação do pecado.[475] Na verdade, de acordo com Hugo de Brito Machado Segundo, a tributação extrafiscal, em geral, parte do pressuposto da escolha racional, em que o contribuinte é movido apenas pelo seu auto interesse econômico.[476] Ao se adotar a teoria da escolha racional na tributação extrafiscal, há presunção de que os contribuintes percebem e compreendem a mudança no preço de um dado produto pela tributação e, com isso, calculam os custos e os benefícios envolvidos ao decidirem que ação tomar (consumir ou não o produto).[477]

Contudo, com base nos estudos da economia comportamental, tem-se que nem sempre os agentes farão a escolha "racional". Há diversos fatores comportamentais envolvidos no processo de tomada de decisão e, frequentemente, as decisões dos agentes são resultantes de limitações cognitivas e de uso de heurísticas, em vez de uma análise complexa do custo e do benefício de todas as opções disponíveis.[478] Desse modo, para Russell Korobkin e Thomas Ulen, as premissas da teoria da escolha racional são inadequadas para prever como os agentes, de fato, comportam-se perante incentivos criados pelas leis.[479]

Assim, apesar de incentivos financeiros consistirem em uma ferramenta poderosa para a motivação das pessoas, se os fatores comportamentais não forem levados em consideração, os incentivos podem não atingir o resultado da forma e na intensidade esperada, assim como

---

[475] ZAMIR, Eyal; TEICHMAN, Doron. *Behavioral law and economics*. New York: Oxford University Press, 2018, p. 490.

[476] MACHADO SEGUNDO, Hugo de Brito. Ciência do direito tributário, economia comportamental e extrafiscalidade. *Revista Brasileira de Políticas Públicas*, Brasília, v. 8, n. 2, p. 648, 2018. Disponível em: https://www.publicacoes.uniceub.br/RBPP/article/view/5252. Acesso em: 10 dez. 2021.

[477] CONGDON, William; KLING, Jeffrey; MULLAINATHAN, Sendhil. *Policy and Choice*: public finance through the lens of behavioral economics. Washington: Brookings Institution Press, 2011, p. 179.

[478] KOROBKIN, Russell B.; ULEN, Thomas S. Law and behavioral science: removing the rationality assumption from law and economics. *California Law Review*, v. 88, n. 4, p. 1.069, July 2000. Disponível em: https://lawcat.berkeley.edu. Acesso em: 12 set. 2021. MCCAFFERY, Edward. Behavioral economics and the law: tax. *In*: ZAMIR, Eyal; TEICHMAN, Doron (Org.) *The Oxford Handbook of Behavioral Economics and the Law*. New York: Oxford University Press, 2014, p. 600.

[479] KOROBKIN, Russell B.; ULEN, Thomas S. Law and behavioral science: removing the rationality assumption from law and economics. *California Law Review*, v. 88, n. 4, p. 1.066-1.067, July 2000. Disponível em: https://lawcat.berkeley.edu. Acesso em: 12 set. 2021.

podem conduzir ao efeito contrário do pretendido.[480] Nesse contexto, os estudos de economia comportamental auxiliam na compreensão de como os indivíduos respondem à tributação.[481] Concomitantemente, tais estudos podem ser utilizados para aprimorar a tributação de modo a que esta seja hábil a atingir o resultado pretendido.[482]

É preciso, pois, compreender o que, realmente, motiva e influencia determinado comportamento.[483] Ao se entender melhor como um grupo se comporta e se identificar quais são suas preferências e limitações em um dado contexto, pode-se moldar vantagens ou agravamentos mais realistas e que tenham sido comprovados por estudos como mais efetivos a induzir o comportamento desejado.[484] Nesse viés, Rute Saraiva explica que os estudos de economia comportamental conferem um "maior realismo" e destaca que programas elaborados para agentes racionais, que sempre fazem a escolha que maximizará a sua utilidade esperada, vão se chocar com "uma dose de irracionalidade sistemática observada na conduta dos verdadeiros seres humanos".[485]

---

[480] GNEEZY, Uri; MEIER, Stephan; REY-BIEL, Pedro. When and why incentives (don't) work to modify behavior. *Journal of Economics Perspectives*, v. 25, n. 4, p. 191, 2011. Disponível em: https://www.aeaweb.org/articles?id=10.1257/jep.25.4.191. Acesso em: 15 nov. 2021. KAMENICA, Emir. Behavioral economics and psychology of incentives. *The Annual Review of Economics*, v. 4, n. 1, p. 447, 2012. BOWLES, Samuel. *The moral economy*: why good incentives are no substitute for good citizens. New Haven: Yale University Press, 2016, p. 3-4. ARIELY, Dan; BRACHA, Anat; MEIER, Stephan. Doing good or doing well? Image motivation and monetary incentives in behaving prosocially. *American Economic Review*, v. 99, n. 1, p. 544, 2000. BÉNABOU, Roland; TIROLE, Jean. Intrinsic and extrinsic motivation. *The Review of Economic Studies*, v. 70, n. 3, p. 489, 2003. Disponível em: https://www.princeton.edu/~rbenabou/papers/RES2003.pdf. Acesso em: 15 nov. 2021.

[481] CONGDON, William; KLING, Jeffrey; MULLAINATHAN, Sendhil. *Policy and Choice*: public finance through the lens of behavioral economics. Washington: Brookings Institution Press, 2011, p. 179.

[482] ZAMIR, Eyal; TEICHMAN, Doron. *Behavioral law and economics*. New York: Oxford University Press, 2018, p. 490. CONGDON, William; KLING, Jeffrey; MULLAINATHAN, Sendhil. *Policy and Choice*: public finance through the lens of behavioral economics. Washington: Brookings Institution Press, 2011, p. 175.

[483] READ, Daniel. A ciência comportamental e a tomada de decisão pelo consumidor: algumas questões para reguladores. *In*: ÁVILA, Flávia; BIANCHI, Ana Maria (Org.). *Guia de Economia Comportamental e Experimental*. São Paulo: EconomiaComportamental.org, 2015. Disponível em: http://www.economiacomportamental.org. Acesso em: 27 nov. 2021.

[484] DHAMI, Sanjit. *The foundations of behavioral economic analysis*. New York: Oxford University Press, 2016, p. 1579.

[485] É por essa razão que a autora defende a importância dos estudos da economia comportamental para a chamada "Economia do desenvolvimento". SARAIVA, Rute. Economia comportamental do desenvolvimento. *Boletim de Ciências Econômicas*, Coimbra, v. 57, n. 3, p. 3167, 2014. Disponível em: https://doi.org/10.14195/0870-4260_57-3_18. Acesso em: 27 nov. 2021. No mesmo sentido, consulte: DATTA, Saugato; MULLAINATHAN, Sendhil. Behavioral design:

No mesmo sentido, Samuel Bowles defende que o legislador deve se sofisticar e desenhar incentivos que propiciem sinergia entre as preferências sociais dos indivíduos e os respectivos incentivos.[486] George Akerlof e Robert Shiller, inclusive, afirmam que o Governo tem o dever de entender como funcionam as reais motivações, o "espírito animal" dos indivíduos, para direcioná-las na efetiva promoção do bem-estar.[487]

No caso da tributação do pecado, o Estado faz o uso de agravamentos, aumento da tributação, em certos produtos, como bebida alcoólica e cigarro, com o objetivo de reduzir seu consumo. Se o propósito dessa tributação é o de desencorajar o consumo desses produtos e não aumentar a arrecadação do Estado, elementos comportamentais precisam ser levados em consideração, sob pena de ser agravado tributos que não têm o potencial de atender o efeito comportamental desejado. Há também outro aspecto a ser observado: como a tributação do pecado envolve produtos com potencial de vício, o efeito financeiro da tributação pode ser ainda menor na modificação do comportamento do que o esperado.[488]

Apresentados tais esclarecimentos, parte-se para a análise dos fatores comportamentais que estão envolvidos na modificação do comportamento e para ser verificado se a tributação do pecado, em sua estrutura atual, mostra-se adequada a atingir o efeito por ela visado.

4.2 Tributação do pecado, aspectos comportamentais e a modificação do comportamento

Há diversos elementos comportamentais envolvidos no processo de tomada de decisão de consumir ou não um produto com potencial de vício e de risco à saúde. A abordagem com base nos estudos de economia comportamental auxilia na análise de como as pessoas se comportam diante de uma tributação. De acordo com Congdon, Kling e

---

a new approach to development policy. *Review of Income and Wealth*, v. 60, n. 1, p. 133-154, Mar. 2014. Disponível em: http://www.roiw.org/2014/n1/7.pdf. Acesso em: 27 nov. 2021.

[486] BOWLES, Samuel. *The moral economy*: why good incentives are no substitute for good citizens. New Haven: Yale University Press, 2016, p. 65.

[487] AKERLOF, George; SHILLER, Robert. *Animal Spirits*: how human psychology drives the economy, and why it matters for global capitalism. Princeton: Princeton University Press, 2009, p. 173.

[488] ZAMIR, Eyal; TEICHMAN, Doron. *Behavioral law and economics*. New York: Oxford University Press, 2018, p. 491.

Mullainathan, uma das principais contribuições da economia comportamental para a análise de como as pessoas respondem à tributação é a de que, devido à atenção limitada e demais fatores comportamentais envolvidos, as pessoas podem deixar de perceber a existência de uma tributação ou de compreendê-la de forma adequada.[489] De forma similar, Brian Galle defende que os contribuintes podem até estar cientes de uma tributação, mas devido à limitações em suas habilidades cognitivas e de força de vontade, não conseguem fazer os cálculos exatos da tributação incidente.[490]

Diante disso, não se pode presumir que as pessoas compreendem a tributação de forma correta, ao contrário do que a análise tradicional pressupõe, tendo como base a teoria da escolha racional.[491] Na realidade, Congdon, Kling e Mullainathan relatam que os indivíduos respondem à tributação de acordo com a forma como eles compreendem tal tributação.[492]

Nesse contexto, a saliência da tributação ganha especial importância. A saliência está relacionada a heurística da disponibilidade[493] e significa que, ao tomar uma decisão, os indivíduos, frequentemente, focalizarão sua atenção em informações que já estão prontamente disponíveis ou que estão mais proeminentes e evidentes. De outro lado, com base na saliência, os indivíduos tendem a ignorar as informações

---

[489] CONGDON, William; KLING, Jeffrey; MULLAINATHAN, Sendhil. *Policy and Choice*: public finance through the lens of behavioral economics. Washington: Brookings Institution Press, 2011, p. 179.

[490] GALLE, Brian. Hidden Taxes. *Washington University of Law Review*, v. 87, n. 1, p. 83, 2009. Disponível em: https://openscholarship.wustl.edu/law_lawreview/vol87/iss1/2/. Acesso em: 27 nov. 2021. GALLE, Brian. Carrots, sticks and salience. *Tax Law Review*, v. 67, p. 64, 2013. Disponível em: https://scholarship.law.georgetown.edu/facpub/1845/. Acesso em: 27 nov. 2021.

[491] CONGDON, William; KLING, Jeffrey; MULLAINATHAN, Sendhil. *Policy and Choice*: public finance through the lens of behavioral economics. Washington: Brookings Institution Press, 2011, p. 179-180.

[492] CONGDON, William; KLING, Jeffrey; MULLAINATHAN, Sendhil. *Policy and Choice*: public finance through the lens of behavioral economics. Washington: Brookings Institution Press, 2011, p. 179-179. CONGDON, William; KLING, Jeffrey; MULLAINATHAN, Sendhil. Behavioral economics and tax policy. *National Bureau of Economic Research*, Working Paper 15328, p. 6, set. 2009. Disponível em: https://www.nber.org/papers/w15328. Acesso em: 10 dez. 2021.

[493] TVERSKY, Amos; KAHNEMAN, Daniel. Judgement Under Uncertainty: Heuristics and Biases. *Sciences*. New Series. v. 185, n. 4157, p. 1.127, Sep. 1974. SUNSTEIN, Cass; JOLLS, Christine; THALER, Richard. A behavioral approach to law and economics. *Stanford Law Review*, Stanford, v. 50, p. 1.537, May 1998. Disponível em: https://chicagounbound.uchicago.edu/cgi/viewcontent.cgi?article=12172&context=journal_articles. Acesso em: 03 dez. 2021.

menos salientes ou frequentes ou não tão prontamente disponíveis.[494] Na tributação, a saliência é definida como o efeito de visibilidade ou proeminência da tributação pelos contribuintes.[495]

Para Edward McCaffery, a saliência é a chave para muitos efeitos comportamentais na tributação.[496] A importância da saliência na tributação do consumo foi objeto de pesquisa empírica realizada por Chetty, Looney e Kroft.[497] De acordo com a pesquisa feita pelos autores, na seara da tributação do consumo, os consumidores percebem a existência da tributação quando a sua atenção é atraída para isso, mas quando a tributação não é saliente, os consumidores não a notam quando estão decidindo que produto comprar.[498] Em ambas as pesquisas empíricas feitas por Chetty, Looney e Kroft, foi constatado que tornar mais saliente a alteração do preço de um produto com a incidência da tributação, modificou mais o comportamento dos consumidores. Com isso, os autores concluíram que a saliência e a falta de atenção são fatores determinantes sobre a resposta dos consumidores à tributação.[499] De forma similar, são as conclusões de Deborah Schebk, que afirma que se a tributação do consumo não é saliente, os consumidores tomarão a

---

[494] SCHENK, Deborah H. Exploiting the salience bias in designing taxes. *Yale Journal of Regulation*, v. 28, n. 2, p. 264, 2011. Disponível em: https://openyls.law.yale.edu/handle/20.500.13051/8135. Acesso em: 27 nov. 2021.

[495] GAMAGE, David; SHANSKE, Darien. Three essays on tax salience: market salience and political salience. *Tax Law Review*, v. 65, p. 19, 2011. Disponível em: https://www.repository.law.indiana.edu/facpub/2416/. Acesso em: 27 nov. 2021. SCHENK, Deborah H. Exploiting the salience bias in designing taxes. *Yale Journal of Regulation*, v. 28, n. 2, p. 254, 2011. Disponível em: https://openyls.law.yale.edu/handle/20.500.13051/8135. Acesso em: 27 nov. 2021. PERKINS, Rachelle H. Salience and sin: designing taxes in the new sin era. *Brigham Young University of Law Review*, v. 2014, n. 1, p. 160, 2014. Disponível em: https://digitalcommons.law.byu.edu/lawreview/vol2014/iss1/5/. Acesso em: 27 nov. 2021.

[496] MCCAFFERY, Edward. Behavioral economics and the law: tax. *In*: ZAMIR, Eyal; TEICHMAN, Doron (Org.) *The Oxford Handbook of Behavioral Economics and the Law*. New York: Oxford University Press, 2014, p. 609.

[497] CHETTY, Raj; LOONEY, Adam; KROFT, Kory. Salience and taxation: theory and evidence. *American Economic Review*, v. 99, n. 4, p. 1.145-1.177, 2009. Disponível em: https://are.berkeley.edu/SGDC/Chetty_Looney_Kroft_AER_2010.pdf. Acesso em: 27 nov. 2021.

[498] CHETTY, Raj; LOONEY, Adam; KROFT, Kory. Salience and taxation: theory and evidence. *American Economic Review*, v. 99, n. 4, p. 1.165, 2009. Disponível em: https://are.berkeley.edu/SGDC/Chetty_Looney_Kroft_AER_2010.pdf. Acesso em: 27 nov. 2021.

[499] CHETTY, Raj; LOONEY, Adam; KROFT, Kory. Salience and taxation: theory and evidence. *American Economic Review*, v. 99, n. 4, p. 1.165, 2009. Disponível em: https://are.berkeley.edu/SGDC/Chetty_Looney_Kroft_AER_2010.pdf. Acesso em: 27 nov. 2021.

decisão de consumir ou não um produto *"pretax"*; isto é, como se não houvesse a tributação.[500]

No caso da tributação do pecado, se o seu objetivo é desestimular o consumo de determinados bens, o consumidor precisa estar ciente da mudança da tributação desses tributos. Por isso, Eyal Zamir e Doron Teichman defendem que tal tributação seja o mais saliente possível.[501] Igualmente, Rachelle Holmes Perking explica que, quando se busca influenciar o comportamento do contribuinte por meio da tributação do pecado, uma tributação saliente é mais adequada.[502] Ao passo que se a fundamentação da tributação do pecado for apenas a de aumentar a arrecadação ao Estado, uma tributação menos saliente, "escondida", tem mais potencial.

No caso brasileiro, não há visibilidade da incidência da tributação do consumo, de qualquer produto, para os consumidores. Por exemplo, quando um consumidor decide comprar um bem, no supermercado, não há especificação da tributação no preço do produto e, de igual modo, no momento em que o consumidor paga o produto, não há especificação do valor da tributação nele incidente. Desse modo, pode-se enquadrar tal tributação como "escondida" ou não saliente. Nesse sentido, André Castro Carvalho entende como "tributação escondida" quando o contribuinte não precisa se preocupar com a última etapa da coleta do tributo ao Estado, isto é, o contribuinte não realiza, diretamente, o pagamento do tributo ao Estado.[503] Com isso, Carvalho relata que o contribuinte tem a falsa impressão de que alguém, que não ele, está suportando a tributação.

Ao tratar de incentivos tributários, Cristiano Carvalho esclarece que é primordial que os destinatários de tais incentivos os percebam e os compreendam devidamente.[504] Na tributação extrafiscal, se essa

---

[500] SCHENK, Deborah H. Exploiting the salience bias in designing taxes. *Yale Journal of Regulation*, v. 28, n. 2, p. 266, 2011. Disponível em: https://openyls.law.yale.edu/handle/20.500.13051/8135. Acesso em: 27 nov. 2021.

[501] ZAMIR, Eyal; TEICHMAN, Doron. *Behavioral law and economics*. New York: Oxford University Press, 2018, p. 490-491.

[502] PERKINS, Rachelle H. Salience and sin: designing taxes in the new sin era. *Brigham Young University of Law Review*, v. 2014, n. 1, p. 144, 2014. Disponível em: https://digitalcommons. law.byu.edu/lawreview/vol2014/iss1/5/. Acesso em: 27 nov. 2021.

[503] CARVALHO, André Castro. Heuristics and biases in public finance and tax law: outline of a behavioral approach in Brazil. *In*: ANNUAL MEETING OF THE LATIN AMERICAN AND IBERIAN LAW AND ECONOMICS ASSOCIATION, 15, 2011, Bogotá, p. 5. Disponível em: https://www.lacea.org/vox/?q=node/137. Acesso em: 27 nov. 2021.

[504] CARVALHO, Cristiano. *Teoria da decisão tributária*. São Paulo: Almedina, 2018, p. 168.

CAPÍTULO 4
A TRIBUTAÇÃO DO PECADO, ECONOMIA COMPORTAMENTAL E A MODIFICAÇÃO DO COMPORTAMENTO | 121

comunicação não for adequada o incentivo será ineficiente, como declara o autor. A esse respeito, Carvalho explana que, caso o contribuinte não esteja informado sobre o quanto estará sujeito pela tributação agravada, o resultado mais provável é o de que a intenção de modificação do comportamento, visada pela tributação extrafiscal, não seja notada e seja mascarada no preço do bem.[505] Carvalho, também, cita especificamente o caso da tributação agravada do cigarro e afirma que, se essa tributação não for informada aos consumidores, a tributação não será hábil a gerar qualquer efeito, por acabar sendo acobertada no preço final do produto.

A mesma conclusão de Cristiano Carvalho quanto à tributação mais gravosa do cigarro — que, neste trabalho, identifica-se como um exemplo de tributação do pecado — também pode ser aplicada às bebidas alcoólicas. No caso brasileiro, a não visibilidade da incidência da tributação do consumo é idêntica para qualquer produto. Desse modo, quando um consumidor decide comprar um bem, como cigarro, álcool ou água mineral, no preço do produto não há especificação da tributação e, de igual modo, ao pagar o produto, não é especificado o valor da tributação incidente. Logo, pode-se constatar que a tributação do pecado brasileira é "escondida" ou não saliente. Consequentemente, tem-se que devido à ausência de saliência a tributação do pecado brasileira apresenta limitações significativas na sua capacidade de alterar o comportamento do consumidor. Sobre o tema, Aliomar Baleeiro relatava a existência de uma "anestesia fiscal" nos impostos de consumo devido à tributação passar de forma despercebida para os contribuintes de fato, sem haver, portanto, uma consciência dessa tributação.[506]

Para além da questão da saliência, a decisão de consumir produtos com potencial de vício envolve escolhas intertemporais.[507] De acordo com Frederick, Loewenstein e O'Donoghue, escolhas intertemporais são decisões que envolvem a análise de custos e benefícios que ocorrerão em diferentes tempos.[508] É o caso, por exemplo, de um indivíduo decidir

---

[505] CARVALHO, Cristiano. *Teoria da decisão tributária*. São Paulo: Almedina, 2018, p. 168.

[506] BALEEIRO, Aliomar. *Uma introdução à ciência de finanças*. Rio de Janeiro: Forense, 2004, p. 439.

[507] ZAMIR, Eyal; TEICHMAN, Doron. *Behavioral law and economics*. New York: Oxford University Press, 2018, p. 89-89. MCCAFFERY, Edward. Behavioral economics and the law: tax. *In*: ZAMIR, Eyal; TEICHMAN, Doron (Org.) *The Oxford Handbook of Behavioral Economics and the Law*. New York: Oxford University Press, 2014, p. 605.

[508] FREDERICK, Shane; LOEWENSTEIN, George; O'DONOGHUE, Ted. Time discounting and time preference: a critical review. *Journal of Economic Literature*, v. 40, p. 351, June 2002.

gastar o seu dinheiro do salário com um produto, que proporcionará um prazer momentâneo, ou escolher guardar esse dinheiro para formar uma poupança.[509] Nesse exemplo, a decisão do indivíduo de gastar ou economizar seu dinheiro envolve análise da relação de custo e benefício no tempo presente de gastar o dinheiro e, igualmente, envolve análise do custo e benefício em tempo futuro. Há diversas pesquisas empíricas de economia comportamental que demonstram que, nos casos de escolhas intertemporais, há uma tendência de as pessoas sobrevalorizarem os benefícios imediatos do presente em detrimento dos benefícios do futuro.[510] Como exemplo disso, Zamir e Teichman relatam que, entre escolher receber 10 dólares hoje ou 12 dólares na semana que vem, as pessoas tendem a escolher receber o dinheiro hoje.[511] Tal fenômeno é, comumente, denominado de viés do presente,[512] ou viés das preferências do presente,[513] e se relaciona com os problemas de autocontrole, impulsividade e outros vieses cognitivos.[514]

Disponível em: https://www.cmu.edu/dietrich/sds/docs/loewenstein/TimeDiscounting. pdf. Acesso em: 3 dez. 2021.

[509] SHEFFRIN, Hersh; THALER, Richard. An economic theory of self-control. *National Bureau of Economic Research*, Working Paper 208, p. 2, 1978. Disponível em: https://www.nber.org/papers/w0208. Acesso em: 3 dez. 2021. MCCAFFERY, Edward. Behavioral economics and the law: tax. *In*: ZAMIR, Eyal; TEICHMAN, Doron (Org.) *The Oxford Handbook of Behavioral Economics and the Law*. New York: Oxford University Press, 2014, p. 609. DHAMI, Sanjit. *The foundations of behavioral economic analysis*. New York: Oxford University Press, 2016, p. 644.

[510] FREDERICK, Shane; LOEWENSTEIN, George; O'DONOGHUE, Ted. Time discounting and time preference: a critical review. *Journal of Economic Literature*, v. 40, p. 360, June 2002. Disponível em: https://www.cmu.edu/dietrich/sds/docs/loewenstein/TimeDiscounting. pdf. Acesso em: 3 dez. 2021. LOEWENSTEIN, George; THALER, Richard. Anomalies: intertemporal choice. *Journal of Economic Perspectives*, v. 3, n. 4, p. 183, 1989. Disponível em: https://www.aeaweb.org/articles?id=10.1257/jep.3.4.181. Acesso em: 3 dez. 2021. BERNS, Gregory S.; LAIBSON, David; LOEWENSTEIN, George. Intertemporal choice – toward an integrative framework. *Trends in Cognitive Science*, v. 11, p. 482, 2007. Disponível em: https://dash.harvard.edu/bitstream/handle/1/4554332/Laibson_IntertemporalChoice.pdf. Acesso em: 3 dez. 2021.

[511] ZAMIR, Eyal; TEICHMAN, Doron. *Behavioral law and economics*. New York: Oxford University Press, 2018, p. 89.

[512] OLIVER, Adam. *The origins of behavioral public policy*. Cambridge: Cambridge University Press, 2017, p. 60. WHITE, Justin S.; DOW, William H. Intertemporal choices for health. *In*: ROBERTO, Christina A; KAWACHI, Ichiro. *Behavioral economics and public health*. Oxford: Oxford University Press, 2016, p. 35.

[513] O'DONOGHUE, Ted; RABIN, Matthew. Doing it now or later. *The American Economic Review*, v. 89, n. 1, p. 103, Mar. 1999. O'DONOGHUE, Ted; RABIN, Matthew. Choice and procrastination. *The Quarterly Journal of Economics*, v. 116, p. 122, n. 1, Feb. 2001. Disponível em: https://escholarship.org/content/qt5r26k54p/qt5r26k54p.pdf?t=lnmqi7. Acesso em: 3 dez. 2021. DHAMI, Sanjit. *The foundations of behavioral economic analysis*. New York: Oxford University Press, 2016, p. 644.

[514] ZAMIR, Eyal; TEICHMAN, Doron. *Behavioral law and economics*. New York: Oxford University Press, 2018, p. 92.

No caso de consumo de produtos com potencial de vício, como o cigarro e as bebidas alcoólicas, os efeitos do viés do presente e dos problemas de autocontrole podem estar presentes de forma ainda mais significativa.[515] A decisão de consumir tais produtos envolve decidir entre o desejo imediato de prazer que o consumo daquele produto provoca e os custos futuros para a saúde que o consumo poderá ocasionar.[516]

Indivíduos com significativos problemas de autocontrole tenderão a ceder mais ao desejo de consumir o produto. Frequentemente, o simples fato de o indivíduo estar ciente do seu problema de autocontrole não é o suficiente para a correção do viés e para levá-lo a deixar de consumir o produto. Na verdade, segundo O'Donoghue e Rabin, em muitos casos, o indivíduo estar ciente de problemas de autocontrole acaba acentuando o problema.[517]

A heterogeneidade do padrão de consumo de produtos viciantes também é um fator relevante na modificação de comportamento.[518] Na hipótese de vício, haverá uma sobrevalorização do prazer do consumo do produto viciante[519] ainda maior. Berheim e Rangel definem a ocorrência de vício quando, após consumo significativo, o indivíduo consome o produto de forma compulsiva, repetitiva, e mesmo que de forma indesejada.[520] De acordo com os autores, apesar de as substân-

---

[515] ZAMIR, Eyal; TEICHMAN, Doron. *Behavioral law and economics*. New York: Oxford University Press, 2018, p. 92. DHAMI, Sanjit. *The foundations of behavioral economic analysis*. New York: Oxford University Press, 2016, p. 679. WHITE, Justin S.; DOW, William H. Intertemporal choices for health. *In*: ROBERTO, Christina A; KAWACHI, Ichiro. *Behavioral economics and public health*. Oxford: Oxford University Press, 2016, p. 41.

[516] O'DONOGHUE, Ted; RABIN, Matthew. Doing it now or later. *The American Economic Review*, v. 89, n. 1, p. 118, Mar. 1999.

[517] O'DONOGHUE, Ted; RABIN, Matthew. Doing it now or later. *The American Economic Review*, v. 89, n. 1, p. 119, Mar. 1999.

[518] BERHEIM, Douglas; RANGEL, Antonio. Addiction and cue-triggered decision processes. *The American Economic Review*, v. 94, n. 5, p. 1.559, Dec. 2004. Disponível em: http://citeseerx. ist.psu.edu/viewdoc/download?doi=10.1.1.178.9278&rep=rep1&type=pdf. Acesso em: 03 dez. 2021.

[519] Em seu artigo, Berheim e Rangel classificam as substâncias viciantes em onze: álcool, barbituratos, anfetaminas, cocaína, cafeína e estimulantes metilxantina relacionados, cannabis, alucinógenos, nicotina, opioides, anestésicos dissociativos e solventes voláteis. BERHEIM, Douglas; RANGEL, Antonio. Addiction and cue-triggered decision processes. *The American Economic Review*, v. 94, n. 5, p. 1.558, nota de rodapé 1, Dec. 2004. Disponível em: http://citeseerx.ist.psu.edu/viewdoc/download?doi=10.1.1.178.9278&rep=rep1&type=pdf. Acesso em: 03 dez. 2021.

[520] BERHEIM, Douglas; RANGEL, Antonio. Addiction and cue-triggered decision processes. *The American Economic Review*, v. 94, n. 5, p. 1.558, Dec. 2004. Disponível em: http://citeseerx. ist.psu.edu/viewdoc/download?doi=10.1.1.178.9278&rep=rep1&type=pdf. Acesso em: 3 dez. 2021.

cias viciantes variarem consideravelmente em seus efeitos químicos e psicológicos, há consenso na neurociência de que tais substâncias interferem no processo do cérebro de antecipar o prazer do consumo e, com isso, geram um forte e desproporcional impulso ao consumo que é de difícil controle.[521] Em sua pesquisa, Berheim e Rangel constataram que, na hipótese de uso impulsivo de produtos com potencial de vícios, os consumidores são muito menos sensíveis a variações de preço.[522]

Especialmente sobre as bebidas alcoólicas, Henry Saffer, Dhaval Dave e Michael Grossman realizaram pesquisas empíricas e analisaram que o efeito do preço no consumo varia de acordo com o padrão de consumo.[523] Dessa forma, os consumidores com padrão de consumo baixo e moderado de álcool são mais suscetíveis a mudanças do preço do produto, ocasionadas pelo aumento da tributação.[524] Já os consumidores com padrão elevado de consumo de bebidas alcoólicas são pouco afetados pelo aumento do preço.[525]

O'Donoghue e Rabin ao abordarem a tributação do cigarro, explicam que esta, em sua estrutura atual, não pressupõe que os consumidores tenham problemas de autocontrole e que estejam sujeitos à vieses cognitivos.[526] De acordo com os autores, ignorar os problemas de autocontrole e os relacionados às preferências inconsistentes no

---

[521] BERHEIM, Douglas; RANGEL, Antonio. Addiction and cue-triggered decision processes. *The American Economic Review*, v. 94, n. 5, p. 1.564-1.565, Dec. 2004. Disponível em: http://citeseerx.ist.psu.edu/viewdoc/download?doi=10.1.1.178.9278&rep=rep1&type=pdf. Acesso em: 3 dez. 2021.

[522] BERHEIM, Douglas; RANGEL, Antonio. Addiction and cue-triggered decision processes. *The American Economic Review*, v. 94, n. 5, p. 1.582, Dec. 2004. Disponível em: http://citeseerx.ist.psu.edu/viewdoc/download?doi=10.1.1.178.9278&rep=rep1&type=pdf. Acesso em: 3 dez. 2021.

[523] SAFFER, Henry; DAVE, Dhavel; GROSSMAN, Michael. Behavioral economics and the demand for alcohol: results from the NLSY97. *National Bureau of Economic Research*, Working Paper 18180, p. 20, jun. 2012. Disponível em: https://www.nber.org/papers/w18180. Acesso em: 3 dez. 2021.

[524] SAFFER, Henry; DAVE, Dhavel; GROSSMAN, Michael. Behavioral economics and the demand for alcohol: results from the NLSY97. *National Bureau of Economic Research*, Working Paper 18180, p. 20, June 2012. Disponível em: https://www.nber.org/papers/w18180. Acesso em: 3 dez. 2021.

[525] SAFFER, Henry; DAVE, Dhavel; GROSSMAN, Michael. Behavioral economics and the demand for alcohol: results from the NLSY97. *National Bureau of Economic Research*, Working Paper 18180, p. 20, June 2012. Disponível em: https://www.nber.org/papers/w18180. Acesso em: 3 dez. 2021.

[526] O'DONOGHUE, Ted; RABIN, Matthew. Doing it now or later. *The American Economic Review*, v. 89, n. 1, p. 120, 1999.

A TRIBUTAÇÃO DO PECADO, ECONOMIA COMPORTAMENTAL E A MODIFICAÇÃO DO COMPORTAMENTO

tempo pode fazer com que a tributação seja inútil e não sirva para os fins públicos propostos.[527]

Sobre a tributação do pecado, Franklin Liu relata que não há evidências suficientes para demonstrar que a tributação a maior desses produtos tenha tornado os indivíduos mais saudáveis ou contribuído para o sistema público de saúde de modo geral.[528] De outro lado, há estudos que demonstram a presença de efeitos negativos dessa forma de tributação, que não são observados frequentemente, como o aumento da importação e comercialização desses produtos de forma clandestina.[529] Em especial sobre o cigarro, Patrick Fleenor analisou a correlação entre a história do ingresso e comercialização ilegal desses bens, na cidade e no estado de Nova Iorque, e o aumento da tributação desse produto.[530] De acordo com o autor, a entrega clandestina do cigarro teria contribuído para o aumento da violência e de crimes graves relacionados ao descaminho e ao mercado ilegal. De acordo com Fleenor, a falha das políticas públicas do Estado de Nova Iorque, em considerar os efeitos negativos que o aumento da tributação do cigarro gera, repetiu-se em outros estados dos Estados Unidos da América, bem como em diversos outros países que buscaram aumentar a arrecadação dos cofres públicos. Na época em que escreveu seu estudo, 2002, Fleenor constatou que o cigarro era um dos produtos mais tributados e com maior ingresso e comercialização de forma ilegal no mundo.[531] Assim, o autor constatou que os efeitos negativos, observados no estado de Nova Iorque, de uma tributação mais gravosa do cigarro, deveriam servir como um

---

[527] O'DONOGHUE, Ted; RABIN, Matthew. Doing it now or later. *The American Economic Review*, v. 89, n. 1, p. 120, 1999.

[528] LIU, Franklin. Sin taxes: have governments gone too far in their efforts to monetize morality? *Boston College Law Review*, v. 59, n. 2, p. 776, 2018. Disponível em: https://lawdigitalcommons. bc.edu/bclr/vol59/iss2/7/. Acesso em: 4 dez. 2021.

[529] CARRUTHERS, Bruce G. The semantics of sin tax: politics, morality, and fiscal imposition. *Fordham Law Review*, v. 84, n. 6, p. 2568, 2016. Disponível em: http://fordhamlawreview.org/ issues/the-semantics-of-sin-tax-politics-morality-and-fiscal-imposition/. Acesso em: 4 dez. 2021. LIU, Franklin. Sin taxes: have governments gone too far in their efforts to monetize morality? *Boston College Law Review*, v. 59, n. 2, p. 765-766, 2018. Disponível em: https:// lawdigitalcommons.bc.edu/bclr/vol59/iss2/7/. Acesso em: 4 dez. 2021.

[530] FLEENOR, Patrick. Cigaratte taxes, black markets, and crime: lessons for New York's 50-year losing battle. *Policy Analysis*, n. 468, p. 1, 2003.

[531] FLEENOR, Patrick. Cigaratte taxes, black markets, and crime: lessons for New York's 50-year losing battle. *Policy Analysis*, n. 468, p. 15, 2003.

alerta a essa forma de tributação, já que tem potencial para gerar graves consequências.[532]

No Brasil, Nelson Leitão Paes destacou que a estratégia de usar o aumento da tributação para desestimular o consumo do cigarro encontra vulnerabilidades na realidade brasileira, principalmente diante do ingresso e comercialização ilegal dessa mercadoria. De acordo com pesquisa feita pelo autor em 2012, o mercado ilegal de cigarros no Brasil era composto por cerca de 30% do mercado total.[533] De forma comparativa, no Reino Unido, em 2010, os cigarros ilegais representavam apenas 11% do total comercializado, e, na União Europeia, em 2005, a média calculada foi de 8,9%.[534]

Paes relata que, no Brasil, há diversas fragilidades institucionais e facilidades que acabam tornando a questão do mercado ilegal do cigarro muito maior do que em outros países.[535] É o caso da vulnerabilidade de fiscalização das fronteiras brasileiras, da existência de uma malha rodoviária extensa e pouco fiscalizada, além de numerosos canais de distribuição informais que são utilizados para ingressos ilegais de outros produtos.[536] Dentre as vulnerabilidades, destaca-se a fronteira do Brasil com o Paraguai que, devido ao custo de produção do cigarro ser muito mais baixo no Paraguai do que no Brasil, há um número significativo de cigarros clandestinos do Paraguai para o Brasil. De acordo com Paes, em 2012, aproximadamente 67 milhões de cigarros foram produzidos no Paraguai, sendo que 26 milhões foram ilegalmente inseridos no Brasil.[537] Além disso, Paes destaca que, em 2012, 10,9% da comercialização de

---

[532] FLEENOR, Patrick. Cigaratte taxes, black markets, and crime: lessons for New York's 50-year losing battle. *Policy Analysis*, n. 468, p. 15, 2003.

[533] A média também vai de acordo com as pesquisas realizadas por Iglesias *et al.* IGLESIAS, Roberto *et al. Controle de tabagismo no Brasil*. Washington: Banco Mundial: 2007, p. 35. Disponível em: https://actbr.org.br/uploads/arquivo/202_controle-tabagismo-brasil-BM.pdf. Acesso em: 4 dez. 2021.

[534] PAES, Nelson Leitão. Uma análise ampla da tributação de cigarros no Brasil. *Planejamentos e Políticas Públicas*, n. 48, p. 26, jan./jun. 2017. Disponível em: https://www.ipea.gov.br/ppp/index.php/PPP/article/view/566. Acesso em: 04 dez. 2021.

[535] PAES, Nelson Leitão. Uma análise ampla da tributação de cigarros no Brasil. *Planejamentos e Políticas Públicas*, n. 48, p. 26, jan./jun. 2017. Disponível em: https://www.ipea.gov.br/ppp/index.php/PPP/article/view/566. Acesso em: 4 dez. 2021.

[536] PAES, Nelson Leitão. Uma análise ampla da tributação de cigarros no Brasil. *Planejamentos e Políticas Públicas*, n. 48, p. 26, jan./jun. 2017. Disponível em: https://www.ipea.gov.br/ppp/index.php/PPP/article/view/566. Acesso em: 4 dez. 2021.

[537] PAES, Nelson Leitão. Uma análise ampla da tributação de cigarros no Brasil. *Planejamentos e Políticas Públicas*, n. 48, p. 26, jan./jun. 2017. Disponível em: https://www.ipea.gov.br/ppp/index.php/PPP/article/view/566. Acesso em: 4 dez. 2021.

CAPÍTULO 4
A TRIBUTAÇÃO DO PECADO, ECONOMIA COMPORTAMENTAL E A MODIFICAÇÃO DO COMPORTAMENTO | 127

cigarros foram produzidos no Brasil de modo informal. Anualmente, do total do mercado ilegal, a Receita Federal do Brasil tem conseguido apreender e destruir apenas 0,1%, percentual esse conforme dados coletados no período de 2000 a 2012.[538]

Diante dos dados analisados, constata-se que, ao longo dos anos, o aumento da alíquota do cigarro não tem sido hábil a conter o mercado ilegal. Desse modo, Paes aduz que, no Brasil, a tributação é um instrumento muito mais frágil do que em outros países para lidar com o desestímulo ao consumo de cigarro.[539]

Cabe destacar também a pesquisa empírica realizada por Cleber P. da Silva, Carmen L. Voigt e Sandro X. Campos, voltada para a análise de marcas de cigarros inseridos de forma ilegal no Brasil, que identificou maior concentração de metais tóxicos com potencial cancerígeno, quais sejam: cobre, manganês, zinco, ferro, cobalto, cádmio, cromo, prata, chumbo e níquel.[540] Tal análise feita pelos autores também constatou que todas as dezoito marcas de cigarro ilegais, que foram objeto da análise, possuíam concentrações elevadas de metais tóxicos muito maiores do que as previstas em outros estudos anteriores. Em uma das marcas ilegais analisadas, a concentração de cromo foi 11 vezes maior do que o valor máximo encontrado em cigarros ilegais comercializados no Reino Unido.[541] Destaca-se que a toxicidade do cromo é responsável por ocasionar dificuldades de respiração, tosse, úlceras, bronquite crônica, diminuição das funções pulmonares e pneumonia. Quanto ao chumbo, foi constado que duas marcas de cigarros ilegais, que correspondem a 16,5% do total das apreensões de cigarro em 2012, possuíam o dobro da concentração de chumbo dos cigarros vendidos no Paquistão e 116

---

[538] PAES, Nelson Leitão. Uma análise ampla da tributação de cigarros no Brasil. *Planejamentos e Políticas Públicas*, n. 48, p. 28, jan./jun. 2017. Disponível em: https://www.ipea.gov.br/ppp/index.php/PPP/article/view/566. Acesso em: 4 dez. 2021.

[539] PAES, Nelson Leitão. Uma análise ampla da tributação de cigarros no Brasil. *Planejamentos e Políticas Públicas*, n. 48, p. 29, jan./jun. 2017. Disponível em: https://www.ipea.gov.br/ppp/index.php/PPP/article/view/566. Acesso em: 4 dez. 2021.

[540] SILVA, Cleber P.; VOIGT, Carmen L.; CAMPOS, Sandro X. de. Determinação de íons metálicos em cigarros contrabandeados no Brasil. *Revista Virtual de Química*, v. 6, n. 5, p. 1.150, 2014. Disponível em: https://rvq-sub.sbq.org.br/index.php/rvq/article/view/642. Acesso em: 4 dez. 2021.

[541] SILVA, Cleber P.; VOIGT, Carmen L.; CAMPOS, Sandro X. de. Determinação de íons metálicos em cigarros contrabandeados no Brasil. *Revista Virtual de Química*, v. 6, n. 5, p. 1.154, 2014. Disponível em: https://rvq-sub.sbq.org.br/index.php/rvq/article/view/642. Acesso em: 4 dez. 2021.

vezes mais do que os cigarros legais comercializados no Brasil.[542] De acordo com os autores, o chumbo é extremamente tóxico e tem grande potencial para ocasionar consequências graves no cérebro, rins, sistema nervoso, células vermelhas do sangue, reduzir o quociente de inteligência e provocar o mau desenvolvimento de fetos.[543] Com base nos resultados analisados, os autores concluíram que fumantes ativos ou passivos estão expostos a um risco maior de problemas à saúde (como câncer, problemas cardíacos e pulmonares) com os cigarros ilegais do com os legais.[544]

Lucia Helena Salgado e Rafael Pinho Morais apontam que é um erro adotar políticas de controle do consumo de cigarros de outros países no Brasil. Diante do mercado ilegal, e das peculiaridades institucionais, os autores afirmam que acreditar que o aumento da tributação desestimulará o consumo do cigarro, aumentando a arrecadação e diminuindo os custos de saúde pública, "não faz sentido no Brasil atual".[545]

Especialmente em virtude do mercado ilegal do cigarro, em 23 de março de 2019, foi instituído no Ministério da Justiça e Segurança Pública um grupo de trabalho para analisar a "conveniência e oportunidade de redução da tributação de cigarros fabricados no Brasil".[546] Apesar de o grupo ter chegado à conclusão de não reduzir a tributação,

---

[542] SILVA, Cleber P.; VOIGT, Carmen L.; CAMPOS, Sandro X. de. Determinação de íons metálicos em cigarros contrabandeados no Brasil. *Revista Virtual de Química*, v. 6, n. 5, p. 1.155, 2014. Disponível em: https://rvq-sub.sbq.org.br/index.php/rvq/article/view/642. Acesso em: 4 dez. 2021.

[543] SILVA, Cleber P.; VOIGT, Carmen L.; CAMPOS, Sandro X. de. Determinação de íons metálicos em cigarros contrabandeados no Brasil. *Revista Virtual de Química*, v. 6, n. 5, p. 1.155, 2014. Disponível em: https://rvq-sub.sbq.org.br/index.php/rvq/article/view/642. Acesso em: 4 dez. 2021.

[544] SILVA, Cleber P.; VOIGT, Carmen L.; CAMPOS, Sandro X. de. Determinação de íons metálicos em cigarros contrabandeados no Brasil. *Revista Virtual de Química*, v. 6, n. 5, p. 1.157, 2014. Disponível em: https://rvq-sub.sbq.org.br/index.php/rvq/article/view/642. Acesso em: 4 dez. 2021.

[545] Destaca-se que o estudo dos autores é do ano de 2013. Desse modo, a expressão "atual" se refere ao ano de 2013. SALGADO, Lucia Helena; MORAIS, Rafael Pinho De. As políticas públicas e o mercado de cigarros. *Cadernos do Centro de Ciências Sociais da Universidade do Estado do Rio de Janeiro*, v. 6, n. 1, p. 33, 2013. Disponível em: https://www.e-publicacoes. uerj.br/index.php/synthesis/article/view/9907. Acesso em: 4 dez. 2021.

[546] BRASIL. Ministério da Justiça e Segurança Pública. Portaria nº 263, de 23 de março de 2019. Institui Grupo de Trabalho, no âmbito do Ministério da Justiça e Segurança Pública, para avaliar a conveniência e oportunidade da redução da tributação de cigarros fabricados no Brasil. *Diário Oficial da União*, 26 mar. 2019. Brasília: Ministério da Justiça e Segurança Pública, 2019. Disponível em: https://pesquisa.in.gov.br/imprensa/jsp/visualiza/index. jsp?data=26/03/2019&jornal=515&pagina=31&totalArquivos=76. Acesso em: 4 dez 2021.

a iniciativa demonstra a preocupação com os efeitos adversos ocasionados por essa tributação.

A respeito das bebidas alcoólicas, há poucas pesquisas sobre os dados de produção ilegal e de ingresso e comercialização ilegais. Em 2004, Jorge Galduróz e Raul Caetano relataram que não havia dados atuais e apenas citaram que, em 1984, a média foi de que quase metade do consumo de bebidas alcoólicas no Brasil era ilegal.[547] O Centro de Informações sobre Saúde e Álcool (CISA) informa que o mercado ilegal de álcool no Brasil representa, aproximadamente, de 15,5% do mercado de consumo total.[548] Em sua pesquisa, o CISA informou que as bebidas alcoólicas ilegais predispõem o consumidor a um maior risco à saúde, já que podem ter sido fabricados com substâncias impróprias.[549] Em bebidas alcoólicas ilegais, é frequente a presença de substâncias tóxicas, como o metanol que, a curto prazo, pode ocasionar dor de cabeça e crises renais e, em grandes quantidades, há a possibilidade de provocar cegueira e até a morte. No trabalho da CISA, é destacada a fragilidade da tributação para conter o comércio ilegal de bebidas alcoólicas.[550]

De acordo com Zamir e Teichman, a multiplicidade de vieses cognitivos relacionados ao consumo de produtos viciantes representa grandes desafios ao potencial da tributação na modificação de comportamento.[551] No entanto, Zamir e Teichman relatam que, apesar de o efeito da tributação do pecado de modificar o comportamento ser limitado, o seu efeito regressivo pode ser extenso.[552] Ao analisar dados do IBGE em 1981, Paulo Roberto Cabral Nogueira constatou que para a classe de renda familiar mais baixa, a despesa anual com fumo, por família, era maior do que as despesas anuais conjuntas com recreação,

---

[547] GALDURÓZ, Jorge; CAETANO, Raul. Epidemiologia do uso do álcool no Brasil. *Revista Brasileira de Psiquiatria*, v, 26, n. 1, p. 4-5, 2004. Disponível em: https://www.scielo.br/j/rbp/a/hpPKpzj6VNZ9pNVdqX3J5pF/?lang=pt. Acesso em: 4 dez 2021.

[548] ANDRADE, Arthur Guerra (Org.). *Álcool e a saúde dos brasileiros*: panorama 2020. São Paulo: Centro de Informações sobre Saúde e Álcool CISA, 2020, p. 46. Disponível em: https://cisa. org.br/images/upload/Panorama_Alcool_Saude_CISA2020.pdf. Acesso em: 4 dez 2021.

[549] ANDRADE, Arthur Guerra (Org.). *Álcool e a saúde dos brasileiros*: panorama 2020. São Paulo: Centro de Informações sobre Saúde e Álcool CISA, 2020, p. 46. Disponível em: https://cisa. org.br/images/upload/Panorama_Alcool_Saude_CISA2020.pdf. Acesso em: 4 dez 2021.

[550] ANDRADE, Arthur Guerra (Org.). *Álcool e a saúde dos brasileiros*: panorama 2020. São Paulo: Centro de Informações sobre Saúde e Álcool CISA, 2020, p. 47. Disponível em: https://cisa. org.br/images/upload/Panorama_Alcool_Saude_CISA2020.pdf. Acesso em: 4 dez 2021.

[551] ZAMIR, Eyal; TEICHMAN, Doron. *Behavioral law and economics*. New York: Oxford University Press, 2018, p. 491-492.

[552] ZAMIR, Eyal; TEICHMAN, Doron. *Behavioral law and economics*. New York: Oxford University Press, 2018, p. 491.

cultura, educação e transporte.[553] Aliomar Baleeiro relatava que o peso da tributação das bebidas alcoólicas e do fumo sobre as classes mais humildes seria indisfarçável, devido a essa parcela da população consumir largamente esses produtos e, com isso, serem mais oneradas com a tributação do que as classes mais ricas – o aumento da tributação atinge apenas uma pequena parcela da renda das classes mais ricas, ao passo que para os mais pobres esse aumento atinge uma parcela muito maior das suas rendas.[554]

4.3 Fatores não financeiros e a modificação do comportamento

Os estudos de economia comportamental demonstram limitação ao uso da tributação para a modificação do comportamento de consumo de produtos com potencial de vício. De outro lado, há diversos fatores não financeiros que poderiam contribuir para a alteração do comportamento.[555] Isso ocorre devido à resposta comportamental de um indivíduo à tributação ser resultado tanto da alteração do preço quanto de fatores não financeiros presentes no ambiente da escolha.[556]

Um dos principais fatores não financeiros hábil a alterar comportamento é, justamente, a saliência. Além da tributação, a saliência pode ser usada para moldar como as informações são entregues aos indivíduos.[557] Segundo Deborah Schenk, para uma comunicação ser saliente é preciso que contenha todas as informações necessárias para a mudança desejada do comportamento. De outro lado, uma informação é considerada não saliente quando falha em conter toda a informação

---

[553] NOGUEIRA, Paulo Roberto. *Do imposto sobre produtos industrializados*. São Paulo: Saraiva, 1981, p. 33-34.

[554] BALEEIRO, Aliomar. *Uma introdução à ciência de finanças*. Rio de Janeiro: Forense, 2004, p. 440.

[555] CONGDON, William; KLING, Jeffrey; MULLAINATHAN, Sendhil. *Policy and Choice*: public finance through the lens of behavioral economics. Washington: Brookings Institution Press, 2011, p. 194. CONGDON, William; KLING, Jeffrey; MULLAINATHAN, Sendhil. Behavioral economics and tax policy. *National Bureau of Economic Research*, Working Paper 15328, p. 3, set. 2009. Disponível em: https://www.nber.org/papers/w15328. Acesso em: 10 dez. 2021.

[556] CONGDON, William; KLING, Jeffrey; MULLAINATHAN, Sendhil. *Policy and Choice*: public finance through the lens of behavioral economics. Washington: Brookings Institution Press, 2011, p. 194.

[557] SCHENK, Deborah H. Exploiting the salience bias in designing taxes. *Yale Journal of Regulation*, v. 28, n. 2, p. 269, 2011. Disponível em: https://openyls.law.yale.edu/handle/20.500.13051/8135. Acesso em: 27 nov. 2021.

CAPÍTULO 4
A TRIBUTAÇÃO DO PECADO, ECONOMIA COMPORTAMENTAL E A MODIFICAÇÃO DO COMPORTAMENTO | 131

necessária e, por isso, tal informação não conseguiria ocasionar mudança no comportamento.[558]

Sustein, Jolls e Thaler relatam que, se o Governo deseja modificar determinado comportamento das pessoas, como levar à redução do consumo de produtos com potencial de vício, não basta apenas fornecer mais informações.[559] De acordo com os autores, informações pessoais e vívidas costumam ser mais efetivas do que informações estatísticas. Isso decorre da maior saliência dessas informações o que, como consequência da heurística da disponibilidade, faz com que as pessoas prestem mais atenção a elas.[560]

Além disso, os indivíduos tendem a subestimar o efeito nocivo que os produtos com potencial de vício podem ocasionar à sua saúde. Na economia comportamental, tal fenômeno é conhecido como viés do otimismo.[561] Na presença do viés otimismo, as pessoas acreditam que o risco de uma consequência negativa é muito mais baixo do que o risco médio real. Para Jolls, Sunstein e Thaler, o viés do otimismo não é ocasionado por falta de informação, mas, sim, por uma habilidade insuficiente de processar as informações disponíveis, sobre o potencial de risco à saúde.[562] Como exemplo, os autores citam a questão do cigarro: as pessoas recebem informações razoavelmente adequadas sobre os riscos à saúde decorrentes do ato de fumar cigarro, mas isso

---

[558] SCHENK, Deborah H. Exploiting the salience bias in designing taxes. *Yale Journal of Regulation*, v. 28, n. 2, p. 266, 2011. Disponível em: https://openyls.law.yale.edu/handle/20.500.13051/8135. Acesso em: 27 nov. 2021.

[559] SUNSTEIN, Cass; JOLLS, Christine; THALER, Richard. A behavioral approach to law and economics. *Stanford Law Review*, Stanford, v. 50, p. 1.536, May 1998. Disponível em: https://chicagounbound.uchicago.edu/cgi/viewcontent.cgi?article=12172&context=journal_articles. Acesso em: 03 dez. 2021.

[560] SUNSTEIN, Cass; JOLLS, Christine; THALER, Richard. A behavioral approach to law and economics. *Stanford Law Review*, Stanford, v. 50, p. 1.536, May 1998. Disponível em: https://chicagounbound.uchicago.edu/cgi/viewcontent.cgi?article=12172&context=journal_articles. Acesso em: 03 dez. 2021.

[561] ARMOR, David; TAYLOR, Shelley. When predictions fail: the dilemma of unrealistic optimism. *In*: GILOVICH, Thomas; GRIFFIN, Dale; KAHNEMAN, Daniel. *Heuristics and biases*: the psychology of intuitive judgment. Cambridge: Cambridge University Press, 2002, p. 375. ZAMIR, Eyal; TEICHMAN, Doron. *Behavioral law and economics*. New York: Oxford University Press, 2018, p. 61. JOLLS, Christine. Behavioral economics analysis of redistributive legal rules. *Vanderbilt Law Review*, v. 51, p. 1659, 1998. Disponível em: https://digitalcommons.law.yale.edu/cgi/viewcontent.cgi?article=2339&context=fss_papers. Acesso em: 10 dez. 2021.

[562] SUNSTEIN, Cass; JOLLS, Christine; THALER, Richard. A behavioral approach to law and economics. *Stanford Law Review*, Stanford, v. 50, p. 1.542, May 1998. Disponível em: https://chicagounbound.uchicago.edu/cgi/viewcontent.cgi?article=12172&context=journal_articles. Acesso em: 03 dez. 2021.

não significa que elas tenham percepções adequadas das consequências negativas que o tabagismo pode ocasionar à sua saúde. Desse modo, disponibilizar mais informações não é a solução, mas, sim, a forma com que essas informações são apresentadas.[563] A saliência das informações auxiliaria, pois, na redução do viés do otimismo.

Sendo assim, no caso de produtos com potencial de vício, como o cigarro e as bebidas alcoólicas, uma ferramenta para desestimular o seu consumo seria tornar saliente as informações sobre o risco à saúde que o consumo desses produtos pode ocasionar. Portanto, a modelagem de como as informações são fornecidas pode ser uma ferramenta mais adequada do que a tributação para desencorajar certos comportamentos.[564]

Especificamente sobre o cigarro, Alex Rees-Jones e Kyle Rozema conduziram um estudo em que analisam as respostas comportamentais dos consumidores às mudanças da tributação do cigarro.[565] Na pesquisa empírica, os autores compararam o efeito da alteração do preço do produto, ocasionada pela tributação, com fatores não financeiros no período de 1989 a 2009.[566] Na análise, os autores constataram que fatores não financeiros, como restrições locais de consumo e notícias na mídia relacionadas aos malefícios do consumo, estiveram estatisticamente associados à significativa redução do consumo de cigarro.[567] Os autores também ressaltaram que, apesar de a elaboração de um cálculo preciso sobre a extensão dos efeitos de fatores não financeiros ser difícil de ser realizada de forma exata, há evidência substancial de

---

[563] SUNSTEIN, Cass; JOLLS, Christine; THALER, Richard. A behavioral approach to law and economics. *Stanford Law Review*, Stanford, v. 50, p. 1.542, May 1998. Disponível em: https://chicagounbound.uchicago.edu/cgi/viewcontent.cgi?article=12172&context=journal_articles. Acesso em: 03 dez. 2021.

[564] SUNSTEIN, Cass; JOLLS, Christine; THALER, Richard. A behavioral approach to law and economics. *Stanford Law Review*, Stanford, v. 50, p. 1.537, May 1998. Disponível em: https://chicagounbound.uchicago.edu/cgi/viewcontent.cgi?article=12172&context=journal_articles. Acesso em: 03 dez. 2021. SANDERS, Michael; HALLSWORTH, Michael. Apllying behavioral economics in a health policy context. *In*: ROBERTO, Christina A; KAWACHI, Ichiro. *Behavioral economics and public health*. Oxford: Oxford University Press, 2016, p. 273.

[565] REES-JONES, Alex; ROZEMA, Kyle T, Price isn't everything: behavioral response around changes in sin taxes. *National Bureau of Economic Research*, Working Paper 25958, p. 1, June 2019. Disponível em: http://www.nber.org/papers/w25958. Acesso em: 10 dez. 2021.

[566] REES-JONES, Alex; ROZEMA, Kyle T, Price isn't everything: behavioral response around changes in sin taxes. *National Bureau of Economic Research*, Working Paper 25958, p. 4, June 2019. Disponível em: http://www.nber.org/papers/w25958. Acesso em: 10 dez. 2021.

[567] REES-JONES, Alex; ROZEMA, Kyle T, Price isn't everything: behavioral response around changes in sin taxes. *National Bureau of Economic Research*, Working Paper 25958, p. 23, June 2019. Disponível em: http://www.nber.org/papers/w25958. Acesso em: 10 dez. 2021.

CAPÍTULO 4
A TRIBUTAÇÃO DO PECADO, ECONOMIA COMPORTAMENTAL E A MODIFICAÇÃO DO COMPORTAMENTO | 133

que fatores não financeiros têm efeitos expressivos e podem ser uma ferramenta poderosa na mudança de comportamento.[568]

Ao analisaram o padrão de comportamento de viciados, Berheim e Rangel relatam que um dos padrões apresentados é uma taxa especialmente maior de reincidência do consumo quando há exposição a gatilhos relacionados ao consumo presentes no ambiente da escolha.[569] A esse respeito, os autores explicam que a indução de comportamento ocorre devido a um efeito ocasionado no cérebro que é produzido pelos gatilhos presentes no ambiente, como os presentes nas publicidades. A sensibilidade aos gatilhos é proporcional à frequência de consumo, de modo que viciados são mais suscetíveis ao consumo quando os gatilhos estão presentes no ambiente. Assim, os fabricantes de produtos com substâncias viciantes aumentam a probabilidade de gatilho de seus consumidores ao expô-los a certas pistas ou sinais onipresentes em seus *outdoors*, anúncios de televisão e demais tipos propaganda. Esses recursos publicitários são hábeis a induzir os viciados ao consumo do produto.[570]

A partir disso, e com base em pesquisa empírica, Berheim e Rangel afirmam que políticas públicas podem auxiliar na redução de consumo de produtos viciantes ao atenuar a exposição aos gatilhos. Nesse sentido, restrições de propaganda e marketing podem reduzir o uso compulsivo de produtos como álcool e tabaco.[571] Além disso, as políticas públicas também devem ser elaboradas de modo a reduzir a sensibilidade aos gatilhos. Como exemplo, Berheim e Rangel citam o caso do Brasil e do Canadá, onde os maços de cigarros apresentam imagens viscerais sobre alguma consequência à saúde advinda do consumo do

---

[568] REES-JONES, Alex; ROZEMA, Kyle T, Price isn't everything: behavioral response around changes in sin taxes. *National Bureau of Economic Research*, Working Paper 25958, p. 3, June 2019. Disponível em: http://www.nber.org/papers/w25958. Acesso em: 10 dez. 2021.

[569] BERHEIM, Douglas; RANGEL, Antonio. Addiction and cue-triggered decision processes. *The American Economic Review*, v. 94, n. 5, p. 1.1560, Dec. 2004. Disponível em: http://citeseerx. ist.psu.edu/viewdoc/download?doi=10.1.1.178.9278&rep=rep1&type=pdf. Acesso em: 03 dez. 2021.

[570] BERHEIM, Douglas; RANGEL, Antonio. Addiction and cue-triggered decision processes. *The American Economic Review*, v. 94, n. 5, p. 1.1580, Dec. 2004. Disponível em: http://citeseerx. ist.psu.edu/viewdoc/download?doi=10.1.1.178.9278&rep=rep1&type=pdf. Acesso em: 03 dez. 2021.

[571] BERHEIM, Douglas; RANGEL, Antonio. Addiction and cue-triggered decision processes. *The American Economic Review*, v. 94, n. 5, p. 1.1580, Dec. 2004. Disponível em: http://citeseerx. ist.psu.edu/viewdoc/download?doi=10.1.1.178.9278&rep=rep1&type=pdf. Acesso em: 03 dez. 2021.

cigarro.[572] Segundo os autores, as imagens funcionam como um "contra estímulo" ao consumo do produto.[573]

Com base na pesquisa realizada por Berheim e Rangel, Saffer, Dave e Grossman conduziram análise empírica sobre o consumo de álcool.[574] Em sua pesquisa, os autores buscaram verificar a ocorrência ou não de mudança no consumo do álcool devido a alterações no preço do produto ou na presença de indicações de consumo no ambiente que ocasionam gatilhos ao consumo.[575] A esse respeito, os autores explicam que os gatilhos atuam de modo a aumentar, de forma desproporcional, o efeito de gratificação imediata gerado pelo consumo de determinado produto.[576] Os gatilhos selecionados na análise foram aqueles advindos de propagandas de álcool na televisão e referências ao uso de álcool em programas televisivos, ambos nos Estados Unidos da Américas. Para a pesquisa, foram utilizados dados do *"National Longitudinal Survey of Youth 1997"* (NLSY97), relativos ao período de 2002 a 2009 que incluem variáveis de fatores econômicos, demográficos, de variações de renda, educação, idade, raça e sexo.[577]

Nos resultados da pesquisa empírica conduzida por Saffer, Dave e Grossman sobre o consumo de bebidas alcoólicas, primeiramente foi destacado que a maioria dos indivíduos analisados se enquadram em um

---

[572] BERHEIM, Douglas; RANGEL, Antonio. Addiction and cue-triggered decision processes. *The American Economic Review*, v. 94, n. 5, p. 1.1580, Dec. 2004. Disponível em: http://citeseerx. ist.psu.edu/viewdoc/download?doi=10.1.1.178.9278&rep=rep1&type=pdf. Acesso em: 03 dez. 2021.

[573] BERHEIM, Douglas; RANGEL, Antonio. Addiction and cue-triggered decision processes. *The American Economic Review*, v. 94, n. 5, p. 1.1580, Dec. 2004. Disponível em: http://citeseerx. ist.psu.edu/viewdoc/download?doi=10.1.1.178.9278&rep=rep1&type=pdf. Acesso em: 03 dez. 2021.

[574] Os autores relatam que o seu modelo teórico é baseado na teoria de vício e resposta a gatilhos, com base em evidências neurológicas, desenvolvida por Berheim e Rangel. SAFFER, Henry; DAVE, Dhavel; GROSSMAN, Michael. Behavioral economics and the demand for alcohol: results from the NLSY97. *National Bureau of Economic Research*, Working Paper 18180, p. 5-6, June 2012. Disponível em: https://www.nber.org/papers/w18180. Acesso em: 03 dez. 2021.

[575] SAFFER, Henry; DAVE, Dhavel; GROSSMAN, Michael. Behavioral economics and the demand for alcohol: results from the NLSY97. *National Bureau of Economic Research*, Working Paper 18180, p. 1, June 2012. Disponível em: https://www.nber.org/papers/w18180. Acesso em: 03 dez. 2021.

[576] SAFFER, Henry; DAVE, Dhavel; GROSSMAN, Michael. Behavioral economics and the demand for alcohol: results from the NLSY97. *National Bureau of Economic Research*, Working Paper 18180, p. 7, June 2012. Disponível em: https://www.nber.org/papers/w18180. Acesso em: 03 dez. 2021.

[577] SAFFER, Henry; DAVE, Dhavel; GROSSMAN, Michael. Behavioral economics and the demand for alcohol: results from the NLSY97. *National Bureau of Economic Research*, Working Paper 18180, p. 10, June 2012. Disponível em: https://www.nber.org/papers/w18180. Acesso em: 03 dez. 2021.

padrão de consumo baixo e moderado e apenas uma minoria faz parte de um padrão de consumo alto de bebidas alcoólicas.[578] Após, os autores destacam que os resultados apresentados demonstram que o efeito dos gatilhos nas propagandas e o efeito da mudança do preço no consumo de bebidas alcoólicas são distintos, a depender do padrão de consumo do consumidor.[579] Para padrão de consumo alto de bebidas alcoólicas, as restrições de gatilhos em propagandas televisivas, mostram-se mais efetivas na redução de consumo do que as mudanças de preço do produto resultantes da tributação.[580] Já no caso de padrão de consumo baixo e moderado de bebidas alcoólicas, foi constatado que a tributação do produto tem um efeito maior na redução de consumo do que nos casos de padrão de consumo alto.[581] Assim, como os indivíduos com padrão de consumo alto são os expostos a maiores riscos de apresentarem problemas de saúde advindos de bebidas alcoólicas, os autores concluem que políticas públicas de restrições de propagandas e referências do consumo de álcool em programas televisivos estão sendo pouco utilizadas e que têm potencial na redução de consumo deste produto.[582]

De forma similar, Dennis Rünger e Wendy Wood relatam que a mudança de gatilhos presentes no ambiente é uma forma poderosa de alterar hábitos.[583] Os autores relatam que as memórias de um hábito são difíceis de serem quebradas, mas que isso se torna mais fácil quando

---

[578] SAFFER, Henry; DAVE, Dhavel; GROSSMAN, Michael. Behavioral economics and the demand for alcohol: results from the NLSY97. *National Bureau of Economic Research*, Working Paper 18180, p. 19, June 2012. Disponível em: https://www.nber.org/papers/w18180. Acesso em: 03 dez. 2021.

[579] SAFFER, Henry; DAVE, Dhavel; GROSSMAN, Michael. Behavioral economics and the demand for alcohol: results from the NLSY97. *National Bureau of Economic Research*, Working Paper 18180, p. 20, June 2012. Disponível em: https://www.nber.org/papers/w18180. Acesso em: 03 dez. 2021.

[580] SAFFER, Henry; DAVE, Dhavel; GROSSMAN, Michael. Behavioral economics and the demand for alcohol: results from the NLSY97. *National Bureau of Economic Research*, Working Paper 18180, p. 20, June 2012. Disponível em: https://www.nber.org/papers/w18180. Acesso em: 03 dez. 2021.

[581] SAFFER, Henry; DAVE, Dhavel; GROSSMAN, Michael. Behavioral economics and the demand for alcohol: results from the NLSY97. *National Bureau of Economic Research*, Working Paper 18180, p. 20, June 2012. Disponível em: https://www.nber.org/papers/w18180. Acesso em: 03 dez. 2021.

[582] SAFFER, Henry; DAVE, Dhavel; GROSSMAN, Michael. Behavioral economics and the demand for alcohol: results from the NLSY97. *National Bureau of Economic Research*, Working Paper 18180, p. 20-21, June 2012. Disponível em: https://www.nber.org/papers/w18180. Acesso em: 03 dez. 2021.

[583] RÜNGER, Dennis; WOOD, Wendy. Maintance of healthy behaviors: forming and changing habits. *In*: ROBERTO, Christina A; KAWACHI, Ichiro. *Behavioral economics and public health*. Oxford: Oxford University Press, 2016, p. 90.

há mudanças no ambiente, uma vez que antigos gatilhos de comportamento não ativam mais a resposta habitual não desejada.[584]

Há também outros estudos de economia comportamental que colacionam a realização de compromissos prévios como estratégia para mitigar os problemas de autocontrole na tomada de decisão.[585] Os compromissos prévios buscam evitar o viés das preferências do presente ao tornar mais custoso fazer a escolha tentadora imediata.[586] Há certos sistemas de compromisso, chamados de "contratos de compromisso",[587] em que é estabelecido um objetivo e é predefinida uma penalidade em caso de esse objetivo não ser alcançado.[588] Xavier Giné, Dean Karlan e Jonathan Zinman desenvolveram um contrato de compromisso voluntário para auxiliar pessoas a pararem de fumar cigarros e o denominaram *"CARES"*, sigla para *"Committted Action to Reduce and End Smoking"*.[589] O *CARES* funcionava da seguinte forma: (i) os voluntários deviam fazer depósitos semanais, em dinheiro, em uma conta poupança criada para tal fim no Green Bank de Caraga, na ilha de Mindanao nas Filipinas, durante seis meses;[590] (ii) a quantia em dinheiro do depósito mínimo era de 50 pesos filipinos, equivalente, atualmente, a aproximadamente 1 real brasileiro, mas os voluntários eram encorajados a depositarem

---

[584] RÜNGER, Dennis; WOOD, Wendy. Maintance of healthy behaviors: forming and changing habits. *In*: ROBERTO, Christina A; KAWACHI, Ichiro. *Behavioral economics and public health*. Oxford: Oxford University Press, 2016, p. 90.

[585] WHITE, Justin S.; DOW, William H. Intertemporal choices for health. *In*: ROBERTO, Christina A; KAWACHI, Ichiro. *Behavioral economics and public health*. Oxford: Oxford University Press, 2016, p. 43.

[586] CHANCE, Zoë et al. Nudging individuals towards healthier food choices with 4 P's framework for behavioral change. *In*: ROBERTO, Christina A; KAWACHI, Ichiro. *Behavioral economics and public health*. Oxford: Oxford University Press, 2016, p. 192.

[587] Tradução livro, no original *"commitment contracts"*. WHITE, Justin S.; DOW, William H. Intertemporal choices for health. *In*: ROBERTO, Christina A; KAWACHI, Ichiro. *Behavioral economics and public health*. Oxford: Oxford University Press, 2016, p. 57. RUGGERI, Kai *et al*. Economic, financial, and consumer. *In*: RUGGERI, Kai (Org.) *Behavioral insights for public policy*. New York: Routledge, 2019, p. 90

[588] WHITE, Justin S.; DOW, William H. Intertemporal choices for health. *In*: ROBERTO, Christina A; KAWACHI, Ichiro. *Behavioral economics and public health*. Oxford: Oxford University Press, 2016, p. 57.

[589] GINÉ, Xavier; KARLAN, Dean; ZINMAN, Jonathan. Put your money where your butt is: a commitment contract for smoking cessation. *American Economic Journal*: Applied Economics, v. 2, n. 4, p. 214, outubro 2010. Disponível em: https://digitalcommons.dartmouth.edu/facoa/2379/. Acesso em: 10 dez. 2021.

[590] GINÉ, Xavier; KARLAN, Dean; ZINMAN, Jonathan. Put your money where your butt is: a commitment contract for smoking cessation. *American Economic Journal*: Applied Economics, v. 2, n. 4, p. 217, outubro 2010. Disponível em: https://digitalcommons.dartmouth.edu/facoa/2379/. Acesso em: 10 dez. 2021.

o quanto gastavam, semanalmente, com cigarro;[591] (iii) após o período de seis meses, o voluntário passava por um teste para verificar se, realmente, não fumou durante o período, que consistia em um teste de urina para apurar traços de nicotina e cotinina; (iv) se fosse constatado que o voluntário não havia fumado, o voluntário recebia todo o seu dinheiro de volta; (v) mas se fosse constado que o voluntário havia fumado, todo o valor seria doado a uma instituição de caridade. De todas as pessoas contatadas, apenas 11% (83 pessoas) aderiram ao *CARES*,[592] dos 83 voluntários, 29 passaram no teste de urina durante seis meses sem fumar e 54 falharam.[593] Ao final de 12 meses, foi realizado novo teste, cujos voluntários não estavam cientes e que não imputava nenhuma recompensa ou prejuízo financeiro a eles. Dos 29 voluntários, 14 deles passaram no teste e 15 falharam.[594] Os autores relatam que os resultados do *CARES* foram superiores aos de outros relacionados à terapia de reposição de nicotina, testes esses que consistiram em de controle randomizado em outros ambientes. Diante disso, para os autores, os resultados sugeriram que o *CARES* poderia ser um programa efetivo para fazer pessoas pararem de fumar.[595]

Além disso, Dennis Rünger e Wendy Wood defendem o uso de lembretes para fazer com que as pessoas prestem atenção nas consequências de suas escolhas.[596] Os lembretes atuam de forma a tornar

---

[591] GINÉ, Xavier; KARLAN, Dean; ZINMAN, Jonathan. Put your money where your butt is: a commitment contract for smoking cessation. *American Economic Journal*: Applied Economics, v. 2, n. 4, p. 218, outubro 2010. Disponível em: https://digitalcommons.dartmouth.edu/facoa/2379/. Acesso em: 10 dez. 2021.

[592] GINÉ, Xavier; KARLAN, Dean; ZINMAN, Jonathan. Put your money where your butt is: a commitment contract for smoking cessation. *American Economic Journal*: Applied Economics, v. 2, n. 4, p. 223, outubro 2010. Disponível em: https://digitalcommons.dartmouth.edu/facoa/2379/. Acesso em: 10 dez. 2021.

[593] GINÉ, Xavier; KARLAN, Dean; ZINMAN, Jonathan. Put your money where your butt is: a commitment contract for smoking cessation. *American Economic Journal*: Applied Economics, v. 2, n. 4, p. 227-228, outubro 2010. Disponível em: https://digitalcommons.dartmouth.edu/facoa/2379/. Acesso em: 10 dez. 2021.

[594] GINÉ, Xavier; KARLAN, Dean; ZINMAN, Jonathan. Put your money where your butt is: a commitment contract for smoking cessation. *American Economic Journal*: Applied Economics, v. 2, n. 4, p. 228, outubro 2010. Disponível em: https://digitalcommons.dartmouth.edu/facoa/2379/. Acesso em: 10 dez. 2021.

[595] GINÉ, Xavier; KARLAN, Dean; ZINMAN, Jonathan. Put your money where your butt is: a commitment contract for smoking cessation. *American Economic Journal*: Applied Economics, v. 2, n. 4, p. 228, outubro 2010. Disponível em: https://digitalcommons.dartmouth.edu/facoa/2379/. Acesso em: 10 dez. 2021.

[596] RÜNGER, Dennis; WOOD, Wendy. Maintance of healthy behaviors: forming and changing habits. In: ROBERTO, Christina A; KAWACHI, Ichiro. *Behavioral economics and public health*. Oxford: Oxford University Press, 2016, p. 91.

mais saliente a realização de determinado comportamento e seriam uma ferramenta com potencial para a mudança de hábitos.[597] No caso do cigarro, por exemplo, White e Dow relatam que já há estudos que apontam que o envio de mensagens é um instrumento efetivo para fazer com que os indivíduos mantenham abstinência de cigarro.[598]

As normas sociais também são um instrumento poderoso na modificação do comportamento.[599] Normas sociais são condutas de pessoas, ou de um grupo de pessoas, em determinadas situações.[600] O comportamento de outras pessoas é interpretado como uma informação sobre o que deveria ser feito em determinada situação. Brent McFerran relata que há estudos de economia comportamental que atestam a existência da tendência de — ao se decidir que comportamento realizar — ser analisado o comportamento de outras pessoas e, com isso, o indivíduo decidir agir de acordo com o grupo.[601]

Segundo Adam Oliver, apesar de haver uma multiplicidade de fatores que motivam o comportamento humano, a tendência pela reciprocidade em um grupo e preocupações com a própria reputação são fatores comportamentais significativos[602] e um importante aspecto do processo de tomada de decisões.[603] Oliver relata que há dados de testes empíricos feitos pelo *Behavioral Insights Teams* que demonstram o potencial de alteração de comportamento ao enquadrar mensagens e informações com base em certas motivações humanas, como as normas

---

[597] RÜNGER, Dennis; WOOD, Wendy. Maintance of healthy behaviors: forming and changing habits. *In*: ROBERTO, Christina A; KAWACHI, Ichiro. *Behavioral economics and public health*. Oxford: Oxford University Press, 2016, p. 91.

[598] WHITE, Justin S.; DOW, William H. Intertemporal choices for health. *In*: ROBERTO, Christina A; KAWACHI, Ichiro. *Behavioral economics and public health*. Oxford: Oxford University Press, 2016, p. 53.

[599] RUGGERI, Kai *et al*. The science of behavior and decision-making. *In*: RUGGERI, Kai (Org.) *Behavioral insights for public policy*. New York: Routledge, 2019, p. 69. MCFERRAN, Brent. Social norms, beliefs, and health. *In*: ROBERTO, Christina A; KAWACHI, Ichiro. *Behavioral economics and public health*. Oxford: Oxford University Press, 2016, p. 133. GARBER, Alan M. Can behavioral economics save healthcare reform? *In*: COHEN, Glen; LYNCH, Holly F.; ROBERTSON, Christopher T. *Nudging health*: health law and behavioral economics. Baltimore: John Hopkings University Press, 2016, p. 35.

[600] MCFERRAN, Brent. Social norms, beliefs, and health. *In*: ROBERTO, Christina A; KAWACHI, Ichiro. *Behavioral economics and public health*. Oxford: Oxford University Press, 2016, p. 134.

[601] MCFERRAN, Brent. Social norms, beliefs, and health. *In*: ROBERTO, Christina A; KAWACHI, Ichiro. *Behavioral economics and public health*. Oxford: Oxford University Press, 2016, p. 134.

[602] OLIVER, Adam. *The origins of behavioral public policy*. Cambridge: Cambridge University Press, 2017, p. 160-161.

[603] OLIVER, Adam. *Reciprocity and the art of behavioral public policy*. Cambridge: Cambridge University Press, 2019, p. 146.

CAPÍTULO 4
A TRIBUTAÇÃO DO PECADO, ECONOMIA COMPORTAMENTAL E A MODIFICAÇÃO DO COMPORTAMENTO | 139

sociais, para encorajar as pessoas a realizarem um determinado comportamento.[604] Assim, para Oliver, o uso da reciprocidade, em mensagens e informações, pode ser incorporado no desenho de diversas políticas públicas.[605]

No Brasil, Hugo de Brito Machado Segundo relata que, no caso do cigarro, apesar de uma tributação em mais de 300% do valor do produto, o que se mostrou mais eficaz, no desestímulo do seu consumo, foram campanhas e políticas públicas informacionais sobre os problemas nocivos à saúde do seu consumo.[606] De fato, há diversas regulações ao consumo de cigarro no país, como: proibição de propagandas,[607] obrigação de exposição de imagem no maço do cigarro, de modo a ocupar 100% de uma de suas maiores faces, demonstrando a consequência do consumo à saúde,[608] e proibições ao consumo de cigarro

---

[604] OLIVER, Adam. *Reciprocity and the art of behavioral public policy*. Cambridge: Cambridge University Press, 2019, p. 144.

[605] OLIVER, Adam. *Reciprocity and the art of behavioral public policy*. Cambridge: Cambridge University Press, 2019, p. 172-173.

[606] MACHADO SEGUNDO, Hugo de Brito. Ciência do direito tributário, economia comportamental e extrafiscalidade. *Revista Brasileira de Políticas Públicas*, Brasília, v. 8, n. 2, p. 655, 2018. Disponível em: https://www.publicacoes.uniceub.br/RBPP/article/view/5252. Acesso em: 10 dez. 2021.

[607] Vide, artigo 3º da Lei 9.294/1996, com redação dada pela Lei nº 12.546/2011. BRASIL. *Lei nº 9.294, de 15 de julho de 1996*. Dispõe sobre as restrições ao uso e à propaganda de produtos fumígeros, bebidas alcoólicas, medicamentos, terapias e defensivos agrícolas, nos termos do §4º do art. 220 da Constituição Federal. Brasília [DF]: Presidência da República, 1996. Disponível em: http://www.planalto.gov.br/ccivil_03/leis/l9294.htm. Acesso em: 10 dez. 2021. BRASIL. E vide artigo 49 da Lei 12.546/2011. BRASIL. *Lei 12.546 de 14 de dezembro de 2011*. Institui o Regime Especial de Reintegração de Valores Tributários para as Empresas Exportadoras (Reintegra); dispõe sobre a redução do Imposto sobre Produtos Industrializados (IPI) à indústria automotiva; altera a incidência das contribuições previdenciárias devidas pelas empresas que menciona; altera as Leis nº 11.774, de 17 de setembro de 2008, nº 11.033, de 21 de dezembro de 2004, nº 11.196, de 21 de novembro de 2005, nº 10.865, de 30 de abril de 2004, nº 11.508, de 20 de julho de 2007, nº 7.291, de 19 de dezembro de 1984, nº 11.491, de 20 de junho de 2007, nº 9.782, de 26 de janeiro de 1999, e nº 9.294, de 15 de julho de 1996, e a Medida Provisória nº 2.199-14, de 24 de agosto de 2001; revoga o art. 1º da Lei nº 11.529, de 22 de outubro de 2007, e o art. 6º do Decreto-Lei nº 1.593, de 21 de dezembro de 1977, nos termos que especifica; e dá outras providências. Brasília [DF]: Presidência da República, 2011. Disponível em: http://www.planalto.gov.br/ccivil_03/_ato2011-2014/2011/lei/l12546. htm. Acesso em: 21 dez. 2021.

[608] Vide, artigo 3º, §6º da Lei 9.294/1996, com redação dada pela Lei nº 12.546/2011 BRASIL. *Lei nº 9.294, de 15 de julho de 1996*. Dispõe sobre as restrições ao uso e à propaganda de produtos fumígeros, bebidas alcoólicas, medicamentos, terapias e defensivos agrícolas, nos termos do §4º do art. 220 da Constituição Federal. Brasília [DF]: Presidência da República, 1996. Disponível em: http://www.planalto.gov.br/ccivil_03/leis/l9294.htm. Acesso em: 10 dez. 2021. E vide, artigo 49 da Lei 12.546/2011. BRASIL. *Lei 12.546 de 14 de dezembro de 2011*. Institui o Regime Especial de Reintegração de Valores Tributários para as Empresas Exportadoras (Reintegra); dispõe sobre a redução do Imposto sobre Produtos Industrializados (IPI) à indústria automotiva; altera a incidência das contribuições previdenciárias devidas pelas

em locais fechados.[609] Por outro lado, não se observam as mesmas rigorosas exigências ao consumo de bebidas alcoólicas. Sobre as bebidas alcoólicas as restrições se limitam a: (i) propaganda comercial apenas entre as vinte uma horas e as seis horas;[610] (ii) a propaganda comercial não pode associar o produto ao esporte olímpico ou à competição, ao desempenho saudável de atividade, à condução de veículo e imagens ou ideias de "maior êxito" ou à sexualidade das pessoas;[611] (iii) os rótulo das embalagem devem conter a seguinte advertência escrita: "Evite o consumo excessivo ao álcool";[612] (iv) nos locais onde há a venda de bebi-

---

empresas que menciona; altera as Leis nº 11.774, de 17 de setembro de 2008, nº 11.033, de 21 de dezembro de 2004, nº 11.196, de 21 de novembro de 2005, nº 10.865, de 30 de abril de 2004, nº 11.508, de 20 de julho de 2007, nº 7.291, de 19 de dezembro de 1984, nº 11.491, de 20 de junho de 2007, nº 9.782, de 26 de janeiro de 1999, e nº 9.294, de 15 de julho de 1996, e a Medida Provisória nº 2.199-14, de 24 de agosto de 2001; revoga o art. 1º da Lei nº 11.529, de 22 de outubro de 2007, e o art. 6º do Decreto-Lei nº 1.593, de 21 de dezembro de 1977, nos termos que especifica; e dá outras providências. Brasília [DF]: Presidência da República, 2011. Disponível em: http://www.planalto.gov.br/ccivil_03/_ato2011-2014/2011/lei/l12546. htm. Acesso em: 21 dez. 2021.

[609] Vide artigo 2º da Lei 9.294/1996, com redação dada pela Lei nº 12.546/2011. BRASIL. *Lei nº 9.294, de 15 de julho de 1996*. Dispõe sobre as restrições ao uso e à propaganda de produtos fumígeros, bebidas alcoólicas, medicamentos, terapias e defensivos agrícolas, nos termos do §4º do art. 220 da Constituição Federal. Brasília [DF]: Presidência da República, 1996. Disponível em: http://www.planalto.gov.br/ccivil_03/leis/l9294.htm. Acesso em: 10 dez. 2021. E vide, artigo 49 da Lei 12.546/2011. BRASIL. *Lei 12.546 de 14 de dezembro de 2011*. Institui o Regime Especial de Reintegração de Valores Tributários para as Empresas Exportadoras (Reintegra); dispõe sobre a redução do Imposto sobre Produtos Industrializados (IPI) à indústria automotiva; altera a incidência das contribuições previdenciárias devidas pelas empresas que menciona; altera as Leis nº 11.774, de 17 de setembro de 2008, nº 11.033, de 21 de dezembro de 2004, nº 11.196, de 21 de novembro de 2005, nº 10.865, de 30 de abril de 2004, nº 11.508, de 20 de julho de 2007, nº 7.291, de 19 de dezembro de 1984, nº 11.491, de 20 de junho de 2007, nº 9.782, de 26 de janeiro de 1999, e nº 9.294, de 15 de julho de 1996, e a Medida Provisória nº 2.199-14, de 24 de agosto de 2001; revoga o art. 1º da Lei nº 11.529, de 22 de outubro de 2007, e o art. 6º do Decreto-Lei nº 1.593, de 21 de dezembro de 1977, nos termos que especifica; e dá outras providências. Brasília [DF]: Presidência da República, 2011. Disponível em: http://www.planalto.gov.br/ccivil_03/_ato2011-2014/2011/lei/l12546. htm. Acesso em: 21 dez. 2021.

[610] *Caput* do artigo 4º da Lei 9.294/1996. BRASIL. *Lei nº 9.294, de 15 de julho de 1996*. Dispõe sobre as restrições ao uso e à propaganda de produtos fumígeros, bebidas alcoólicas, medicamentos, terapias e defensivos agrícolas, nos termos do §4º do art. 220 da Constituição Federal. Brasília [DF]: Presidência da República, 1996. Disponível em: http://www.planalto. gov.br/ccivil_03/leis/l9294.htm. Acesso em: 10 dez. 2021.

[611] §1º do artigo 4º da Lei 9.294/1996. BRASIL. *Lei nº 9.294, de 15 de julho de 1996*. Dispõe sobre as restrições ao uso e à propaganda de produtos fumígeros, bebidas alcoólicas, medicamentos, terapias e defensivos agrícolas, nos termos do §4º do art. 220 da Constituição Federal. Brasília [DF]: Presidência da República, 1996. Disponível em: http://www.planalto.gov. br/ccivil_03/leis/l9294.htm. Acesso em: 10 dez. 2021.

[612] §2º do artigo 4º da Lei 9.294/1996. BRASIL. *Lei nº 9.294, de 15 de julho de 1996*. Dispõe sobre as restrições ao uso e à propaganda de produtos fumígeros, bebidas alcoólicas, medicamentos, terapias e defensivos agrícolas, nos termos do §4º do art. 220 da Constituição Federal.

das alcoólicas, deve ser afixado, na parte interna do estabelecimento, a advertência de que "é crime dirigir sob a influência de álcool, punível com detenção".[613]

Com base no exposto nesse tópico, tem-se que os estudos de economia comportamental revelam que há padrões comportamentais complexos no processo de tomada de decisão. A tributação, por si só, não é suficiente para alterar o comportamento de consumir produtos com potencial de vício. De outro lado, a economia comportamental oferece novas formas para se modificar o comportamento desejado, as quais podem ser usadas de forma alternativa ou complementar aos modelos e às ferramentas tradicionais.[614]

4.4 Tributação do pecado, aspectos cognitivos e o Estado

Os estudos de economia comportamental também demonstram que os agentes do Governo estão sujeitos à influência de heurísticas que podem ocasionar vieses cognitivos.[615] Sustein, Jolls e Thaler relatam

---

Brasília [DF]: Presidência da República, 1996. Disponível em: http://www.planalto.gov.br/ccivil_03/leis/l9294.htm. Acesso em: 10 dez. 2021.

[613] Artigo 4º-A da Lei 9.294/1996, com redação dada pela Lei nº 11.705/2008. BRASIL. *Lei nº 9.294, de 15 de julho de 1996.* Dispõe sobre as restrições ao uso e à propaganda de produtos fumígeros, bebidas alcoólicas, medicamentos, terapias e defensivos agrícolas, nos termos do §4º do art. 220 da Constituição Federal. Brasília [DF]: Presidência da República, 1996. Disponível em: http://www.planalto.gov.br/ccivil_03/leis/l9294.htm. Acesso em: 10 dez. 2021.

[614] RUGGERI, Kai *et al.* The science of behavior and decision-making. *In*: RUGGERI, Kai (Org.). *Behavioral insights for public policy.* New York: Routledge, 2019, p. 62.

[615] SUNSTEIN, Cass; JOLLS, Christine; THALER, Richard. A behavioral approach to law and economics. *Stanford Law Review*, Stanford, v. 50, p. 1.543, May 1998. Disponível em: https://chicagounbound.uchicago.edu/cgi/viewcontent.cgi?article=12172&context=journal_articles. Acesso em: 03 dez. 2021. COOPER, James C.; KOVACIC, William E. Behavioral economics: implications for regulatory behavior. *Journal of Regulatory Economics*, v. 41, n. 1, p. 42, 2012. Disponível em: https://scholarship.law.gwu.edu/faculty_publications/630/. Acesso em: 18 dez. 2021. TABAK, Benjamin Miranda; AMARAL, Pedro Henrique Rincon. Vieses cognitivos e desenho de políticas públicas. *Revista Brasileira de Políticas Públicas*, Brasília, v. 8, n. 2, p. 476, 2018. Disponível em: https://www.publicacoes.uniceub.br/RBPP/article/view/5278/0. Acesso em: 18 dez. 2021. BANURI, Sheheryar; DERCON, Stefan; GAURI, Varun. Biased policy professionals. *The World Bank Economic Review*, v. 33, n. 2, p. 310-327, 2019. Disponível em: https://openknowledge.worldbank.org/handle/10986/34864. Acesso em: 18 dez. 2021. MCCAFFERY, Edward. Behavioral economics and the law: tax. *In*: ZAMIR, Eyal; TEICHMAN, Doron (Org.) *The Oxford Handbook of Behavioral Economics and the Law.* New York: Oxford University Press, 2014, p. 612. SILVA NETO, Nathan da; TABAK, Benjamin Miranda; AGUIAR, Julio Cesar de. Comportamento e políticas públicas: controle do comportamento (decisões políticas) dos formuladores de políticas públicas pelo ministério público. *In*: TABAK, Benjamin Miranda; AGUIAR, Julio Cesar de (Org.). *Direito, economia e comportamento humano.* Curitiba: CRV, 2016, p. 359-396.

que não há nenhuma razão para acreditar que agentes governamentais, simplesmente por trabalharem no Governo, sejam hábeis em evitar vieses cognitivos.[616] Para Rachlinski e Farina, o Presidente, membros do Congresso Nacional e juízes, por exemplo, constantemente tomam decisões sem ter o devido conhecimento de que estão sujeitos a limitações cognitivas e que podem ser influenciados por heurísticas.[617] Mesmo nos casos de experiência e expertise acumuladas, os agentes, frequentemente, não escapariam dos efeitos de heurísticas e vieses cognitivos ao tomarem uma decisão.[618]

Cooper e Kovacic citam como exemplos de possíveis vieses que os responsáveis por formular e implementar políticas públicas também estão especialmente sujeitos: o excesso de otimismo, na medida em que superestimam a probabilidade de resultado positivo de uma intervenção; o viés da preferência do presente, ao preferirem intervenções que tragam ao agente recompensas mais altas a curto prazo do que as de longo prazo; o viés do *status quo* que ocasiona inércia em manter determinado curso de ação, em vez de uma nova ação; e o viés da confirmação, que faz com que os agentes ignorem ou não compreendam adequadamente evidências que conflitam com suas crenças sobre determinada política.[619] Para Cooper e Koravic, a presença de heurísticas na tomada de uma decisão são hábeis a tornar os agentes públicos mais suscetíveis a elaborarem e implementarem políticas públicas mais próximas aos seus interesses políticos e/ou aos de seus superiores.[620]

---

[616] SUNSTEIN, Cass; JOLLS, Christine; THALER, Richard. A behavioral approach to law and economics. *Stanford Law Review*, Stanford, v. 50, p. 1.543-1.544, May 1998. Disponível em: https://chicagounbound.uchicago.edu/cgi/viewcontent.cgi?article=12172&context=journal_articles. Acesso em: 03 dez. 2021.

[617] RACHLINSKI, Jeffrey J.; FARINA, Cynthia R. Cognitive psychology and optimal government design. *Cornell Law Review*, v. 87, n. 2, p. 571-572, 2002. Disponível em: https://scholarship.law.cornell.edu/facpub/755/. Acesso em: 18 dez. 2021.

[618] RACHLINSKI, Jeffrey J.; FARINA, Cynthia R. Cognitive psychology and optimal government design. *Cornell Law Review*, v. 87, n. 2, p. 572, 2002. Disponível em: https://scholarship.law.cornell.edu/facpub/755/. Acesso em: 18 dez. 2021. COOPER, James C.; KOVACIC, William E. Behavioral economics: implications for regulatory behavior. *Journal of Regulatory Economics*, v. 41, n. 1, p. 56, 2012. Disponível em: https://scholarship.law.gwu.edu/faculty_publications/630/. Acesso em: 18 dez. 2021.

[619] COOPER, James C.; KOVACIC, William E. Behavioral economics: implications for regulatory behavior. *Journal of Regulatory Economics*, v. 41, n. 1, p. 47-56, 2012. Disponível em: https://scholarship.law.gwu.edu/faculty_publications/630/. Acesso em: 18 dez. 2021.

[620] COOPER, James C.; KOVACIC, William E. Behavioral economics: implications for regulatory behavior. *Journal of Regulatory Economics*, v. 41, n. 1, p. 42, 2012. Disponível em: https://scholarship.law.gwu.edu/faculty_publications/630/. Acesso em: 18 dez. 2021.

De acordo com Benjamin Miranda Tabak e Pedro Henrique Rincon Amaral, há, de fato, uma série de vieses cognitivos que podem afetar a decisão de um agente formulador de política pública.[621] Como consequência, os autores relatam que a efetividade de políticas públicas pode ser comprometida.[622] Da mesma forma, Rachlinski e Farina defendem que se o Governo não estiver ciente dos efeitos que os vieses e as ilusões cognitivas podem ocasionar no julgamento, e não empregar medidas suficientes para minimizá-los, podem ser geradas políticas públicas inconsistentes a atingir o resultado pretendido.[623]

Sheheryar Banuri, Stefan Dercon e Varun Gauri realizaram estudo empírico para analisar se profissionais do setor público seriam influenciados por vieses cognitivos em seu processo de tomada de decisão, em especial o viés da confirmação e o do efeito do enquadramento com base na aversão à perda.[624] Para esse estudo foram selecionados profissionais do World Bank e do Departamento de Desenvolvimento Internacional do Reino Unido.[625] Como resultado da pesquisa empírica, foi constatado que, apesar de o World Bank e de o Departamento de Desenvolvimento Internacional do Reino Unido serem considerados instituições públicas que buscam promover tomadas de decisão objetivas e imparciais, observou-se a existência de significativos vieses cognitivos nos processos de tomada de decisões.[626] Além de influência substancial tanto do viés da confirmação quanto do efeito de enquadramento,

---

[621] TABAK, Benjamin Miranda; AMARAL, Pedro Henrique Rincon. Vieses cognitivos e desenho de políticas públicas. *Revista Brasileira de Políticas Públicas*, Brasília, v. 8, n. 2, p. 489, 2018. Disponível em: https://www.publicacoes.uniceub.br/RBPP/article/view/5278/0. Acesso em: 18 dez. 2021.

[622] TABAK, Benjamin Miranda; AMARAL, Pedro Henrique Rincon. Vieses cognitivos e desenho de políticas públicas. *Revista Brasileira de Políticas Públicas*, Brasília, v. 8, n. 2, p. 489, 2018. Disponível em: https://www.publicacoes.uniceub.br/RBPP/article/view/5278/0. Acesso em: 18 dez. 2021.

[623] RACHLINSKI, Jeffrey J.; FARINA, Cynthia R. Cognitive psychology and optimal government design. *Cornell Law Review*, v. 87, n. 2, p. 571, 2002. Disponível em: https://scholarship.law.cornell.edu/facpub/755/. Acesso em: 18 dez. 2021.

[624] BANURI, Sheheryar; DERCON, Stefan; GAURI, Varun. Biased policy professionals. *The World Bank Economic Review*, v. 33, n. 2, p. 310-327, 2019. Disponível em: https://openknowledge.worldbank.org/handle/10986/34864. Acesso em: 18 dez. 2021.

[625] BANURI, Sheheryar; DERCON, Stefan; GAURI, Varun. Biased policy professionals. *The World Bank Economic Review*, v. 33, n. 2, p. 312, 2019. Disponível em: https://openknowledge.worldbank.org/handle/10986/34864. Acesso em: 18 dez. 2021.

[626] BANURI, Sheheryar; DERCON, Stefan; GAURI, Varun. Biased policy professionals. *The World Bank Economic Review*, v. 33, n. 2, p. 322, 2019. Disponível em: https://openknowledge.worldbank.org/handle/10986/34864. Acesso em: 18 dez. 2021.

os autores também perceberam que os profissionais públicos foram influenciados por suas preferências ideológicas.[627]

Zamir e Teichman relatam que os agentes públicos, para além dos vieses cognitivos que podem estar sujeitos, aproveitam-se das limitações cognitivas da população para obter apoio político em suas campanhas ou para conseguir suporte popular para suas propostas.[628] Igualmente, Edward McCaffery alerta sobre a existência de políticos e de partidos políticos que, constantemente, manipulam a opinião pública para atingir seus fins políticos.[629]

Sobre a tributação, McCaffery afirma que os políticos, de modo geral, tendem a preferir uma tributação escondida, ou não saliente, do que tributos mais transparentes e evidentes. A razão pela preferência por uma tributação escondida é a de conseguirem aumentar os recursos públicos com uma menor resistência popular.[630] Ao analisar, em específico a tributação do luxo, McCaffery expõe que a razão declarada dessa tributação é a de incentivar os consumidores a pouparem mais em vez de gastarem com itens luxuosos; isto é, supérfluos.[631] No entanto, a verdadeira razão da tributação do luxo, segundo o autor, é a de aumentar a arrecadação de recursos do Governo para cobrir os déficits fiscais.[632]

Para John F. Due, o argumento principal em defesa de uma tributação maior para o álcool e para o cigarro reside, justamente, em seu potencial de angariação de receitas para o Estado, já que a rentabilidade desses produtos é alta e o seu consumo é relativamente inelástico.[633] Ao mesmo tempo, o autor defende que o consumo desses

---

[627] BANURI, Sheheryar; DERCON, Stefan; GAURI, Varun. Biased policy professionals. *The World Bank Economic Review*, v. 33, n. 2, p. 312, 2019. Disponível em: https://openknowledge.worldbank.org/handle/10986/34864. Acesso em: 18 dez. 2021.

[628] ZAMIR, Eyal; TEICHMAN, Doron. *Behavioral law and economics*. New York: Oxford University Press, 2018, p. 466.

[629] MCCAFFERY, Edward. Behavioral economics and the law: tax. *In*: ZAMIR, Eyal; TEICHMAN, Doron (Org.) *The Oxford Handbook of Behavioral Economics and the Law*. New York: Oxford University Press, 2014, p. 602.

[630] MCCAFFERY, Edward. Behavioral economics and the law: tax. *In*: ZAMIR, Eyal; TEICHMAN, Doron (Org.) *The Oxford Handbook of Behavioral Economics and the Law*. New York: Oxford University Press, 2014, p. 602.

[631] MCCAFFERY, Edward. Behavioral economics and the law: tax. *In*: ZAMIR, Eyal; TEICHMAN, Doron (Org.) *The Oxford Handbook of Behavioral Economics and the Law*. New York: Oxford University Press, 2014, p. 613.

[632] MCCAFFERY, Edward. Behavioral economics and the law: tax. *In*: ZAMIR, Eyal; TEICHMAN, Doron (Org.) *The Oxford Handbook of Behavioral Economics and the Law*. New York: Oxford University Press, 2014, p. 613.

[633] DUE, John F. *Tributação indireta nas economias em desenvolvimento*. Tradução Camila Perret. São Paulo: Editora Perspectiva, 1974, p. 85.

produtos contribui pouco para o desenvolvimento econômico, além de ser percebido como "moralmente sujeito a objeções" em certos países. Como objeções a essa forma de tributação, Due destaca o seu potencial regressivo, devido esses produtos serem consumidos frequentemente pelos mais pobres e, por isso, ser provável que a tributação seja muito pesada para eles.[634] O autor também destaca que deve ser estabelecido um limite a essa tributação, que deverá levar em consideração os pre-juízos da receita arrecadatória que ocorrem quando as alíquotas forem altas a ponto de estimularem o ingresso da mercadoria de forma ilegal, a comercialização ilegal e as produções ilegais desses produtos.[635]

No caso da tributação do pecado, as limitações cognitivas dos agentes públicos colocam em dúvida se o real interesse do Estado com a tributação é o de desestimular o consumo de produtos com potencial de vícios. Isso se deve à tributação de produtos com potencial de vício, historicamente, ser uma grande fonte de arrecadação de recursos ao Estado. De acordo com Richard Bird, os níveis de tributação do pecado acabam, na realidade, sendo determinados por aquilo que os políticos consideram como politicamente aceitável.[636]

Luis Eduardo Schoueri, ao estudar a tributação extrafiscal, des-taca os ensinamentos de Peter Böckli de que, na Europa, a tributação do álcool e da nicotina não gerou o efeito esperado de modificação do hábito dos consumidores.[637] Contudo, a tributação desses produtos acabou servindo como uma fonte atrativa de arrecadação de recursos ao Estado.[638] Diante disso, Böckli conclui que o prazer do indivíduo teria levado ao vício do fisco.[639]

---

[634] DUE, John F. *Tributação indireta nas economias em desenvolvimento*. Tradução Camila Perret. São Paulo: Editora Perspectiva, 1974, p. 89.

[635] DUE, John F. *Tributação indireta nas economias em desenvolvimento*. Tradução Camila Perret. São Paulo: Editora Perspectiva, 1974, p. 90.

[636] BIRD, Richard M. Tobacco and alcohol exciste taxes for improving public health and revenue outcomes: marrying sin and virtue? *World Bank Policy Research*, Working Paper n. 7500, p. 8, Nov. 2015. Disponível em: https://scholarworks.gsu.edu/cgi/viewcontent. cgi?article=1202&context=icepp. Acesso em: 19 jun. 2021.

[637] BÖCKLI, Peter. Indirekte Steuern und Lenkungssteuern. Basel/Stuttgard: Helbing and Lichtenhahn, 1975, p. 51, *apud* SCHOUERI, Luís Eduardo. *Normas tributárias indutoras e intervenção econômica*. Rio de Janeiro: Forense, 2005, p. 206.

[638] BÖCKLI, Peter. Indirekte Steuern und Lenkungssteuern. Basel/Stuttgard: Helbing and Lichtenhahn, 1975, p. 51, *apud* SCHOUERI, Luís Eduardo. *Normas tributárias indutoras e intervenção econômica*. Rio de Janeiro: Forense, 2005, p. 206.

[639] BÖCKLI, Peter. Indirekte Steuern und Lenkungssteuern. Basel/Stuttgard: Helbing and Lichtenhahn, 1975, p. 51, *apud* SCHOUERI, Luís Eduardo. *Normas tributárias indutoras e intervenção econômica*. Rio de Janeiro: Forense, 2005, p. 206.

Em Portugal, Sérgio Vasques e Tânia Carvalhais Pereira relatam que o argumento de compensação de custos sociais está ganhado crescente espaço como fundamento para legitimar a tributação do pecado.[640] Contudo, os autores advertem que esse argumento tem sido aplicado, reiteradamente, na tributação do pecado, com desconhecimento técnico absoluto. Com isso, Vasques e Pereira aduzem que, na seara da tributação do pecado, haveria uma "legitimação política de impostos marcados pelo propósito único da angariação de receitas".

Hugo de Brito Machado afirma que a tributação do pecado nunca teria produzido os efeitos esperados. Nas palavrados do autor "ninguém deixou de beber ou fumar porque a bebida ou fumo custasse mais caro, em razão da incidência exacerbada do imposto".[641] Diante disso, Machado aduz que, nessa tributação, haveria incontestável predominância da função fiscal. No mesmo sentido é o posicionamento de Cristiano Carvalho que, ao tratar da tributação do cigarro, defende que não há uma tributação extrafiscal, mas tão somente uma tributação fiscal, uma vez que essa tributação mais gravosa não é informada aos consumidores e, por isso, só há o intuito de angariar recursos ao Estado. Para o autor, no caso da tributação brasileira do cigarro, estamos, justamente, diante dessa hipótese de tributação puramente com fins arrecadatórios.[642]

---

[640] VASQUES, Sérgio; PEREIRA, Tânia Carvalhais. *Os impostos especiais de consumo*. Coimbra: Almedina, 2016, p. 77.

[641] MACHADO, Hugo de Brito. *Curso de direito tributário*. 38. ed. São Paulo: Malheiros, 2017, p. 335.

[642] CARVALHO, Cristiano. *Teoria da decisão tributária*. São Paulo: Almedina, 2018, p. 168.

CONCLUSÃO

Essa pesquisa teve como objetivo geral a análise da tributação do pecado, em especial do cigarro e das bebidas alcoólicas, como um instrumento hábil a atingir a finalidade de alteração do comportamento de consumo de produtos com potencial de vício. Para tanto, partiu-se da hipótese de que a tributação do pecado não seria hábil a modificar o hábito de consumir cigarro ou bebidas alcoólicas e que os estudos de economia comportamental poderiam fornecer uma nova perspectiva sobre essa forma de tributação.

A partir disso, a pesquisa foi dividida em quatro capítulos. No primeiro capítulo, em um primeiro momento foi estudado a relação entre tributação fiscal e a extrafiscal, para, após, ser verificado o enquadramento da tributação do pecado. Após a análise de correntes teóricas, compreendeu-se que a tributação extrafiscal consiste na utilização de ferramentas tributárias com finalidade primordial de incentivar ou desincentivar a realização de uma conduta pelo contribuinte. E a tributação fiscal foi identificada como aquela criada com finalidade preponderante de arrecadação de recursos financeiros ao Estado. Com isso, a tributação do pecado foi enquadrada como uma espécie de tributação extrafiscal, pela técnica do agravamento.

Em que pese países como o Brasil, Itália, Portugal e Espanha utilizarem a expressão "extrafiscalidade", há outros países, como os Estados Unidos e a Inglaterra que não a utilizam. Nesses casos, é usado a expressão *regulatory tax* ou *corrective tax* para identificar situações em que são feitos usos da tributação para induzir comportamentos. Desse modo, foi analisado que dentro da *regulatory tax*, há as *excise tax* que consistem na utilização de agravamentos tributários na compra ou venda de produtos. A *excise tax* é subdivida em categorias de produtos e a tributação do pecado pode ser enquadrada como uma *sumptuary excise* ou *luxury excise*, a depender da fundamentação utilizada para a sua incidência: será *sumptuary excise* quando a fundamentação da tributação for a de desestimular o consumo de bens por serem contrários ao bem-estar da sociedade; e será *luxury excise* quando a fundamentação da tributação for a de desestimular o consumo por serem bens considerados luxuosos e não essenciais à subsistência.

Na sequência, observou-se que a fundamentação para a tributação do pecado foi modificada no decorrer do tempo. No caso do cigarro, a sua principal matéria prima, o tabaco, era uma planta sagrada em várias etnias das Américas e, principalmente com as expedições portuguesas e espanholas, o produto foi introduzido na Europa e em outras partes do mundo. Em um primeiro momento, devido às pressões da Igreja Católica que considerava o consumo do tabaco um pecado mortal, o seu consumo foi proibido. Mas as proibições não foram suficientes para impedir o consumo. Desse modo, foi observado que, no final do século XVI o Estado já estava tributando o consumo do tabaco por ser uma fonte atrativa para a arrecadação de recursos. No caso das bebidas alcoólicas, algumas bebidas, como a cerveja e o vinho, eram amplamente consumidas pela população e a tributação desses produtos era rara – tendo sido utilizado, principalmente, em casos de guerras para financiamentos de emergências. Em especial na Inglaterra, no século XVI, com o *Tippling Acts*, notou-se que o Rei Jaime I introduziu várias penalidades para conter o consumo de bebidas alcoólicas e do tabaco por serem responsáveis por uma corrupção do corpo e dos costumes. Todavia, de uma forma geral, no período compreendido entre os séculos XVII e XVIII, a fundamentação para a tributação do álcool e do tabaco era, predominantemente, financeira, eis que o seu objetivo era somente o de aumentar os recursos públicos do Estado. Com a Revolução Francesa e a busca por uma progressividade efetiva da tributação, a tributação do pecado perdeu a sua fundamentação. Mas, com o advento do Estado liberal, houve uma nova fundamentação: a tributação maior das bebidas alcoólicas e do cigarro seria necessário pelo fato de que o consumo desses produtos desvirtuava os operários do trabalho e dos bons costumes. Contudo, com a ocorrência das Guerras Mundiais, o consumo desses produtos passou a ser considerado como necessário para se ter uma vida adequada, tendo, com isso, a tributação do pecado perdido a sua fundamentação.

Modernamente, foi constado que a tributação do pecado apresenta três fundamentações: a primeira delas defende que essa tributação é a melhor forma para aumentar a arrecadação do Estado; a segunda demonstra que esta tributação é a forma adequada para correção de externalidades negativas que são originadas do consumo desses produtos sujeito à tributação maior; e a terceira fundamentação deriva da necessidade de ser corrigida as preferências dos indivíduos para garantir as *merit wants*. Assim, a fundamentação da tributação do pecado decorre, principalmente, dos ensinamentos de Pigou, Bator, Ramsey e de Musgrave. Em que pese haver críticas precisas sobre os respectivos estudos, a tributação do pecado tem se expandido para englobar outros produtos, como é o caso dos produtos gordurosos, dos açucarados e dos refrigerantes.

No segundo capítulo foi verificado que no Brasil, desde a época do Brasil Colônia, já existia uma tributação do pecado. No período Brasil Colônia, a fundamentação da tributação do pecado era exclusivamente arrecadatória. Com o aumento significativo na arrecadação, advindo, principalmente, da tributação do fumo, houve aumento crescente da tributação do consumo de produtos, como as bebidas alcoólicas. Diante disso, em 1940, a tributação do consumo já havia se tornado a principal fonte de arrecadação do país. Hoje, o consumo de produtos considerados viciantes está sujeito ao IPI, antigo imposto sobre o consumo, e ao ICMS – na carga tributária também deve ser computada o PIS e a Cofins. Contudo, com a promulgação da reforma tributária (EC nº 132/2023), foi extinto o IPI, o ICMS, o PIS e o Cofins e o ISS, e foram substituídos pelo IBS, CBS e imposto seletivo.

Para além dos argumentos arrecadatórios, foi visto que no Brasil a tributação do pecado apresenta duas correntes diferentes de fundamentação. A primeira delas, decorre da seletividade tributária, com base na essencialidade de bens. Essa fundamentação é baseada na interpretação doutrinária de dispositivos da Constituição Federal que determinam que o IPI "será seletivo, em função da essencialidade do produto" e que o ICMS "poderá ser seletivo, em função da essencialidade das mercadorias e dos serviços", tendo sido ressaltado que tais artigos da Constituição Federal não foram alterados pela EC nº 132/2023. Com base nisso, a doutrina majoritária compreende que a seletividade tributária seria realizada por uma graduação de alíquotas de forma inversa da necessidade ou essencialidade do produto.

Todavia, a doutrina não é unânime sobre o que deve ser considerado um produto essencial ou não essencial.

Ao longo do tempo, os autores estabeleceram várias classificações dos bens, de modo a defender que a seletividade fosse aplicada por meio de uma comparação entre os bens. Com isso, os bens enquadrados como essenciais, deveriam ser tributados de forma mais branda, ou nem serem tributados, ao passo que os bens não essenciais, supérfluos ou luxuosos, deveriam ser tributados de forma mais elevada. Com base nessa perspectiva, o cigarro e as bebidas alcoólicas foram classificados como produtos luxuosos ou não essenciais pela maior parte da doutrina. No entanto, observou-se que há críticas contundentes a essas classificações, como a de José Eduardo Telleni Toledo que defende que esses produtos são consumidos por todas as classes sociais, não podendo ser entendidos como "luxuosos".[643] Henry Tilbery, por sua vez, compreende que as bebidas alcoólicas e o fumo devem ser considerados "necessidades secundárias", na medida em que, apesar de não serem essenciais para a subsistência, são bens consumidos para se ter uma vida decente, por trazerem algo a mais que o ser humano precisa para viver bem.[644] Com isso, cairia por terra a fundamentação da essencialidade de bens para justificar uma tributação mais gravosa para o cigarro e o álcool.

A segunda fundamentação para a tributação do pecado, que vem sendo aplicada no Brasil, é a da correção de externalidades e desestímulo do consumo. Observou-se que o nosso país foi influenciado pela tradição pigouviana e seus posicionamentos teóricos, no sentido de que a tributação mais exacerbada nos cigarros e nas bebidas alcoólicas serviria para internalizar as externalidades, isto é, os custos sociais negativos que o consumo desses bens ocasionaria à sociedade e, com isso, seria alterado o comportamento dos consumidores desses produtos. Ocorre que, em que pese haver críticas precisas a essa visão, essa fundamentação foi aplicada em uma decisão do STJ e se encontra presente na reforma tributária, EC nº 132/2023, e no PLC nº 29/2024. Em especial sobre o potencial de a tributação "desestimular o consumo" desses produtos, verificou-se que há críticas sobre o risco de se superestimar os efeitos

---

[643] TOLEDO, José Eduardo Tellini. *O imposto sobre produtos industrializados*: incidência tributária e princípios constitucionais. São Paulo: Quartier Latin, 2006, p. 142-143.

[644] TILBERY, Henry. O conceito de essencialidade como critério de tributação. *In*: NOGUEIRA, Ruy Barbosa (Coord.). *Estudos tributários em homenagem à memória de Rubens Gomes de Souza*. São Paulo: Resenha Tributária, 1974, p. 329-330.

CONCLUSÃO | 151

dos tributos no comportamento das pessoas. Além de poder não atingir os efeitos pretendidos, há a possibilidade de serem gerados efeitos contrários, pela complexidade da realidade.

Feito tais esclarecimentos, no terceiro capítulo, a pesquisa partiu para o estudo da economia comportamental. A economia comportamental é um campo que busca, ao abranger os estudos da psicologia e outras ciências comportamentais, fornecer ferramentas para melhorar as predições das teorias econômicas. A metodologia da economia comportamental representa um retorno ao pensamento econômico de Adam Smith e de outros economistas que compreendiam como importante o estudo dos aspectos comportamentais na economia.

As teorias da economia comportamental surgiram como críticas ao modelo econômico dominante da teoria da escolha racional dos agentes. A escolha racional se baseia em três premissas centrais sobre o comportamento dos agentes: têm preferências definidas e estáveis; sua motivação primária é o auto interesse e; fazem escolhas ótimas que maximizam a sua utilidade. Os trabalhos pioneiros de Daniel Kahneman e Amos Tversky demonstraram que as pessoas, em seu processo de decisão, têm comportamento divergente ao previsto pela escolha racional.[645] Com a influência de tais estudos, novas pesquisas, conduzidas por psicólogos e economistas, foram realizadas ao longo do tempo. Comprovou-se que, de fato, a maximização da utilidade não é a única motivação do comportamento humano, as pessoas se importam com o bem-estar dos outros, agem com altruísmo e se comprometem com valores de reciprocidade e de justiça.[646]

Com base nos estudos de economia comportamental, Cass Sunstein e Richard Thaler desenvolveram o "*nudge*": um mecanismo que consiste em um estímulo, não coercitivo, para influenciar o comportamento das pessoas.[647] Por definição, o *nudge* não é ordem, proibição ou incen-

---

[645] TVERSKY, Amos; KAHNEMAN, Daniel. Judgement Under Uncertainty: Heuristics and Biases. *Sciences*. New Series. v. 185, n. 4157, p. 1.130, Sep. 1974. KAHNEMAN, Daniel; TVERSKY, Amos. Prospect Theory: an analysis of decision under risk. *Econometrica*, v. 47, n. 2, p. 263, Mar. 1979. Disponível em: http://courses.washington.edu/pbafhall/514/514%20 Readings/ProspectTheory.pdf. Acesso em: 12 set. 2021. KAHNEMAN, Daniel. *Rápido e devagar*: duas formas de pensar. Tradução Cássio de Arantes Leite. Rio de Janeiro: Objetiva, 2012.

[646] ZAMIR, Eyal; TEICHMAN, Doron. *Behavioral law and economics*. New York: Oxford University Press, 2018, p. 21.

[647] THALER, Richard; SUNSTEIN, Cass. *Nudge*: como tomar decisões melhores sobre saúde, dinheiro e felicidade. Tradução Ângelo Lessa. Rio de Janeiro: Objetiva, 2019.

tivo financeiro, apesar de poder ser utilizado em conjunto com eles.[648] Também foi observado que os estudos de economia comportamental têm sido aplicados em diversas áreas do Direito e o potencial dessa aplicação tem sido objeto de estudos por organizações internacionais, como a OECD e a ONU.[649] No Brasil, já há três instituições governamentais utilizando as contribuições da economia comportamental.

No quarto e último capítulo, buscou-se verificar a hipótese de pesquisa, de modo a ser analisado se a tributação do pecado seria um instrumento adequado para a atingir a sua finalidade de desestímulo ao comportamento de consumir produtos com potencial de vício e se os estudos da economia comportamental poderiam contribuir à análise dessa tributação. Assim, na primeira parte desse capítulo, foi investigado qual seria racionalidade que estrutura a tributação do pecado. Nesse ponto, constatou-se que a tributação do pecado está baseada na premissa da teoria da escolha racional, por partir do pressuposto de que o contribuinte, ao fazer a escolha entre consumir ou não consumir o produto com potencial de vício, percebe e compreende a mudança no preço ocasionada pela tributação, calcula os custos e benefícios das suas opções e opta pela escolha ótima. No entanto, observou-se que, no processo de tomada de decisão, nem sempre os agentes optam pela escolha considerada "racional" ou ótima; isto é, a que maximizará a sua utilidade esperada, por haver diversos fatores comportamentais envolvidos. Por isso, compreendeu-se como necessária a mudança desta racionalidade, de modo a englobar aspectos comportamentais envolvidos na modificação do comportamento.

Na sequência, foi analisado aspectos comportamentais que estão envolvidos na tributação do pecado, em especial na modificação do comportamento de não consumir produtos com potencial de vício. Com base em estudos de economia comportamental, constatou-se limitações significativas ao potencial da tributação do pecado de desestimular comportamentos. Além disso, a tributação do pecado pode

---

[648] SUNSTEIN, Cass. *Behavioral science and public policy*. Cambridge: Cambridge University Press, 2020, p. 6.

[649] OECD. *Tools and Ethics for Applied Behavioural Insights*: The BASIC Toolkit. Paris: OECD Publishing, 2019. Disponível em: https://doi.org/10.1787/9ea76a8f-en. Acesso em: 30 set. 2021. OECD. OCED. Delivering better policies through behavioral insights: new approaches. Paris: OECD Publishing, 2019, p. 3. Disponível em: https://www.oecd.org/gov/regulatory-policy/behavioural-insights.htm. Acesso em: 27 fev. 2021. UNITED NATIONS. Behavioural science report. Disponível em: https://www.uninnovation.network/assets/BeSci/UN_Behavioural_Science_Report_2021.pdf. Acesso em: 30 set. 2021.

gerar consequências negativas, como o aumento do contrabando desses produtos. Em pesquisas empíricas, verificou-se que os cigarros e as bebidas alcoólicas contrabandeados representam um risco muito maior à saúde dos consumidores por, frequentemente, terem sido produzidos com substâncias impróprias.

Em que pese os estudos de economia comportamental demonstrarem limitações ao uso da tributação do pecado para desestimular o consumo de produtos com potencial de vícios, há fatores não financeiros que podem ser utilizados, isoladamente ou em conjunto com a tributação, para se modificar o comportamento. Dentre os fatores não financeiros analisados, destacou-se a importância da saliência da tributação e das informações pertinentes ao desestímulo do comportamento visado, políticas públicas que atenuem os gatilhos ao consumo, realização de compromissos prévios, lembretes e uso de normas sociais. A tributação é uma das ferramentas disponíveis para ser utilizada na modificação do comportamento desejado, mas não a única.

Ademais, observou-se que o Estado, por ser formado por pessoas, também está sujeito a influência de heurísticas que podem levar seus agentes à vieses cognitivos. A presença de vieses cognitivos pode comprometer a efetividade de uma intervenção governamental. Também foi observado a vulnerabilidade às pressões políticas e ideológicas dos agentes públicos. De outro lado, os agentes públicos podem se aproveitar das limitações cognitivas da população para conseguirem apoio popular em suas campanhas e propostas. Na tributação, foi observado o entendimento de Edward McCaffery no sentido de que a preferência por uma tributação escondida, ou não saliente, por vezes, é a de conseguir maior aumento dos recursos públicos com menor resistência popular. Para Richard Bird, o nível adequado de tributação acaba sendo o que os políticos entendem como adequado politicamente.

Apesar de a economia comportamental não fornecer uma resposta única e específica sobre como a tributação do pecado deve ser estruturada, os estudos empíricos colocam dúvidas se o verdadeiro interesse do Governo com a tributação do pecado seria, de fato, desestimular o consumo de tais produtos ou apenas aumentar a arrecadação dos cofres públicos. Os estudos analisados também demonstram a necessidade de cautela ao ser examinada a finalidade do Estado com a tributação pecado. A finalidade da tributação do pecado pode estar coberta de uma aparente finalidade extrafiscal, qual seja a de desestimular os consumos de produtos com potencial de vício, mas pode ter como verdadeira finalidade tão somente o aumento de recursos para o Estado. No caso da tributação do pecado brasileira, foi exposto o posicionamento de Cristiano Carvalho no sentido de que a tributação do cigarro seria o caso de uma tributação fiscal, já que só haveria o interesse de aumentar a arrecadação do Estado. Para Hugo de Brito Machado, no caso do cigarro e das bebidas alcoólicas, também se está diante apenas de uma finalidade fiscal.

Diante do exposto, a hipótese de pesquisa mostrou-se corroborada, na medida em que foi constado que a estrutura da tributação do pecado atual não se mostra adequada para atingir a finalidade pretendida de alteração do comportamento de consumir cigarros e bebidas alcoólicas. Além disso, com base nas pesquisas realizadas nesse estudo, a principal finalidade da tributação do pecado brasileira pode ser tão somente arrecadatória. Assim, o "pecado" é utilizado como instrumento para legitimar a tributação.

Nesse caso, conclui-se, da mesma forma que Böckli, no sentido de que "o prazer do indivíduo leva ao vício do fisco".[650]

---

[650] BÖCKLI, Peter. Indirekte Steuern und Lenkungssteuern. Basel/Stuttgart: Helbing and Lichtenhahn, 1975, p. 51, *apud* SCHOUERI, Luís Eduardo. *Normas tributárias indutoras e intervenção econômica*. Rio de Janeiro: Forense, 2005, p. 206.

REFERÊNCIAS

ADAMS, Charles. *For good and evil*: the impact of taxes on the course of civilization. London: Madison Books, 1993.

ADAMY, Pedro. Instrumentalização do direito tributário. *In*: ÁVILA, Humberto (Org.). *Fundamentos do direito tributário*. São Paulo: 2012. p. 301-329.

AKERLOF, George A. Macroeconomics and Macroeconomic Behavior. *American Economic Review*, v. 92, n. 3, p. 411-433, June 2002. Disponível em: https://www.aeaweb.org/articl es?id=10.1257/00028280260136192. Acesso em: 12 set. 2021.

AKERLOF, George; SHILLER, Robert. *Animal Spirits*: how human psychology drives the economy, and why it matters for global capitalism. Princeton: Princeton University Press, 2009.

ALABERN, Juan Enrique Varona. *Extrafiscalidad y dogmática tributaria*. Madrid: Marcial Pons, 2009.

ALEXY, Robert. *Teoria dos direitos fundamentais*. Tradução Virgílio Afonso da Silva. São Paulo: Malheiros, 2017.

ALLCOTT, Hunt; TAUBINSKY, Dmitry. The Lightbulb Paradox: Evidence from Two Randomized Experiments. *National Bureau of Economic Research*, Cambridge, Working Paper n. 19713, p. 1-76, Dec. 2013. Disponível em: https://www.nber.org/papers/w19713. Acesso em: 7 set. 2021.

ALLCOTT, Hunt; TODD, Rogers. The Short-Run and Long-Run Effects of Behavioral Interventions: Experimental Evidence. *National Bureau of Economic Research*, Cambridge, Working Paper n. 18492, p. 3.003-3.037, Oct. 2012. Disponível em: https://www.nber.org/ papers/w18492. Acesso em: 7 set. 2021.

ALLCOTT, Hunt; LOCWOOD, Benjamin B.; TAUBINSKY, Dmitry. Should We Tax Sugar-Sweetened Beverages? An Overview of Theory and Evidence. *Journal of Economic Perspectives*, v. 33, n. 3, p 202-227, 2019. Disponível em: https://www.aeaweb.org/ articles?id=10.1257/jep.33.3.202. Acesso em: 20 jun. 2021.

ALLCOTT, Hunt; LOCKWOOD, Benjamin; TAUBINSKY, Dmitry. Regressive sin taxes, with an application to the optimal soda tax. *National Bureau of Economic Research* Working, Paper, n. 25841, p. 1-44, 2019. Disponível em: https://www.nber.org/papers/w25841. Acesso em: 20 jun. 2021.

ATKINSON, Anthony B.; STIGLITZ, Joseph E. *Lectures on public economy*. New Jersey: Princeton University Press, 2015.

AMARO, Luciano. *Direito tributário brasileiro*. 12. ed. São Paulo: Saraiva, 2006.

ANAF, Julia *et al*. 'Sweet talk': framing the merits of a sugar tax in Australia. *Heatlh Promotion International*, Oxford Academic, p. 1334-1345, 2021. Disponível em: https://academic.oup. com/heapro/advance-article/doi/10.1093/heapro/daaa152/6120241?login=true. Acesso em: 20 jun. 2021.

ANDRADE, Arthur Guerra (Org.). *Álcool e a saúde dos brasileiros*: panorama 2020. São Paulo: Centro de Informações sobre Saúde e Álcool CISA, 2020. Disponível em: https://cisa.org. br/images/upload/Panorama_Alcool_Saude_CISA2020.pdf. Acesso em: 04 dez. 2021.

ANGNER, Erik; LOEWENSTEIN, George. Behavioral Economics. *In*: MAKI, Uskali (Ed.) *Handbook of the philosophy of science*. v. 12. Amsterdam: Elsevier, 2012. p. 641-690.

ARIELY, Dan; BRACHA, Anat; MEIER, Stephan. Doing good or doing well? Image motivation and monetary incentives in behaving prosocially. *American Economic Review*, v. 99, n. 1, p. 544-555, 2000.

ARMOR, David; TAYLOR, Shelley. When predictions fail: the dilemma of unrealistic optimism. *In*: GILOVICH, Thomas; GRIFFIN, Dale; KAHNEMAN, Daniel. *Heuristics and biases*: the psychology of intuitive judgment. Cambridge: Cambridge University Press, 2002. p. 375-387.

ASHRAF, Nava; CAMERER, Colin; LOEWENSTEIN, George. Adam Smith, Behavioral Economist. *Journal of Economic Perspectives*, v. 19, n. 3, p. 131-145, 2005. Disponível em: https://www.aeaweb.org/articles?id=10.1257/089533005774357897. Acesso em: 11 set. 2021.

ATALIBA, Geraldo. *Sistema Constitucional Tributário*. São Paulo: Revista dos Tribunais: 1966.

ÁVILA, Humberto. *Sistema Constitucional Tributário*. 5. ed. São Paulo: Saraiva, 2012.

ÁVILA, Humberto. A doutrina e o direito tributário. *In*: ÁVILA, Humberto (Org.). *Fundamentos do direito tributário*. São Paulo: 2012. p. 221-245.

ÁVILA, Humberto. *Teoria da igualdade tributária*. São Paulo: Malheiros, 2015.

BAKKER, Carl. Can the 'fat tax' carry its weight? *Major Themes in Economics*, v. 12, n. 1, p. 47-69, 2010. Disponível em: https://scholarworks.uni.edu/mtie/vol12/iss1/5/. Acesso em: 20 jun. 2021.

BALAS, Alan *et al*. The divergence of legal procedures. *American Economic Journal: Economic Policy*, v. 1, n. 2, p. 138-162, 2009. Disponível em: https://www.aeaweb.org/articles?id=10.1257/pol.1.2.138. Acesso em: 20 jun. 2021.

BALEEIRO, Aliomar. *Uma introdução à ciência de finanças*. Rio de Janeiro: Forense, 2004.

BALEEIRO, Aliomar. *Limitações constitucionais ao poder de tributar*. 7. ed. Rio de Janeiro: Forense, 1998.

BALEEIRO, Aliomar. *Direito tributário brasileiro*. Atualização Misabel Abreu Machado Derzi. 14. ed. Rio de Janeiro: Forense, 2018.

BANURI, Sheheryar; DERCON, Stefan; GAURI, Varun. Biased policy professionals. *The World Bank Economic Review*, v. 33, n. 2, p. 310-327, 2019. Disponível em: https://openknowledge.worldbank.org/handle/10986/34864. Acesso em: 18 dez. 2021.

REFERÊNCIAS | 157

BARLETT, Bruce. Taxing sin: a win-win for everyone? *Tax Notes*, v. 128, n. 12, p. 1.289, 1.290, 2010.

BARON, Jonathan. *Thinking and deciding*. New York: Cambridge University Press, 2008.

BARON, Jonathan. Heuristics and biases. *In*: ZAMIR, Eyal; TEICHMAN, Doron. *The oxford handbook of behavioral economics and the law*. New York: Oxford University Press, 2014. p. 3-27.

BASTOS, Frederico Silva; XAVIER DA SILVEIRA, João Vitor Kanufre. Tributação sobre o pecado, moldura regulatória brasileira e desenvolvimento. *Revista Direito Tributário Atual*, n 42, p. 241-242, 2019. Disponível em: https://revista.ibdt.org.br/index.php/RDTA/article/view/610. Acesso em: 13. jun. 2021.

BATOR, Francis M. The anatomy of Market failure. *The Quarterly Journal of Economics*, v. 72, n. 3, p. 351-379, Aug. 1958. Disponível em: https://courses.cit.cornell.edu/econ335/out/bator_qje.pdf. Acesso em: 13 jun. 2021.

BAUMOL, William J. On taxation and the control of externalities. *The American Economic Review*, v. 62, n. 3, p. 307-322, June 1972.

BAZZANEZE, Thais; GONÇALVES, Oksandro O. Imposto do pecado: fat tax no Brasil e a experiência dinamarquesa. *Revista de Direito, Economia e Desenvolvimento Sustentável*, v. 6, n. 2, p. 42-62, jul./dez. 2020. Disponível em: https://indexlaw.org/index.php/revistaddsus/article/view/7153. Acesso em: 20 jun. 2021.

BAZZANEZE, Thaís; GONÇALVES, Oksandro O. A tributação do pecado: a proposta de criação da soda tax brasileira. *Revista Jurídica Luso-Brasileira*, v. 7, n. 3, p. 1.467-1.513, 2021. Disponível em: https://www.cidp.pt/publicacao/revista-juridica-lusobrasileira-ano-7-2021-n-3/215. Acesso em: 10 set. 2021.

BECKER, Alfredo Augusto. *Teoria geral do direito tributário*. São Paulo: Noeses, 2018.

BÉNABOU, Roland; TIROLE, Jean. Intrinsic and extrinsic motivation. *The Review of Economic Studies*, v. 70, n. 3, p. 489-520, 2003. Disponível em: https://www.princeton.edu/~rbenabou/papers/RES2003.pdf. Acesso em: 15 nov. 2021.

BORGES, José Souto Maior. *Introdução ao Direito Financeiro*. São Paulo: Max Limonad, 1998.

BORGES FILHO, Afonso. Sugestões para uma reforma da Lei do Impôsto de Consumo. *Revista do Serviço Público*, v. 87, p. 8-31, abr./maio 1960. Disponível em: https://revista.enap.gov.br/index.php/RSP/issue/view/198. Acesso em: 28 ago. 2021.

BERCOVICI, Gilberto. A problemática da constituição dirigente: algumas considerações sobre o caso brasileiro. *Revista de Informação Legislativa*, Brasília, ano 36, n. 142, p. 35-51, abr./jun. 1999. Disponível em: https://edisciplinas.usp.br/pluginfile.php/5642042/mod_resource/content/1/Aula%203%20-%20Bercovici%20-%20Problem%C3%A1tica%20da%20Constitui%C3%A7%C3%A3o%20Dirigente.pdf. Acesso em: 24 fev. 2021.

BERCOVICI, Gilberto. *Constituição Econômica e Desenvolvimento*: uma leitura a partir da Constituição de 1988. São Paulo: Malheiros, 2005.

BERHEIM, Douglas; RANGEL, Antonio. Addiction and cue-triggered decision processes. *The American Economic Review*, v. 94, n. 5, p. 1.558-1.590, Dec. 2004. Disponível em: http://citeseerx.ist.psu.edu/viewdoc/download?doi=10.1.1.178.9278&rep=rep1&type=pdf. Acesso em: 03 dez. 2021.

BERNS, Gregory S.; LAIBSON, David; LOEWENSTEIN, George. Intertemporal choice – Toward an integrative framework. *Trends in Cognitive Science*, v. 11, p. 482-488, 2007. Disponível em: https://dash.harvard.edu/bitstream/handle/1/4554332/Laibson_IntertemporalChoice.pdf. Acesso em: 03 dez. 2021.

BIRD, Richard M. Tobacco and alcohol exciste taxes for improving public health and revenue outcomes: marrying sin and virtue? *World Bank Policy Research*, Working Paper n. 7500, p. 1-33, Nov. 2015. Disponível em: https://scholarworks.gsu.edu/cgi/viewcontent.cgi?article=1202&context=icepp. Acesso em: 19 jun. 2021.

BÖCKLI, Peter. Indirekte Steuern und Lenkungssteuern. Basel/Stuttgard: Helbing and Lichtenhahn, 1975 *apud* SCHOUERI, Luís Eduardo. *Normas tributárias indutoras e intervenção econômica*. Rio de Janeiro: Forense, 2005.

BOTTALLO, Eduardo Domingos. *IPI*: princípios e estrutura. São Paulo: Dialética, 2009.

BOUNDREAUX, Donald J.; MEINERS, Roger. Externality: origins and classification. *Natural Resources Journal*, v. 59, n. 1, p. 1-33, 2019. Disponível em: https://digitalrepository.unm.edu/nrj/vol59/iss1/3. Acesso em: 18 jun. 2021.

BOUNDREAUX, Donald J.; HOLCOMBE, Randall G. *The essential James Buchanan*. Canada: Fraser Institute, 2021.

BOWLES, Samuel. *The moral economy*: why good incentives are no substitute for good citizens. New Haven: Yale University Press, 2016.

BRASIL. [Constituição (1988)]. *Constituição da República Federativa do Brasil de 1988*. Brasília, DF: Presidência da República. Disponível em: http://www.planalto. gov.br/ccivil_03/constituicao/constituicao.htm. Acesso em: 24 fev. 2021.

BRASIL. *Decreto nº 8.656, de 29 de janeiro de 2016*. Exclui produtos do regime tributário de que trata o art. 1º da Lei nº 7.798, de 10 de julho de 1989, altera a Tabela de Incidência do Imposto sobre Produtos Industrializados – Tipi, aprovada pelo Decreto nº 7.660, de 23 de dezembro de 2011, e altera o Decreto nº 7.555, de 19 de agosto de 2011. Brasília, DF: Presidência da República, 2016. Disponível em: http://www.planalto.gov.br/ccivil_03/_ato2015-2018/2016/decreto/d8656.htm. Acesso em: 29 ago. 2021.

BRASIL. *Decreto nº 7.871, de 29 de setembro de 2017*. Introduz alteração no Regulamento do Imposto sobre Operações Relativas à Circulação de Mercadorias e sobre Prestações de Serviços de Transporte Interestadual e Intermunicipal e de Comunicação do Estado do Paraná – RICMS/PR. Curitiba: Assembleia Legislativa, 2017. Disponível em: http://www.fazenda.pr.gov.br/sites/default/arquivos_restritos/files/documento/2020-09/secaoiiiricmspr2017.pdf. Acesso em: 29 ago. 2021.

REFERÊNCIAS | 159

BRASIL. *Decreto-lei nº 739, de 24 de setembro de 1938*. Aprova o regulamento para a arrecadação e fiscalização do imposto de consumo. Rio de Janeiro [DF]: Presidência da República, 1938. Disponível em: http://www.planalto.gov.br/ccivil_03/decreto-lei/1937-1946/Del0739.htm#art2. Acesso em: 28 ago. 2021.

BRASIL. *Decreto-Lei nº 1.593, de 21 de dezembro de 1977*. Altera a legislação do Imposto sobre Produtos Industrializados, em relação aos casos que especifica, e dá outras providências. Brasília [DF]: Presidência da República, 1977. Disponível em: http://www.planalto.gov.br/ccivil_03/decreto-lei/del1593.htm. Acesso em: 29 ago. 2021.

BRASIL. *Emenda Constitucional nº 18, de 1º de dezembro 1965*. Reforma do Sistema Tributário. Brasília [DF]: Presidência da República, 1965. Disponível em: http://www.planalto.gov.br/ccivil_03/constituicao/emendas/emc_anterior1988/emc18-65.htm. Acesso em: 28 ago. 2021.

BRASIL. *Emenda Constitucional nº 132, de 20 de dezembro de 2023*. Altera o Sistema Tributário Nacional. Brasília, DF: Presidência da República. Disponível em: https://www.planalto.gov.br/ccivil_03/constituicao/emendas/emc/emc132.htm. Acesso em: Acesso em: 21 mar. 2024.

BRASIL. *Lei nº 25, de 30 de dezembro de 1891*. Orça a receita geral da Republica dos Estados Unidos do Brazil para o exercicio de 1892, e da outras providencias. Rio de Janeiro [DF]: Secretaria de Estado dos Negocios da Fazenda, 1981. Disponível em: https://www2.camara.leg.br/legin/fed/lei/1824-1899/lei-25-30-dezembro-1891-545783-publicacaooriginal-59165-pl.html. Acesso em: 28 ago. 2021.

BRASIL. *Lei nº 359, de 30 de dezembro de 1895*. Orça a receita geral da Republica dos Estados Unidos do Brazil para o exercicio de 1896 e dá outras providencias. Rio de Janeiro [DF]: Presidência da República, 1897. Disponível em: https://www2.camara.leg.br/legin/fed/lei/1824-1899/lei-359-30-dezembro-1895-540864-publicacaooriginal-42274-pl.html. Acesso em: 28 ago. 2021.

BRASIL. *Lei nº 489, de 15 de dezembro 1897*. Orça a receita geral da Republica dos Estados Unidos do Brazil para o exercicio de 1898, e dá outras providencias. Rio de Janeiro [DF]: Presidência da República, 1897. Disponível em: https://legis.senado.leg.br/norma/541889/publicacao/15713970. Acesso em: 28 ago. 2021.

BRASIL. *Lei nº 559, de 31 de dezembro 1899*. Orça receita geral da Republica dos Estados Unidos do Brazil para o exercicio de 1899, e dá outras providencias. Rio de Janeiro [DF]: Presidência da República, 1898. Disponível em: https://www2.camara.leg.br/legin/fed/lei/1824-1899/lei-559-31-dezembro-1898-540114-publicacaooriginal-39900-pl.html. Acesso em: 28 ago. 2021.

BRASIL. *Lei nº 641, de 14 de novembro 1899*. Estabelece o processo de arrecadação dos impostos de consumo. Rio de Janeiro [DF]: Presidência da República, 1899. Disponível em: https://www2.camara.leg.br/legin/fed/lei/1824-1899/lei-641-14-novembro-1899-539583-publicacaooriginal-41960-pl.html. Acesso em: 28 ago. 2021.

BRASIL. *Lei nº 9.294, de 15 de julho de 1996*. Dispõe sobre as restrições ao uso e à propaganda de produtos fumígeros, bebidas alcoólicas, medicamentos, terapias e defensivos agrícolas, nos termos do §4º do art. 220 da Constituição Federal. Brasília [DF]: Presidência da República, 1996. Disponível em: http://www.planalto.gov.br/ccivil_03/leis/l9294.htm. Acesso em: 10 dez. 2021.

BRASIL. *Lei nº 12.024, de 27 de agosto de 2009*. Dá nova redação aos arts. 4º, 5º e 8º da Lei nº 10.931, de 2 de agosto de 2004, que tratam de patrimônio de afetação de incorporações imobiliárias; dispõe sobre o tratamento tributário a ser dado às receitas mensais auferidas pelas empresas construtoras nos contratos de construção de moradias firmados dentro do Programa Minha Casa, Minha Vida – PMCMV, atribui à Agência Nacional de Telecomunicações – ANATEL as atribuições de apurar, constituir, fiscalizar e arrecadar a Contribuição para o Fomento da Radiodifusão Pública; altera as Leis nºs 11.196, de 21 de novembro de 2005, 11.652, de 7 de abril de 2008, 10.833, de 29 de dezembro de 2003, 9.826, de 23 de agosto de 1999, 6.099, de 12 de setembro de 1974, 11.079, de 30 de dezembro de 2004, 8.668, de 25 de junho de 1993, 8.745, de 9 de dezembro de 1993, 10.865, de 30 de abril de 2004, 8.989, de 24 de fevereiro de 1995, e 11.941, de 27 de maio de 2009; e dá outras providências. Brasília [DF]: Presidência da República, 2009. Disponível em: http://www. planalto.gov.br/ccivil_03/_ato2007-2010/2009/lei/l12024.htm. Acesso em: 29 ago. 2021.

BRASIL. *Lei n.º 12.546, de 14 de dezembro de 2011*. Institui o Regime Especial de Reintegração de Valores Tributários para as Empresas Exportadoras (Reintegra); dispõe sobre a redução do Imposto sobre Produtos Industrializados (IPI) à indústria automotiva; altera a incidência das contribuições previdenciárias devidas pelas empresas que menciona; altera as Leis nº 11.774, de 17 de setembro de 2008, nº 11.033, de 21 de dezembro de 2004, nº 11.196, de 21 de novembro de 2005, nº 10.865, de 30 de abril de 2004, nº 11.508, de 20 de julho de 2007, nº 7.291, de 19 de dezembro de 1984, nº 11.491, de 20 de junho de 2007, nº 9.782, de 26 de janeiro de 1999, e nº 9.294, de 15 de julho de 1996, e a Medida Provisória nº 2.199-14, de 24 de agosto de 2001; revoga o art. 1º da Lei nº 11.529, de 22 de outubro de 2007, e o art. 6º do Decreto-Lei nº 1.593, de 21 de dezembro de 1977, nos termos que especifica; e dá outras providências. Brasília [DF]: Presidência da República, 2011. Disponível em: http://www.planalto.gov.br/ccivil_03/_ato2011-2014/2011/lei/l12546. htm. Acesso em: 21 dez. 2021.

BRASIL. *Projeto de Lei Complementar nº 29, de 19 de março de 2024*. Dispõe sobre o imposto seletivo previsto na Emenda Constitucional nº 132, de 20 de dezembro de 2023, e dá outras providências. Brasília, DF: Presidência da República. Disponível em: https://www. camara.leg.br/proposicoesWeb/prop_mostrarintegra?codteor=2397164&filename=Tram itacao-PLP%2029/2024. Acesso em: Acesso em: 21 mar. 2024.

BRASIL. *Proposta de Emenda à Constituição nº 45, de 2019*. Altera o Sistema Tributário Nacional e dá outras providências. Brasília: Câmara dos Deputados, 2019. Disponível em: https://www.camara.leg.br/proposicoesWeb/fichadetramitacao?idProposicao=2196833. Acesso em: 10 set. 2021.

BRASIL. Senado Federal. *Proposta de Emenda à Constituição nº 110, de 2019*. Altera o Sistema Tributário Nacional e dá outras providências. Brasília: Senado Federal, 2019. Disponível em: https://www25.senado.leg.br/web/atividade/materias/-/materia/137699. Acesso em: 10 set. 2021.

REFERÊNCIAS | 161

BRASIL. Senado Federal. *Emenda 118 à Proposta de Emenda à Constituição nº 110, de 2019*. Altera o Sistema Tributário Nacional para prever instituição de impostos sobre bens e serviços e do imposto seletivo e dá outras providências. Brasília: Senado Federal, 2019. Disponível em: https://www25.senado.leg.br/web/atividade/materias/-/materia/137699. Acesso em: 10 set. 2021.

BRASIL. *Projeto de Lei nº 3.887/2020*. Institui a Contribuição Social sobre Operações com Bens e Serviços – CBS, e altera a legislação tributária federal. Brasília: Câmara dos Deputados, 2020. Disponível em: https://www.camara.leg.br/proposicoesWeb/fichadet ramitacao?idProposicao=2258196. Acesso em: 10 set. 2021.

BRASIL. *Projeto de Lei nº 2.337/2021*. Altera a legislação do Imposto sobre a Renda e Proventos de Qualquer Natureza das Pessoas Físicas e das Pessoas Jurídicas e da Contribuição Social sobre o Lucro Líquido. Brasília: Câmara dos Deputados, 2021. Disponível em: https://www.camara.leg.br/proposicoesWeb/fichadetramitacao?idProp osicao=2288389. Acesso em: 10 set. 2021.

BRASIL. *Relatório apresentado ao presidente da República dos Estados Unidos do Brazil pelo Ministro de Estado dos Negócios da Fazenda Dr. David Campista no anno de 1908, 20º da República*. Rio de Janeiro [DF]: Imprensa Nacional, 1908. Disponível em: http://memoria. org.br/ia_visualiza_bd/ia_vdados.php?cd=meb000000390&m=3118&n=rmfazenda1907. Acesso em: 28 ago. 2021.

BRASIL. Superior Tribunal de Justiça (2. Turma). *Embargos de Declaração no Agravo de Instrumento nº 1.083.030/MT*. Relator Ministro Herman Benjamin, 14 de abril de 2009. Brasília: STJ, [2009]. Disponível em: https://www.stj.jus.br. Acesso em: 6 set. 2021.

BRASIL. Ministério da Justiça e Segurança Pública. Portaria nº 263, de 23 de março de 2019. Institui Grupo de Trabalho, no âmbito do Ministério da Justiça e Segurança Pública, para avaliar a conveniência e oportunidade da redução da tributação de cigarros fabricados no Brasil. *Diário Oficial da União*, 26 mar. 2019. Brasília: Ministério da Justiça e Segurança Pública, 2019. Disponível em: https://pesquisa.in.gov.br/imprensa/jsp/visualiza/index. jsp?data=26/03/2019&jornal=515&pagina=31&totalArquivos=76. Acesso em: 4 dez. 2021.

BRASIL. *Tabela de Incidência do Imposto sobre Produtos Industrializados (TIPI) 2022*. Disponível em: https://www.gov.br/receitafederal/pt-br/acesso-a-informacao/legislacao/documentos-e-arquivos/tipi.pdf. Acesso em: 29 ago. 2021.

BUCHANAN, James M. External diseconomies, corrective taxes, and market structure. *The American Economic Review*, v. 59, n. 1, p. 174-177, 1969.

BUCHANAN, James; MUSGRAVE, Richard. *Public Finance and Public Choice*: two contrasting visions of the State. Cambridge: MIT Press, 1999.

BUCHANAN, James M.; TULLOCK, Gordon. Polluters profits and political response: direct control versus taxes. *The American Economic Review*, v. 65, n. 1, p. 139-147, Mar. 1975.

CALIENDO, Paulo. *Direito tributário e análise econômica do direito*: uma visão crítica. Rio de Janeiro: Elsevier, 2009.

CALIENDO, Paulo. Extrafiscalidade econômica: possibilidades e limites constitucionais. *Revista de Direitos Fundamentais e Tributação*, Porto Alegre, v. 1, n. 1, p. 1-44, 2017. Disponível em: http://www.rdft.com.br/revista/article/view/1. Acesso em: 25 fev. 2021.

CAMERER, Colin F.; LOEWENSTEIN, George. Behavioral economics: past, present, future. *In*: CAMERER, Colin F.; LOEWENSTEIN, George; RABIN, Matthew (Eds.). *Advances in behavioral economics*. New Jersey: Princenton University Press, 2004. p. 3-52.

CAMERER, Colin F.; LOEWENSTEIN, George; RABIN, Matthew (Eds.). *Advances in behavioral economics*. New Jersey: Princenton University Press, 2004.

CARRAZZA, Roque Antonio. *ICMS*. São Paulo: Malheiros, 2005.

CARRAZZA, Roque Antonio. *ICMS*. 18. ed. São Paulo: Malheiros, 2020.

CARRUTHERS, Bruce G. The semantics of sin tax: politics, morality, and fiscal imposition. *Fordham Law Review*, v. 84, n. 6, p. 2.565-2.582, 2016. Disponível em: http://fordhamlawreview.org/issues/the-semantics-of-sin-tax-politics-morality-and-fiscal-imposition/. Acesso em: 04 dez. 2021.

CARVALHO, André Castro. Heuristics and biases in public finance and tax law: outline of a behavioral approach in Brazil. *In*: ANNUAL MEETING OF THE LATIN AMERICAN AND IBERIAN LAW AND ECONOMICS ASSOCIATION, 15, 2011, Bogotá, 2011. Disponível em: https://www.lacea.org/vox/?q=node/137. Acesso em: 27 nov. 2021.

CARVALHO, Cristiano. *Teoria da decisão tributária*. São Paulo: Almedina, 2018.

CARVALHO, Paulo de Barros. Introdução ao estudo do Impôsto sobre Produtos Industrializados. *Revista de Direito Público*, São Paulo, v. 11, p. 75-85, 1970.

CARVALHO, Paulo de Barros. Imposto sobre Produtos Industrializados. *In*: BOTALLO, Eduardo Domingues (Coord.). *Curso de Direito Empresarial*. v. II. São Paulo: Resenha Tributária e EDUC, 1976, p. 135-158.

CLARK, John M. Economics and Modern Psychology. I. *Journal of Political Economy*, v. 26, n. 1, p. 1-30, Jan. 1918. Disponível em: https://www.journals.uchicago.edu/doi/abs/10.1086/253060. Acesso em: 11 set. 2021.

CHANCE, Zoë *et al*. Nudging individuals towards healthier food choices with 4 P's framework for behavioral change. *In*: ROBERTO, Christina A; KAWACHI, Ichiro. *Behavioral economics and public health*. Oxford: Oxford University Press, 2016. p. 177-p. 202.

CHETTY, Raj. Behavioral economics and public policy: a pragmatic perspective. *National Bureau of Economic Research*, Cambridge, Working Paper 20928, p. 1-46, Feb. 2015. Disponível em: https://www.nber.org/papers/w20928. Acesso em: 15 set. 2021.

CHETTY, Raj; LOONEY, Adam; KROFT, Kory. Salience and taxation: theory and evidence. *American Economic Review*, v. 99, n. 4, p. 1.145-1.177, 2009. Disponível em: https://are.berkeley.edu/SGDC/Chetty_Looney_Kroft_AER_2010.pdf. Acesso em: 27 nov. 2021.

REFERÊNCIAS | 163

CLÍMACO, Maria Isabel Namorado. Novas Perspectivas da Política Fiscal Anti-Tabágica e Anti-Alcoólica. *Boletim de Ciências Económicas*, Universidade de Coimbra, v. 43, p. 95-153, 2000. Disponível em: https://digitalis.uc.pt/pt-pt/artigo/novas_perspectivas_da_pol%C3%ADtica_fiscal_anti_tab%C3%A1gica_e_anti_alco%C3%B3lica. Acesso em: 20 jun. 2021.

COASE, Ronald H. The problem of social cost. *Journal of Law and Economics*, v. 3, p. 1-44, Oct. 1960. Disponível em: https://www.law.uchicago.edu/files/file/coase-problem.pdf. Acesso em: 20 jun. 2021.

COASE, Ronald H. *The firm, the market and the law*. Chicago: University of Chicago Press, 1988.

COELHO, Sacha Calmon Navarro. *Comentários à Constituição de 1988* – Sistema Tributário. Rio de Janeiro: Forense, 1990.

COOK, Phillip J.; MOORE, Michael J. This tax's for you: the case for higher beer. *National Tax Journal*, v. 47, n. 3, p. 559-573, Sep. 1994.

COOPER, James C.; KOVACIC, William E. Behavioral economics: implications for regulatory behavior. *Journal of Regulatory Economics*, v. 41, n. 1, p. 41-58, 2012. Disponível em: https://scholarship.law.gwu.edu/faculty_publications/630/. Acesso em: 18 dez. 2021.

COOTER, Robert; ULEN, Thomas. *Law and Economics*. 6. ed. Boston: Pearson Education, 2016.

CONGDON, William; KLING, Jeffrey; MULLAINATHAN, Sendhil. *Policy and Choice*: public finance through the lens of behavioral economics. Washington: Brookings Institution Press, 2011.

CONGDON, William; KLING, Jeffrey; MULLAINATHAN, Sendhil. Behavioral economics and tax policy. *National Bureau of Economic Research*, Working Paper 15328, p. 1-21, set. 2009. Disponível em: https://www.nber.org/papers/w15328. Acesso em: 10 dez. 2021.

CORRÊA, Walter Barbosa. *Contribuição Estudo da Extrafiscalidade*. São Paulo: [s. n.], 1964.

CORREIA NETO, Celso de Barros. Tributação das Bebidas Açucaradas: Experiência Internacional e Debates Legislativos no Brasil. *Economic Analysis of Law Review*, v. 11, n. 2, p. 173-191, maio/ago. 2020. Disponível em: https://portalrevistas.ucb.br/index.php/EALR/article/view/11814. Acesso em: 10 set. 2021.

COSTA, Regina Helena. *Princípio da capacidade contributiva*. São Paulo: Malheiros, 1993.

COURTWRIGHT, David T. *Forces of habit*: drugs and the making of the Modern World. Cambridge: Harvard University Press, 2001.

CREIGHTON, Robert. Fat taxes: the newest manifestation of the age-old excise tax. *Journal of Legal Medicine*, v. 21, n. 1, p. 123-136, 2010. Disponível em: https://www.tandfonline.com/doi/citedby/10.1080/01947641003598310?scroll=top&needAccess=true. Acesso em: 20 jun. 2021.

DAINOW, Joseph. The civil law and the common law: some points of comparison. *The American Journal of Comparative Law*, v. 15, n. 3, p. 419-435, 1966.

DATTA, Saugato; MULLAINATHAN, Sendhil. Behavioral design: a new approach to development policy. *Review of Income and Wealth*, v. 60, n. 1, p. 133-154, Mar. 2014. Disponível em: http://www.roiw.org/2014/n1/7.pdf. Acesso em: 27 nov. 2021.

DEODATO, Alberto. *Manual de ciência das finanças*. 15. ed. São Paulo: Saraiva, 1977.

DEPIPPO, David. I'll take my sin taxes unwrapped and maximized, with a side of inelasticity, please. *University of Richmond Law Review*, v. 36, n. 2, p. 543-568, 2002. Disponível em: https://scholarship.richmond.edu/lawreview/vol36/iss2/11. Acesso em: 20 jun. 2021.

DERZI, Misabel Abreu Machado. Notas de atualização. *In*: BALEEIRO, Aliomar. *Direito tributário brasileiro*. Atualização Misabel Abreu Machado Derzi. 14. ed. Rio de Janeiro: Forense, 2018.

DHAMI, Sanjit. *The foundations of behavioral economic analysis*. New York: Oxford University Press, 2016.

DOWELL, Stephen. *A history of taxation and taxes in England*. 2. ed. London: Longmans, Geen, and Co, 1888.

DUE, John. F. Federal excise taxation *Bulletin of the National Tax Association*, v. 33, n. 3, p. 66-79, Dez, 1947.

DUE, John F. *Government Finance*. Illionis: Richard D. Irwin Homewoord, 1963.

DUE, John F. *Tributação indireta nas economias em desenvolvimento*. Tradução Camila Perret. São Paulo: Editora Perspectiva, 1974.

DUE, John; FRIEDLAENDER, Ann F. *Government finance*: economics of the public sector. 6. ed. Georgetown: Richard D. Irwin, 1977.

ELLICKSON, Robert. Bringing culture and human frailty to rational actors: a critique of classical law and economics. *Chicago-Kent Law Review*, v. 65, n. 23, p. 23-55, 1989. Disponível em: https://digitalcommons.law.yale.edu/fss_papers/461/. Acesso em: 30 set. 2021

ESTURILLO, Regiane Binhara. *A seletividade no IPI e no ICMS*. São Paulo: Quartier Latin, 2008.

FERRARO, Paul; PRICE, Michael. Using non-pecuniary strategies to influence behavior: evidence from a large scale field experiment. *National Bureau of Economic Research*, Cambridge, Working Paper n. 17189, p. 1-34, July 2011. Disponível em: https://www. nber.org/papers/w17189. Acesso em: 7 set. 2021.

FERREIRA NETO, Arthur Maria; KRONBUER, Eduardo Luís. Princípio da seletividade: duas concepções rivais de essencialidade. *Economic Analys of Law Review*, Brasília, v. 11, n. 2, p. 30-54, maio/ago. 2020. Disponível em: https://portalrevistas.ucb.br/index.php/EALR/article/view/12269. Acesso em: 1 set. 2021.

FLEENOR, Patrick. Cigaratte taxes, black markets, and crime: lessons for New York's 50-year losing battle. *Policy Analysis*, n. 468, p. 1-20, 2003.

REFERÊNCIAS | 165

FOLLONI, André. Direitos fundamentais, dignidade e sustentabilidade no constitucionalismo contemporâneo: e o direito tributário com isso? *In*: ÁVILA, Humberto (Org.). *Fundamentos do direito tributário*. São Paulo: 2012. p. 11-34.

FOLLONI, André. Isonomia na tributação extrafiscal. *Revista Direito GV*, São Paulo, v. 10, p. 201-220, 2014. Disponível em: https://bibliotecadigital.fgv.br/ojs/index.php/revdireitogv/article/view/43565. Acesso em: 25 fev. 2021.

FOLLONI, André. Seletividade tributária: técnica de graduação ou restrição à tributação. *In*: MITIDIERO, Daniel; ADAMY, Pedro. *Direito, razão e argumento*: a reconstrução dos fundamentos democráticos e republicanos do direito público com base na teoria do direito. Salvador: JusPodivm, 2021. p. 631-641.

FOLLONI, André; FLORIANI NETO, Antonio Bazilio; MAIOLLI, Michelle Nobre. Proporcionalidade e a igualdade como limitação à tributação extrafiscal. *Revista Direito Público*, Porto Alegre, v. 14, n. 80, p. 39-61, mar./abr. 2018. Disponível em: https://www.portaldeperiodicos.idp.edu.br/direitopublico/article/view/2686. Acesso em: 25 fev. 2021.

FOLLONI, André; FLORIANI NETO, Antonio Bazilio; OLIVEIRA, William Batista de. Tributação do vício (sin taxation): fiscalidade e desigualdade sob a aparência de extrafiscalidade. *Revista do Programa de Pós-Graduação em Direito da UFC*, v. 40, n. 1, p. 215-229, jan./jun. 2020. Disponível em: http://periodicos.ufc.br/nomos/article/view/41130/197472. Acesso em: 16 jan. 2022.

FONSECA, João Bosco Leopoldino da. *Direito Econômico*. Rio de Janeiro: Forense, 2000.

FREDERICK, Shane; LOEWENSTEIN, George; O'DONOGHUE, Ted. Time discounting and time preference: a critical review. *Journal of Economic Literature*, v. 40, p. 351-401, June 2002. Disponível em: https://www.cmu.edu/dietrich/sds/docs/loewenstein/TimeDiscounting.pdf. Acesso em: 3 dez. 2021.

FREITAS, Leonardo Buissa. *Tributação sobre o consumo, indução econômica e seletividade*. Rio de Janeiro: Lumen Juris, 2019.

GALDURÓZ, Jorge; CAETANO, Raul. Epidemiologia do uso do álcool no Brasil. *Revista Brasileira de Psiquiatria*, v, 26, n. 1, p. 3-6 2004. Disponível em: https://www.scielo.br/j/rbp/a/hpPKpzj6VNZ9pNVdqX3J5pF/?lang=pt. Acesso em: 4 dez. 2021.

GALLE, Brian. Hidden Taxes. *Washington University of Law Review*, v. 87, n. 1, p. 59-113, 2009. Disponível em: https://openscholarship.wustl.edu/law_lawreview/vol87/iss1/2/. Acesso em: 27 nov. 2021.

GALLE, Brian. Carrots, sticks and salience. *Tax Law Review*, v. 67, p. 53-109, 2013. Disponível em: https://scholarship.law.georgetown.edu/facpub/1845/. Acesso em: 27 nov. 2021.

GAMAGE, David; SHANSKE, Darien. Three essays on tax salience: market salience and political salience. *Tax Law Review*, v. 65, p. 19-98, 2011. Disponível em: https://www.repository.law.indiana.edu/facpub/2416/. Acesso em: 27 nov. 2021.

GARBARINO, Carlo; ALLEVATO, Giulio. The global architecture of financial regulatory taxes. *Michigan Journal of International Law*, v. 36, n. 4, p. 603-648, 2015. Disponível em: https://repository.law.umich.edu/mjil/vol36/iss4/2/. Acesso em: 20 jun. 2021.

GARBER, Alan M. Can behavioral economics save healthcare reform? *In*: COHEN, Glen; LYNCH, Holly F.; ROBERTSON, Christopher T. *Nudging health*: health law and behavioral economics. Baltimore: John Hopkings University Press, 2016. p. 27-39.

GICO JR., Ivo T. Metodologia e epistemologia da análise econômica do direito. *Economic Analysis of Law Review*, v. 1, n. 1, p. 7-33, Jan./Jun. 2010. Disponível em: https://portalrevistas. ucb.br/index.php/EALR/article/view/1460/1110. Acesso em: 30 set. 2021.

GICO JR., Ivo T. Introdução à análise econômica do Direito. *In*: RIBEIRO, Marcia Carla; KLEIN, Vinicius (Org.). *O que é análise econômica do direito*: uma introdução. Belo Horizonte: Fórum, 2011, p. 17-26.

GILOVICH, Thomas; GRIFFIN, Dale W.; KAHNEMAN, Daniel (Ed.). *Heuristics and biases*: the psychology of intuitive judgment. New York: Cambridge University Press, 2009.

GINÉ, Xavier; KARLAN, Dean; ZINMAN, Jonathan. Put your money where your butt is: a commitment contract for smoking cessation. *American Economic Journal*: Applied Economics, v. 2, n. 4, p. 213-235, outubro 2010. Disponível em: https://digitalcommons. dartmouth.edu/facoa/2379/. Acesso em: 10 dez. 2021.

GREEN, Donald P.; SHAPIRO, Ian. *Pathologies of rational choice theory*: a critique of applications in political Science. New Haven: Yale University Press, 1961.

GNEEZY, Uri; MEIER, Stephan; REY-BIEL, Pedro. When and why incentives (don't) work to modify behavior. *Journal of Economics Perspectives*, v. 25, n. 4, p. 191-210, 2011. Disponível em: https://www.aeaweb.org/articles?id=10.1257/jep.25.4.191. Acesso em: 15 nov. 2021.

GOODMAN, Jordan. *Tobacco in history*: the cultures of dependence. Londres: Taylor & Francis e-Library, 2005.

GONÇALVES, Oksandro O. *Análise econômica do direito*. Curitiba: IESDE, 2020.

GONÇALVES, Oksandro O.; RIBEIRO, Marcelo M. Incentivos Fiscais: uma perspectiva da Análise Econômica do Direito. *Economic Analys of Law Review*, v. 3, n. 1, p. 72-94, Jan./ June 2013. Disponível em: https://portalrevistas.ucb.br/index.php/EALR/article/view/3%20 EALR%2072. Acesso em: 30 set. 2021.

GRAU, Eros Roberto. *A ordem econômica na Constituição de 1988*. 19. ed. São Paulo: Malheiros, 2018.

HARADA, Kiyoshi. *ICMS*: doutrina e prática. São Paulo: Atlas, 2019.

HEAD, John G. On merit goods. *FinanzArchiv*, Public Finance Analysis, v. 25, n. 1, p. 1-29, 1966.

HEAD, John G. Merit Goods Revisited. *FinanzArchiv*, Public Finance Analysis, v. 28, n. 2, p. 214-225, 1969.

HEAD, John G. On merit wants: Reflections on the Evolution, Normative Status and Policy Relevance of a Controversial Public Finance Concept. *FinanzArchiv*, Public Finance Analysis, v. 46, n. 1, p. 1-37, 1988.

HOFFER, Adam J.; SHUGHART, William F. II; THOMAS, Michal D. Sin taxes: size, growth, and creation of the sindustry. Mercantus Center, *George Mason University, Working Paper*, n. 13-03, p. 1-40, 2013.

IGLESIAS, Roberto et al. *Controle de tabagismo no Brasil*. Washington: Banco Mundial: 2007, p. 35. Disponível em: https://actbr.org.br/uploads/arquivo/202_controle-tabagismo-brasil-BM.pdf. Acesso em: 4 dez. 2021.

JHA, Prabhat; CHALOUPKA, Frank J. *Curbing the epidemic*: governments and the economics of tobacco control. Washington: The World Bank, 1999.

JOLLS, Christine. Behavioral economics analysis of redistributive legal rules. *Vanderbilt Law Review*, v. 51, p. 1653-1677, 1998. Disponível em: https://digitalcommons.law.yale.edu/cgi/viewcontent.cgi?article=2339&context=fss_papers. Acesso em: 10 dez. 2021.

KAISER, Kai; BREDENKAMP, Caryn; IGLESIAS, Roberto. *Sin Tax Reform in the Philippines*: transforming public finance, health, and governance for more inclusive development. Washington: World Bank Group, 2016. Disponível em: https://documents.worldbank.org/en/publication/documentsreports/documentdetail/638391468480878595/sin-tax-reform-in-the-philippines-transforming-public-finance-health-andgovernance-for-more-inclusive-development. Acesso em: 20 jun. 2021.

KAHNEMAN, Daniel. *Rápido e devagar*: duas formas de pensar. Tradução Cássio de Arantes Leite. Rio de Janeiro: Objetiva, 2012.

KAHNEMAN, Daniel; KNETSCH, Jack L.; THALER, Richard. Fairness and the assumptions of economics. *Journal of Business*, v. 59, n. 4, pt. 2, p. 285-300, 1986.

KAHNEMAN, Daniel; KNETSCH, Jack L.; THALER, Richard. Anomalies: the endowment effect, loss aversion, and status quo bias. *Journal of Economic Perspectives*, v. 5, n. 1, p. 193-206, 1991.

KAHNEMAN, Daniel; TVERSKY, Amos. *Choices, values and frames*. Cambridge University Press: Cambridge, 2000.

KAHNEMAN, Daniel; TVERSKY, Amos. Prospect Theory: an analysis of decision under risk. *Econometrica*, v. 47, n. 2, p. 263-291, Mar. 1979. Disponível em: http://courses.washington.edu/pbafhall/514/514%20Readings/ProspectTheory.pdf. Acesso em: 12 set. 2021.

KAHNEMAN, Daniel; TVERSKY, Amos. Choices, values and frames. *The American Psychologist Association*, v. 39, n. 4, p. 341-350, April 1984. Disponível em: http://www.columbia.edu/itc/hs/medinfo/g6080/misc/articles/kahneman.pdf. Acesso em: 12 set. 2021.

KALDOR, Nicholas. *An expenditure tax*. London: Unwin University Books, 1969.

KAMENICA, Emir. Behavioral economics and psychology of incentives. *The Annual Review of Economics*, v. 4, n. 1, p. 427-452, 2012.

KEYNES, John M. *The general theory of employment, interest and money*. London: Macmillan, 1936.

KOROBKIN, Russell B.; ULEN, Thomas S. Law and behavioral science: removing the rationality assumption from law and economics. *California Law Review*, v. 88, n. 4, p. 1.051-1.144, July 2000. Disponível em: https://lawcat.berkeley.edu. Acesso em: 12 set. 2021.

LEÃO, Martha Toribio. *Controle de extrafiscalidade*. São Paulo: Quartier Latin, 2015.

LEÃO, Martha Toribio. Contributo para o estudo da extrafiscalidade: a importância da finalidade na identificação das normas tributárias extrafiscais. *Revista Direito Tributário Atual*, São Paulo, n. 34, p. 303-325, 2015. Disponível em: https://revista.ibdt.org.br/index. php/RDTA/article/view/155. Acesso em: 25 fev. 2021.

LIU, Franklin. Sin taxes: have governments gone too far in their efforts to monetize morality? *Boston College Law Review*, v. 59, n. 2, p. 763-789, 2018. Disponível em: https://lawdigitalcommons.bc.edu/bclr/vol59/iss2/7/. Acesso em: 4 dez. 2021.

LLOYD, Peter; MACLAREN, Donald. Should we tax sugar and if so how? *The Australian Economic Review*, v. 52, n. 1, p. 19-40, 2019. Disponível em: https://doi.org/10.1111/1467-8462.12299. Acesso em: 20 jun. 2021.

LOPÉZ, Carlos María Espadafor. Equità tributaria e funzione extrafiscale del tributo nel contesto dell'armonizzazione fiscale. *Rivista di diritto tributario Internazionale – International Tax Law Review*, Sapienza Università Editrice, n. 1, p. 53-85, 2017.

LOEWENSTEIN, George; THALER, Richard. Anomalies: intertemporal choice. *Journal of Economic Perspectives*, v. 3, n. 4, p. 181-193, 1989. Disponível em: https://www.aeaweb.org/articles?id=10.1257/jep.3.4.181. Acesso em: 3 dez. 2021.

MACHADO, Hugo de Brito. *Curso de direito tributário*. 38. ed. São Paulo: Malheiros, 2017.

MACHADO SEGUNDO, Hugo de Brito. A tributação da energia elétrica e a seletividade do ICMS. *Revista Dialética de Direito Tributário*, São Paulo, n. 62, p. 70-77, nov. 2000.

MACHADO SEGUNDO, Hugo de Brito. Ciência do direito tributário, economia comportamental e extrafiscalidade. *Revista Brasileira de Políticas Públicas*, Brasília, v. 8, n. 2, p. 639-659, 2018. Disponível em: https://www.publicacoes.uniceub.br/RBPP/article/view/5252. Acesso em: 10 dez. 2021.

MACHADO SEGUNDO, Hugo de Brito. *Reforma tributária comentada e comparada*: emenda constitucional 132, de 20 de dezembro de 2023. Barueri: Atlas, 2024.

MACKAAY, Ejan; ROUSSEAU, Stéphane. *Análise econômica do Direito*. Tradução Rachel Sztajn. São Paulo: Atlas, 2015.

MARCO, Antonio de Viti de. *First principles of public finance*. London: Jonathan Cape, 1936.

MARINONI, Luiz Guilherme. Aproximação crítica entre as jurisdições de civil law e de common law e a necessidade de respeito aos precedentes no Brasil. *Revista da Faculdade de Direito – UFPR*, Curitiba, n. 49, p. 11-58, 2009. Disponível em: https://revistas.ufpr.br/direito/article/view/17031/11238. Acesso em: 20 jun. 2021.

REFERÊNCIAS | 169

MARINS, James; TEODOROVICZ, Jeferson. Rumo à extrafiscalidade ambiental: tributação diante do desafio social e ambiental contemporâneo. *In*: SIMPÓSIO NACIONAL DE DIREITO CONSTITUCIONAL, 9., 2010, Curitiba. *Anais [...]*: Curitiba ABDConst., 2011, p. 170-199. Disponível em: http://www.abdconst.com.br/revista3/jamesmarins.pdf. Acesso em: 25 fev. 2021.

MARQUES NETO, Floriano de Azevedo. Noções gerais sobre o fomento estatal. *In*: DI PIETRO, Maria Sylvia Zanella (Coord.). *Tratado de Direito Administrativo*: funções administrativas do Estado. v. 4. São Paulo: Revista dos Tribunais, 2015. p. 411-434.

MARSHALL, Alfred. *Principles of Economics*. London: Palgrave Macmillan, 2013.

MCADAMS, Richard; ULEN, Thomas. Behavioral criminal law and economics. *Law and Economics Working Paper*, n. 440, p. 1-41, 2008. Disponível em: https://chicagounbound. uchicago.edu/law_and_economics/80/. Acesso em: 12 set. 2021.

MCCAFFERY, Edward. Behavioral economics and the law: tax. *In*: ZAMIR, Eyal; TEICHMAN, Doron (Org.) *The Oxford Handbook of Behavioral Economics and the Law*. New York: Oxford University Press, 2014, p. 599-622.

MCFERRAN, Brent. Social norms, beliefs, and health. *In*: ROBERTO, Christina A; KAWACHI, Ichiro. *Behavioral economics and public health*. Oxford: Oxford University Press, 2016. p. 133-160.

MCLURE, Charles E. Merit Wants: a Normatively Empty Box. *FinanzArchiv*, Public Finance Analysis, v. 27, n. 3, p. 474-483, 1968.

MELO, José Eduardo Soares de. *IPI*: teoria e prática. São Paulo: Malheiros, 2009.

MELO, José Eduardo Soares de. *ICMS*: teoria e prática. 15. ed. Porto Alegre: Livraria do Advogado Editora, 2020.

MELLO, Celso Antônio Bandeira de. *Curso de Direito Administrativo*. São Paulo: Malheiros, 2007.

MITCHELL, Gregory. Alternative behavioral law and economics. *In*: ZAMIR, Eyal; TEICHMAN, Doron. (Org.) *The Oxford Handbook of Behavioral Economics and the Law*. New York: Oxford University Press, 2014, p. 167-191.

MUSGRAVE, Richard. *The Theory of Public Finance*. New York: McGraw Book Company, 1959.

MUSGRAVE, Richard. Merit Goods. *In*: EATWELL, John; MILGATE, Murray; NEWMAN, Peter (Ed.). *The New Palgrave*: a dictionary of economics. London: Palgrave Macmillan, 1987.

MUSGRAVE, Richard; MUSGRAVE, Peggy B. *Public finance in theory and practice*. 5. ed. New York: McGraw Book Company, 1989.

NABAIS, José Casalta. *O dever fundamental de pagar tributos*: contributo para a compreensão constitucional do estado fiscal. Coimbra: Almedina, 2015.

NOGUEIRA, Paulo Roberto. *Do imposto sobre produtos industrializados*. São Paulo: Saraiva, 1981.

NOGUEIRA, Ruy Barbosa. *Curso de Direito Tributário*. 14. ed. São Paulo: Saraiva, 1995.

NORTH, Douglass. *Instituições, mudança institucional e desempenho econômico*. São Paulo: Três Estrelas, 2018.

OECD. *Financing global and regional public goods through ODA*: analysis and evidence from the OECD creditor reporting system. OECD Development Centre – Working Paper n. 232, p. 1-45, Jan. 2004. Disponível em: https://www.oecd.org/development/pgd/24482500.pdf. Acesso em: 30 maio 2021.

OECD. *Policy roundtables*: competition, state aids and subsidies. Paris: OECD, 2010. Disponível em: http://www.oecd.org/competition. Acesso em: 30 maio 2021.

OECD. *Behavioral insights and public policy*: lessons from around the world. Paris: OECD Publishing, 2017. Disponível em: https://www.oecd.org/gov/regulatory-policy/behavioural-insights-and-public-policy-9789264270480-en.htm. Acesso em: 30 set. 2021.

OECD. *Tools and Ethics for Applied Behavioural Insights*: The BASIC Toolkit. Paris: OECD Publishing, 2019. Disponível em: https://doi.org/10.1787/9ea76a8f-en. Acesso em: 30 set. 2021.

OECD. *Economic policy reforms 2019*: going for growth. OECD: Paris, 2019. Disponível em: https://www.oecd-ilibrary.org/economics/economic-policy-reforms-2019_aec5b059-en. Acesso em: 1 jun. 2021.

OCED. *Delivering better policies through behavioral insights*: new approaches. Paris: OECD Publishing, 2019. Disponível em: https://www.oecd.org/gov/regulatory-policy/behavioural-insights.htm. Acesso em: 27 dez. 2021.

OLIVER, Adam. *The origins of behavioral public policy*. Cambridge: Cambridge University Press, 2017.

OLIVER, Adam. *Reciprocity and the art of behavioral public policy*. Cambridge: Cambridge University Press, 2019.

O'DONOGHUE, Ted; RABIN, Matthew. Doing it now or later. *The American Economic Review*, v. 89, n. 1, p. 103-124, Mar. 1999.

O'DONOGHUE, Ted; RABIN, Matthew. Choice and procrastination. *The Quarterly Journal of Economics*, v. 116, n. 1, p. 121-160, Feb. 2001. Disponível em: https://escholarship.org/content/qt5r26k54p/qt5r26k54p.pdf?t=lnmqi7. Acesso em: 3 dez. 2021.

PAES, Nelson Leitão. Uma análise ampla da tributação de cigarros no Brasil. *Planejamentos e Políticas Públicas*, n. 48, p. 13-31, jan./jun. 2017. Disponível em: https://www.ipea.gov.br/ppp/index.php/PPP/article/view/566. Acesso em: 4 dez. 2021

PARETO, Vilfredo. *Manual of political Economy*: a critical and variorum translation edition. Edited by Aldo Montesano, Alberto Zanni, Luigino Bruni, John Chipman and Michael McLure. Oxford: Oxford University Press, 2014.

PERKINS, Rachelle H. Salience and sin: designing taxes in the new sin era. *Brigham Young University of Law Review*, v. 2014, n. 1, p. 143-184, 2014. Disponível em: https://digitalcommons.law.byu.edu/lawreview/vol2014/iss1/5/. Acesso em: 27 nov. 2021.

REFERÊNCIAS | 171

PIGOU, Arthur C. *The economics of welfare*. 4. ed. London: Macmillan, 1932.

PIGOU, Arthur C. *A study in public finance*. 3. ed. London: Macmillan, 1947.

PLOTT, Charles R. Externalities and corrective taxes. *Economica*, London, v. 33, n. 129, p. 84-87, 1966.

POSNER, Richard. The Economic Approach To Law. *Texas Law Review*, v. 53, n. 4, p. 757-782, 1975. Disponível em: https://chicagounbound.uchicago.edu/journal_articles/1882/. Acesso em: 31 set. 2021.

POSNER, Richard. Some uses and abuses of economics in law. *The University of Chicago Review*, Chicago, v. 46, n. 2, p. 281-306, 1979. Disponível em: https://chicagounbound. uchicago.edu/journal_articles/1865/. Acesso em: 30 set. 2021.

POSNER, Richard A. Rational choice, behavioral economics, and the law. *Stanford Law Review*, v. 50, p. 1.550-1575, 1997. Disponível em: https://chicagounbound.uchicago.edu/ journal_articles/1880/. Acesso em: 30 set. 2021.

POSNER, Richard. *Economic analysis of law*. 7. ed. New York: Aspen Publishers, 2007.

POSNER, Richard A. *Economic Analysis of Law*. 9. ed. New York: Aspen Publishers, 2014.

PULSIPHER, Allan G. The Properties and Relevancy of Merit Goods. *FinanzArchiv*, Public Finance Analysis, v. 30, n. 2, p. 266-286, 1971.

PUVIANI, Almicare. *Teoria della illusione finanziaria*. Columbia: Independently published, 2020.

RACHLINSKI, Jeffrey J.; FARINA, Cynthia R. Cognitive psychology and optimal government design. *Cornell Law Review*, v. 87, n. 2, p. 549-615, 2002. Disponível em: https:// scholarship.law.cornell.edu/facpub/755/. Acesso em: 18 dez. 2021.

RAMSEY, Frank P. A contribution to the theory of taxation. *The Economic Journal*, v. 37, n. 145, p. 47-61, Mar. 1927.

READ, Daniel. A ciência comportamental e a tomada de decisão pelo consumidor: algumas questões para reguladores. *In*: ÁVILA, Flávia; BIANCHI, Ana Maria (Org.). *Guia de Economia Comportamental e Experimental*. São Paulo: EconomiaComportamental.org, 2015. Disponível em: http://www.economiacomportamental.org. Acesso em: 27 nov. 2021.

REES-JONES, Alex; ROZEMA, Kyle T, Price isn't everything: behavioral response around changes in sin taxes. *National Bureau of Economic Research*, Working Paper 25958, p. 1-54, jun. 2019. Disponível em: http://www.nber.org/papers/w25958. Acesso em: 10 dez. 2021.

REITER, Jendi B. Citizens or sinners? The economic and political inequity of "sin taxes"on tobacco and alcohol products. *Columbia Journal of Law and Social Problems*, p. 443-468, 1996.

REZENDE, Tito. O novo regulamento do imposto de consumo. Rio de Janeiro: Tip. Santa Helena, 1927 *apud* NOGUEIRA, Paulo Roberto. *Do imposto sobre produtos industrializados*. São Paulo: Saraiva, 1981.

RIBEIRO, Marcia Carla Pereira; GALESKI, Irineu. *Teoria geral dos contratos*: contratos empresariais e análise econômica. Rio de Janeiro: Elsevier, 2009.

RUGGERI, Kai (Org.) *Behavioral insights for public policy*. New York: Routledge, 2019.

RUGGERI, Kai *et al*. Economic, financial, and consumer. *In*: RUGGERI, Kai (Org.) *Behavioral insights for public policy*. New York: Routledge, 2019. p. 80-93.

RUGGERI, Kai *et al*. The science of behavior and decision-making. *In*: RUGGERI, Kai (Org.). *Behavioral insights for public policy*. New York: Routledge, 2019. p. 59-79.

RÜNGER, Dennis; WOOD, Wendy. Maintance of healthy behaviors: forming and changing habits. *In*: ROBERTO, Christina A; KAWACHI, Ichiro. *Behavioral economics and public health*. Oxford: Oxford University Press, 2016. p. 69-100.

SAFFER, Henry; DAVE, Dhavel; GROSSMAN, Michael. Behavioral economics and the demand for alcohol: results from the NLSY97. *National Bureau of Economic Research*, Working Paper 18180, p. 1-28, June 2012. Disponível em: https://www.nber.org/papers/W18180. Acesso em: 3 dez. 2021.

SALAMA, Bruno Meyerhof. O que é "direito e economia"? Uma introdução à epistemologia da disciplina para o estudante, o profissional e o pesquisador em direito. *Artigo Direito GV (Working Paper)*, v. 3, p. 1-43, Nov. 2007. Disponível em: https://bibliotecadigital.fgv.br/dspace/handle/10438/2773. Acesso em: 15 set. 2021

SALGADO, Lucia Helena; MORAIS, Rafael Pinho De. As políticas públicas e o mercado de cigarros. *Cadernos do Centro de Ciências Sociais da Universidade do Estado do Rio de Janeiro*, v. 6, n. 1, p. 29-38, 2013. Disponível em: https://www.e-publicacoes.uerj.br/index.php/synthesis/article/view/9907. Acesso em: 4 dez. 2021.

SAMUELSON, Paul. A.; NORDHAUS, William D. *Economics*. 19. ed. New York: McGraw-Hill, 2010.

SANCHES, Saldanha. *Manual de Direito Fiscal*. Lisboa: Lex, 1998.

SANDERS, Michael; HALLSWORTH, Michael. Apllying behavioral economics in a health policy context. *In*: ROBERTO, Christina A; KAWACHI, Ichiro. *Behavioral economics and public health*. Oxford: Oxford University Press, 2016. p. 265-298.

SARAIVA, Rute. Economia comportamental do desenvolvimento. *Boletim de Ciências Econômicas*, Coimbra, v. 57, n. 3, p. 3.163-3.178, 2014. Disponível em: https://doi.org/10.14195/0870-4260_57-3_18. Acesso em: 27 nov. 2021.

SCHENK, Deborah H. Exploiting the salience bias in designing taxes. *Yale Journal of Regulation*, v. 28, n. 2, p. 253-311, 2011. Disponível em: https://openyls.law.yale.edu/handle/20.500.13051/8135. Acesso em: 27 nov. 2021.

SCHOUERI, Luís Eduardo. *Direito Tributário*. 8. ed. São Paulo: Saraiva, 2018.

SCHOUERI, Luís Eduardo. *Normas tributárias indutoras e intervenção econômica*. Rio de Janeiro: Forense, 2005.

SELIGMAN, Edwin. Progressive taxation in theory and practice. *American Economic Association Quarterly*, 3rd Series, v. 9, n. 4, p. 563-896, Dec. 1908.

REFERÊNCIAS | 173

SEN, Amartya K. Rational Fools: a critique of the behavioral foundations of economic theory. *Philosophy and Public Affairs*, v. 6, n. 4, p. 317-344, 1977.

SEN, Amartya K. *Sobre ética e economia*. Tradução Laura Teixeira Motta. São Paulo: Companhia das Letras, 1999.

SEN, Amartya K. Introduction. *In*: SMITH, Adam. *The theory of moral sentiments*. Nova York: Penguin Books, 2009. p. 7-26.

SHEFFRIN, Hersh; THALER, Richard. An economic theory of self-control. *National Bureau of Economic Research*, Working Paper 208, p. 1-46, 1978. Disponível em: https://www.nber. org/papers/w0208. Acesso em: 3 dez. 2021.

SHEFRIN, Hersh M.; THALER, Richard. An economic theory of self-control. *Journal of Political Economy*, v. 89, n. 2, p. 392-406, abr. 1981. Disponível em: https://www.nber.org/ papers/w0208. Acesso em: 21 set. 2021.

SHUGHART II, William. The economics of the nanny state. *In*: SUGHART II, William (Org.). *Taxing choice*: the predatory politics of fiscal discrimination. New Jersey: Independent Institute, 1997. p. 13-30.

SILVA, Cleber P.; VOIGT, Carmen L.; CAMPOS, Sandro X. de. Determinação de íons metálicos em cigarros contrabandeados no Brasil. *Revista Virtual de Química*, v. 6, n. 5, p. 1.149-1.159, 2014. Disponível em: https://rvq-sub.sbq.org.br/index.php/rvq/article/ view/642. Acesso em: 4 dez. 2021.

SILVA NETO, Nathan da; TABAK, Benjamin Miranda; AGUIAR, Julio Cesar de. Comportamento e políticas públicas: controle do comportamento (decisões políticas) dos formuladores de políticas públicas pelo ministério público. *In*: TABAK, Benjamin Miranda; AGUIAR, Julio Cesar de (Org.). *Direito, economia e comportamento humano*. Curitiba: CRV, 2016. p. 359-396.

SIMON, Herbert A. *Administrative Behavior*. New York: Macmillan, 1947.

SIMON, Herbert A. A behavioral model of rational agent. *Quarterly Journal of Economics*, v. 69, n. 1, p. 99-188, Feb. 1955.

SIMON, Herbert A. Rational choice and the structure of the environment. *Psychological Review*, v. 63, n. 2, p 129-138, 1956. Disponível em: https://psycnet.apa.org/doiLanding? doi=10.1037%2Fh0042769. Acesso em: 12 set. 2021.

SIMON, Herbert A. Rational decision-making in business organizations. *Nobel Memorial Lecture*, 1979. Disponível em: https://www.nobelprize.org/uploads/2018 jun. simon-lecture. pdf. Acesso em: 12 set. 2021.

SIMON, Herbert A. Bounded Rationality. *In*: VERNEGO, Matias; CALDENTEY, Esteban; ROSSER JR, Barkley (Org). *The New Palgrave Dictionary of Economics*. London: Palgrave Macmillan, 1987. p. 221-225. Disponível em: https://doi.org/10.1057/978-1-349-95121-5_472-1. Acesso em: 12 set. 2021.

SMITH, Adam. *An inquiry into the nature and causes of the wealth of nations*. London: Oxford University Press, 1976.

SMITH, Adam. *The theory of moral sentiments*. Nova York: Penguin Books, 2009.

STRNAD, Jeff. Conceptualizing the "fat tax": the role of food taxes in developed economics. *Stanford Law and Economics Working Paper*, n. 286, p. 1.221-1.326, 2004.

SUMMERS, Lawrence H. The case for corrective taxation. *National Tax Journal*, v. 44, n. 3, p. 289-292, Sep. 1991. Disponível em: https://www.journals.uchicago.edu/toc/ntj/1991/44/3. Acesso em: 18 jun. 2021.

SUNSTEIN, Cass (Org). *Behavioral Law and Economics*. Cambridge: Cambridge University Press, 2007.

SUNSTEIN, Cass. Empirically informed regulation. *University of Chicago Law Review*, v. 74, n. 4, p. 1.349-1.429, 2011. Disponível em: https://chicagounbound.uchicago.edu/uclrev/vol78/iss4/4/. Acesso em: 22 set. 2021.

SUNSTEIN, Cass. Nudging: a very short guide. *Journal of Consumer Policy*, v. 37, n. 4, p. 1-7, 2014. Disponível em: http://nrs.harvard.edu/urn-3:HUL.InstRepos:16205305. Acesso em: 12 set. 2021.

SUNSTEIN, Cass. Nudges.gov: behaviorally informed regulation. *In*: ZAMIR, Eyal; TEICHMAN, Doron. *Behavioral economics and the law*. Oxford: Oxford University Press, 2014. p. 719-747.

SUNSTEIN, Cass. *Behavioral science and public policy*. Cambridge: Cambridge University Press, 2020.

SUNSTEIN, Cass R.; JOLLS, Christine; THALER, Richard H. A behavioral approach to law and economics. *Stanford Law Review*, Stanford, v. 50, p. 1.471-1.550, May. 1998. Disponível em: https://chicagounbound.uchicago.edu/cgi/viewcontent.cgi?article=1217 2&context=journal_articles. Acesso em: 03 dez. 2021.

SUNSTEIN, Cass; THALER, Richard. Libertarian paternalism. *American Economic Review*, v. 93, n. 2, p. 175-179, 2003. Disponível em: https://dash.harvard.edu/bitstream/handle/1/12876718/LibPaternal.pdf?sequence=1. Acesso em: 22 set. 2021.

SUNSTEIN, Cass; THALER, Richard. Libertarian paternalism is not an oxymoron. *The University of Chicago Law Review*, v. 70, n. 4, p. 1.159-1.202, 2003. Disponível em https://chicagounbound.uchicago.edu/cgi/viewcontent.cgi?article=5228&context=uclrev. Acesso em: 12 set. 2021.

SOUZA, Rubens Gomes de. *Estudos de direito tributário*. São Paulo: Saraiva, 1950.

SOUZA, Rubens Gomes de. As modernas tendências do direito tributário. Conferência pronunciada em 1962 em São Paulo. *Revista de Direito Administrativo*, v. 74, p. 1-32, 1973. Disponível em: http://bibliotecadigital.fgv.br/ojs/index.php/rda/article/view/25522. Acesso em: 25 fev. 2021.

SOUZA, Washington Peluso Albino de. *Direito econômico*. São Paulo: Saraiva, 1980.

SOUZA, Washington Peluso Albino de. *Primeiras linhas de direito econômico*. São Paulo: LTr, 1999.

STIGLITZ, Joseph E. In praise of Frank Ramsey's contribution to the theory of taxation. *The Economic Journal*, Royal Economic Society, v. 125, p. 235-268, Mar. 2015. Disponível em: https://www.nber.org/papers/w20530. Acesso em: 13 jun. 2021.

SZTAJN, Rachel. Law and economics. *In*: ZYLBERSZTAJN, Decio; SZTAJN, Rachel. *Direito & Economia*. Rio de Janeiro: Elsevier, 2005. p. 74-83.

TABAK, Benjamin Miranda; AMARAL, Pedro Henrique Rincon. Vieses cognitivos e desenho de políticas públicas. *Revista Brasileira de Políticas Públicas*, Brasília, v. 8, n. 2, p. 472-491, 2018. Disponível em: https://www.publicacoes.uniceub.br/RBPP/article/view/5278/0. Acesso em: 18 dez. 2021.

TILBERY, Henry. O conceito de essencialidade como critério de tributação. *In*: NOGUEIRA, Ruy Barbosa (Coord.). *Estudos tributários em homenagem à memória de Rubens Gomes de Souza*. São Paulo: Resenha Tributária, 1974. p. 307-348.

TIPKE, Klaus. *Moral tributária do Estado e dos contribuintes*. Tradução Luiz Dória Furquim. Porto Alegre: Sergio Antonio Fabris Ed., 2012.

TIPKE, Klaus; LANG, Joaquim. *Direito Tributário (Steurrecht)*. v. 1. Tradução da 18. ed. alemã, totalmente refeita, de Luiz Dória Furquim. Porto Alegre: Sergio Antonio Fabris Editor, 2008.

THALER, Richard. Towards a positive theory of consumers choice. *Journal of Economic Behavior and Organization*, v. 1, p. 39-60, 1980.

THALER, Richard. Mental accounting and consumer choice. *Marketing Science*, v. 4, n. 3, p. 199-214, 1985.

THALER, Richard. Anomalies: the January effect. *Journal of Economic Perspectives*, v. 1, n. 1, p. 197-201, 1987.

THALER, Richard. Mental accounting matters. *Journal of Behavioral Decision Making*, v. 12, p. 183-206, 1999.

THALER, Richard. From homo economicus to homo sapiens. *Journal of Economic Perspectives*, v. 14, n. 1, p. 133-141, 2000.

THALER, Richard. Save more tomorrow TM: using behavioral economics to increase employee saving. *Journal of Political Economy*, v. 112, n. 1, p. 164-187, Feb. 2004.

THALER, Richard. Behavioral economics: past, present and future. *American Economic Review*, v. 106, n. 7, p. 1577-1.600, July 2016.

THALER, Richard. *Misbehaving*: a construção da economia comportamental. Tradução George Schlesinger. Rio de Janeiro: Intrínseca, 2019.

THALER, Richard; SUNSTEIN, Cass. *Nudge*: como tomar decisões melhores sobre saúde, dinheiro e felicidade. Tradução Ângelo Lessa. Rio de Janeiro: Objetiva, 2019.

THALER, Richard; SUNSTEIN, Cass; BALZ, John P. Choice architecture. *In*: SHAFIR, Eldar (Ed.) *The Behavioral Foundations of Public Policy*. New Jersey: Princeton University Press, 2012. p. 428-439.

THE WORLD BANK. Taxing tobacco: a win-win for public health outcomes and mobilizing domestic resources. Disponível em: https://www.worldbank.org/en/topic/tobacco/brief/taxing-tobacco-a-win-win-for-public-health-outcomes-mobilizing-domestic-resources. Acesso em: 20 jun. 2021.

THOM, Michael. *Taxing sin*. Las Vegas: Palgrave Macmillan, 2021.

TOLEDO, José Eduardo Tellini. *O imposto sobre produtos industrializados*: incidência tributária e princípios constitucionais. São Paulo: Quartier Latin, 2006.

TORRES, Ricardo Lobo. A legitimação da capacidade contributiva e dos direitos fundamentais do contribuinte. *In*: SCHOUERI, Luís Eduardo. *Direito tributário*: homenagem a Alcides Jorge Costa. v. 1. São Paulo: Quartier Latin, 2003. p. 429-457.

TORRES, Ricardo Lobo. O IPI e o princípio da seletividade. *Revista Dialética de Direito Tributário*, São Paulo, v. 18, p. 94-102, mar. 1997.

TORRES, Ricardo Lobo. *Tratado de Direito Constitucional Tributário*. v. 1. Rio de Janeiro: Renovar, 2009.

TORRES, Ricardo Lobo. *Tratado de Direito Constitucional Financeiro e Tributário*. v. 3. 3. ed. Rio de Janeiro: Renovar, 2005.

TORRES, Ricardo Lobo. *Curso de Direito Financeiro e Tributário*. 20. ed. Rio de Janeiro: Renovar, 2018.

TVERSKY, Amos; KAHNEMAN, Daniel. Judgement Under Uncertainty: Heuristics and Biases. *Sciences*. New Series. v. 185, n. 4157, p. 1.124-1.131, Sep. 1974.

TVERSKY, Amos; KAHNEMAN, Daniel. Rational choice and the framing of decisions. *The Journal of Business*, v. 59, n. 4, p. 251-278, 1986. Disponível em: https://edisciplinas. usp.br/pluginfile.php/1970215/mod_resource/content/1/Tversky%20and%20Kahneman_Rational%20Choice%20and%20the%20Framing%20of%20Decisions.pdf. Acesso em: 12 set. 2021.

ULEN, Thomas S. Cognitive imperfections and the economic analysis of law. *Hamline Law Review*, v. 12, n. 2, p. 385-410, 1989.

ULEN, Thomas S. The importance of behavioral law. *In*: ZAMIR, Eyal; TEICHMAN, Doron. (Org.) *The Oxford Handbook of Behavioral Economics and the Law*. New York: Oxford University Press, 2014. p. 93-124

UNITED NATIONS. Behavioural science report. Disponível em: https://www.uninnovation. network/assets/BeSci/UN_Behavioural_Science_Report_2021.pdf. Acesso em: 30 set. 2021.

VALADÃO, Marcos Aurélio Pereira. *Regulatory tobacco tax framework*: a feasible solution to a global health problem. Belo Horizonte: Fórum, 2010.

VALLE, Maurício Dalri Timm do. *Princípios constitucionais e regras-matrizes de incidência do imposto sobre produtos industrializados*. São Paulo: Noeses, 2016.

REFERÊNCIAS | 177

VARELLA, Alexandre Câmara. *Sustâncias da idolatria*: as medicinas que embriagaram os índios do México e Peru em histórias dos séculos XVI e XVII. 2008. 389 f. Dissertação (Mestrado em História Social) – Departamento de Letras e Ciências Humanas, Universidade de São Paulo, São Paulo, 2008.

VASQUES, Sérgio. *Os impostos do pecado:* o álcool, o tabaco, o jogo e o fisco. Coimbra: Almedina, 1999.

VASQUES, Sérgio; PEREIRA, Tânia Carvalhais. *Os impostos especiais de consumo*. Coimbra: Almedina, 2016.

VIEIRA, José Roberto. *A regra-matriz da incidência do IPI*: texto e contexto. Curitiba: Juruá, 1993.

WALSH, Cliff. Individual Irrationality and Public Policy: In Search of Merit/Demerit Policies. *Journal of Public Policy*, Cambridge, v. 7, n. 2, p. 103-134, 1987.

WILLIAMSON, Oliver. Transaction Cost Economics: An Introduction. *Economics Discussion Paper*, n. 2007-3, p. 1-32, 2007, Mar. 2007. Disponível em: http://www.economics-ejournal. org/economics/discussionpapers/2007-3. Acesso em: 30 set. 2021.

WHITE, Justin S.; DOW, William H. Intertemporal choices for health. *In*: ROBERTO, Christina A; KAWACHI, Ichiro. *Behavioral economics and public health*. Oxford: Oxford University Press, 2016. p. 27-68.

WHITEHEAD, Mark *et al*. Nudging all over the world: assessing the global impact of the behavioral sciences on public policy. *Economic and Social Research Council*, p. 1-38, Sep. 2014. Disponível em: https://changingbehaviours.files.wordpress.com/2014/09/ nudgedesignfinal.pdf. Acesso em: 15 set. 2021.

ZAMIR, Eyal; TEICHMAN, Doron (Org.). *The Oxford Handbook of Behavioral Economics and the Law*. New York: Oxford University Press, 2014.

ZAMIR, Eyal; TEICHMAN, Doron. *Behavioral law and economics*. New York: Oxford University Press, 2018.

Esta obra foi composta em fonte Palatino Linotype, corpo 10
e impressa em papel Pólen Bold 70g (miolo) e Supremo 250g (capa)
pela Gráfica Star7, em Betim/MG.